AI 문해력을 키워주는 코딩 첫걸음!

챗GPT와 함께 배우는
인공지능 엔트리 마스터하기

17개 작품 제공

시작하며

오늘날 인공지능(AI)은 우리의 생활과 산업 전반에 걸쳐 필수적인 기술이 되었습니다. 미래 사회에서는 인공지능과 데이터를 활용하는 능력이 기본 소양이 될 것이며, 이를 준비하기 위해 초등학생과 중학생이 인공지능 교육을 받는 것이 점점 더 중요해지고 있습니다. 이에 따라 초·중학교에서는 블록 기반 프로그래밍 언어를 활용한 인공지능 교육을 시행하고 있습니다.

인공지능 교육에서의 엔트리

블록 기반 프로그래밍 언어 중 국내 교육 현장에서 가장 많이 사용되는 것이 바로 '엔트리'입니다. 엔트리는 블록을 조합하여 코드를 작성하는 방식으로, 프로그래밍을 처음 접하는 초보자도 쉽게 학습할 수 있는 플랫폼입니다. 특히, 인공지능과 데이터 분석 기능을 지원하기 때문에, 다양한 형식의 인공지능 프로그램을 어렵지 않게 만들 수 있습니다.

챗GPT와 함께 배우는 엔트리 인공지능

최근 챗GPT는 다양한 분야에서 혁신을 가져오며, 프로그래밍 영역에서도 강력한 도구로 자리 잡고 있습니다. 챗GPT는 개발자들도 인정할 만큼 뛰어난 코딩 능력을 갖추고 있으며, 인공지능 프로그램 개발 과정에서 많은 도움을 줄 수 있습니다.

챗GPT는 텍스트 기반으로 작동하기 때문에 블록 기반인 엔트리 코드 자체를 직접 생성하지는 못하지만, 인공지능 프로그램의 전체적인 구조를 설계하는 방법과 블록을 어떻게 배치해야 하는지에 대한 가이드를 제공합니다. 이를 활용하면 더욱 체계적으로 엔트리 인공지능 프로젝트를 설계하고 구현할 수 있습니다.

이 책의 구성과 특징

이 책은 독자가 엔트리 인공지능의 기초부터 고급 개념까지 체계적으로 학습할 수 있도록 구성되었습니다.

- **PART 01**에서는 엔트리에서 제공하는 인공지능 블록(번역, 읽어주기, 비디오 감지, 오디오 감지 등)을 활용한 다양한 작품을 만들어 보며 기본 개념을 익힙니다.

- **PART 02**에서는 테이블과 차트를 생성하는 방법을 배우고, 테이블에서 특정 데이터를 검색하거나 삭제하는 등 데이터 분석의 전반적인 내용을 학습합니다.

- **PART 03**에서는 컴퓨터가 데이터를 학습하여 스스로 문제를 해결하는 과정인 머신러닝(인공지능)의 개념을 익히고, 분류 모델과 회귀 모델을 생성하는 방법을 실습합니다.

특히 이 책은 챗GPT가 제공하는 인공지능 문제 해결 방안을 엔트리로 구현하는 방법을 설명하며, 이를 통해 챗GPT와 엔트리를 효과적으로 활용하는 법을 배울 수 있도록 구성되었습니다.

추가 학습 지원 및 커뮤니티

이 책에서는 독자의 학습을 돕기 위해 모든 작품을 따라 만들 수 있도록 동영상 강의를 제공합니다. 또한, 실습에 필요한 소스 코드를 제공하며, 학습 중 궁금한 점을 질문하고 답변을 받을 수 있는 온라인 커뮤니티도 운영하고 있습니다.

- 온라인 커뮤니티(네이버 카페) : https://cafe.naver.com/scratchprogramming

마무리하며

이 책을 통해 엔트리와 챗GPT를 활용한 올바른 인공지능 교육을 경험하고, 미래의 인공지능 시대를 대비하는 탄탄한 기초를 다지길 바랍니다. 이제 엔트리와 챗GPT를 활용한 흥미로운 인공지능 학습을 시작해보세요!

김종훈, 김현경, 김동건

이 책의 저자를 소개합니다

김종훈

안녕하세요, 독자 여러분? 저는 제주대학교 교수로 학부, 대학원, 과학영재교육원에서 SW·AI 교육을 가르치고 있습니다. 다수의 컴퓨터 분야 베스트셀러를 포함해 30여 권을 집필한 작가이기도 하죠. SW·AI 교육 관련 정보를 공유하기 위해 SW 교육 카페(cafe.naver.com/scratchprogramming)도 운영하고 있어요.

김현경

안녕하세요, 독자 여러분? 저는 김포한가람중학교 정보·컴퓨터 교사로서, 학생들에게 올바른 SW·AI 교육을 제공하기 위해 끊임없이 연구하고 있어요. 이를 위해 현재 한국교원대학교 교육대학원 석사과정에서 학습하며, 보다 효과적인 교수·학습 방법을 탐구하고 있습니다. 저서로 〈챗GPT와 함께 배우는 엔트리 마스터하기〉가 있으며, 더 많은 사람과 지식을 공유하고자 엔트리 유튜브 채널을 운영하고 있어요.

김동건

안녕하세요, 독자 여러분? 저는 KAIST 학생으로 SW를 활용하여 더 나은 세상을 만들기 위해 노력하고 있어요. 초등학교 시절부터 코딩을 시작해 공개소프트웨어대회 주니어 부문 전국 1위, 한국정보올림피아드 전국대회 은상을 수상하며 SW 분야에서 두각을 나타냈습니다. 현재는 데이터 과학과 딥러닝 분야에서 연구를 이어가며, 학술대회에서 논문을 발표하는 등 학문적 성과를 쌓고 있어요. 저서로 〈파이썬 마스터〉가 있습니다.

이 책을 읽은 전문가가 추천합니다

▶ 심재권 대구교육대학교 컴퓨터교육과 교수

인공지능 시대를 살아가는 초·중학생을 위한 필독서가 나왔습니다. 이 책은 AI를 쉽게 이해하고, 데이터를 활용해 문제를 해결하는 경험을 쌓으며 디지털 역량을 키울 수 있도록 돕습니다. 가위바위보 게임, 음성 인식 로봇, 한글-영어 번역기 등 흥미로운 주제를 탐구하며 직접 데이터를 수집하고 활용할 수 있습니다. 단순 코딩이 아닌 문제 설정과 해결 과정을 경험하며 탐구력과 문제 해결력을 키울 수 있습니다. 초보자도 쉽게 따라 할 수 있도록 엔트리 블록 코딩과 챗GPT 기반 설명을 제공합니다. AI로 창의적인 프로젝트를 만들고 싶다면, 이 책과 함께 도전해보세요!

▶ 양성목 SW미래채움 제주센터 센터장

전 세계는 AI를 중심으로 치열한 경쟁을 벌이고 있습니다. 과거 IT 강자들은 뒤처지고, AI와 데이터를 기반으로 한 혁신 기업들이 산업을 재편하고 있습니다. AI는 기술을 넘어 일상과 교육의 핵심이자 국가의 미래를 결정하는 요소가 되었습니다. 이 책은 강력한 코딩 교육 플랫폼 '엔트리'를 기반으로 AI의 이해와 활용, 응용을 프로젝트 중심으로 접근하여 컴퓨팅 사고력과 디지털 리터러시를 기를 수 있도록 구성되었습니다. 미래 대한민국과 세계를 이끌어 갈 인재가 이 책에서 탄생하기를 기대합니다.

▶ 송영광 디랩 D.LAB 대표

이 책은 인공지능에 대한 호기심을 가진 학생들을 위해 친절한 튜터처럼 상세한 그림과 설명을 제공합니다. 코딩 경험이 없는 학습자도 부담 없이 따라갈 수 있도록 설계되었습니다. 엔트리 기반 블록 코딩과 챗GPT를 연계해 AI 개념부터 데이터 분석, 머신러닝 기초까지 단계별 학습을 지원합니다. 실습 중심의 체험 학습을 통해 흥미를 유지하도록 구성되었습니다. AI 코딩을 시작하려는 초·중등생에게 추천하며, 쉽고 재미있게 학습하며 실제 작품을 제작하는 멋진 경험을 선사합니다.

이 책의 전체 구성

자, 이제 시작해볼까?

작품 실행하기

- QR 코드로 완성된 작품을 직접 실행해봅니다.
- 만들고자 하는 작품이 어떤 동작을 하는지 미리 살펴봅니다.

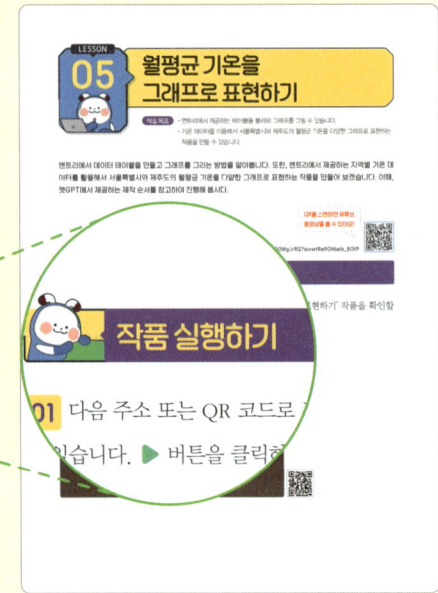

1 ─────────── **2** ───────────

핵심 개념과 블록 살펴보기

- 작품을 만들기 위해 알아야 할 코딩 개념과 주요 엔트리 블록을 살펴봅니다.
- 코딩 개념은 간단한 예제를 이용해서 설명합니다.

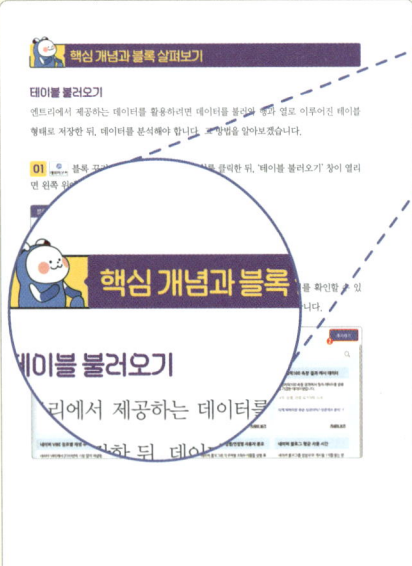

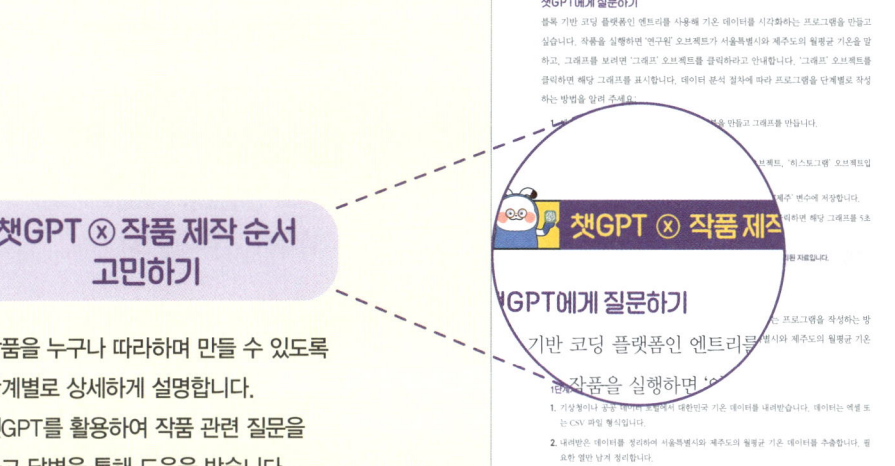

챗GPT ⓧ 작품 제작 순서 고민하기

- 작품을 누구나 따라하며 만들 수 있도록 단계별로 상세하게 설명합니다.
- 챗GPT를 활용하여 작품 관련 질문을 하고 답변을 통해 도움을 받습니다.

3 ---- **4**

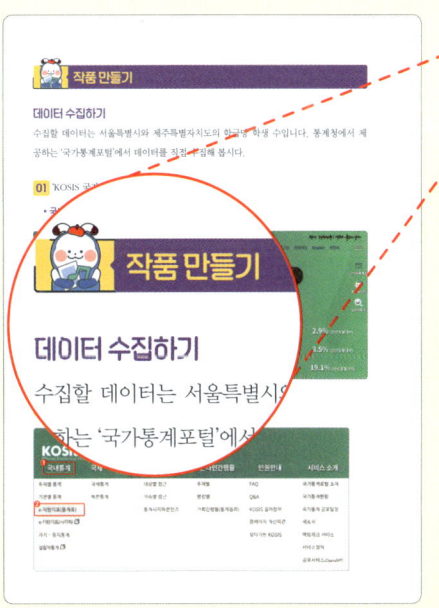

작품 만들기

- 배운 내용을 바탕으로 작품을 만들어봅니다.
- 챗GPT에게 작품 제작 순서를 질문하고 받은 답변을 바탕으로 작품을 만들어봅니다.

체계적으로 만드는 '작품 만들기' 코스 안내

? 변수 추가하기
[속성] 탭에서 [변수] → [변수 추가하기]를 클릭한 다음, 추가할 변수 이름을 작성하고 [변수 추가]를 클릭합니다. 추가할 변수는 다음과 같습니다.

변수	기능
인식한 내용	인식한 음성을 문자로 변환한 값을 저장

🎺 신호 추가하기
[속성] 탭에서 [신호] → [신호 추가하기]를 클릭한 다음, 추가할 신호 이름을 작성하고 [신호 추가]를 클릭합니다. 추가할 신호는 다음과 같습니다.

신호	기능
내용 업데이트	인식한 내용을 글상자에 입력하라는 신호

🧩 코딩하기
챗GPT가 답변한 제작 순서를 참고하여 '음성을 인식하는 칠판 필기 로봇 만들기' 작품을 만들어 보겠습니다.

'음성 인식' 블록으로 인식한 음성 저장하기

01 사용자가 입력한 음성을 인식해 이를 문자로 바꿔 저장해 봅시다. **인사하는 사람(1)** 오브젝트를 선택합니다. ▶ 시작하기 를 클릭했을 때 인식한 음성을 문자로 바꿔 '인식한 내용' 변수에 저장하도록 [블록]의 [시작하기 버튼을 클릭했을 때]와 [인공지능]의 [한국어 음성 인식하기]를 연결합니다. 이때, 인식한 음성이 실행 화면에서 보이지 않도록 하기 위해 [인공지능]의 [인식한 음성 숨기기]를 추가합니다.

• 변수 추가하기
값을 저장하는 공간인 변수를 추가합니다.

• 신호 추가하기
오브젝트 간 명령을 주고받으며 일을 실행하도록 신호를 추가합니다.

• 코딩하기
작품을 구성하는 오브젝트가 순서대로 실행되도록 코드 블록을 완성합니다.

'내용 업데이트' 신호를 받았을 때
글상자 내용을 인식한 내용으로 바꾸기

8단계: 실행 및 테스트
1. '시작하기' 버튼을 클릭하여 프로그램을 실행합니다.
2. 프로그램이 정상적으로 작동하는지 확인합니다. '인사하는 사람(1)' 오브젝트가 사람의 목소리를 인식하고, 인식한 내용을 읽어주며, 글상자에 표시되는지 확인합니다.

🐼 작품 만들기

✖ 오브젝트 추가하기

01 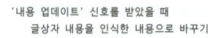 를 클릭해 [사람] → [인사하는 사람(1)], [물건] → [칠판] 오브젝트를 추가합니다.

02 '글상자' 오브젝트를 만들려면 '오브젝트 추가하기' 창에서 [글상자]를 클릭합니다.

• 오브젝트 추가하기
작품의 구성 요소인 오브젝트를 확인하고 추가합니다.

챗GPT에게 질문하기
챗GPT를 활용하여 작품 제작 순서를 구상합니다.

> **챗GPT ⓧ 작품 제작 순서 고민하기**
>
> **챗GPT에게 질문하기**
> 블록 기반 코딩 플랫폼인 엔트리를 사용해 기온 데이터를 시각화하는 프로그램을 만들고 싶습니다. 작품을 실행하면 '연구원' 오브젝트가 서울특별시와 제주도의 월평균 기온을 말하고, 그래프를 보려면 '그래프' 오브젝트를 클릭하라고 안내합니다. '그래프' 오브젝트를 클릭하면 해당 그래프를 표시합니다. 데이터 분석 절차에 따라 프로그램을 단계별로 작성하는 방법을 알려 주세요:
>
> 1. 엔트리의 '데이터분석' 기능을 이용하여 테이블을 만들고 그래프를 만듭니다.
> 2. 대한민국 기온 데이터셋을 불러와 사용합니다.
> 3. 그래프 오브젝트는 '선그래프' 오브젝트, '막대그래프' 오브젝트, '히스토그램' 오브젝트입니다.
> 4. 서울특별시 월평균 기온은 '서울' 변수에, 제주 월평균 기온은 '제주' 변수에 저장합니다.
> 5. '연구원' 오브젝트가 데이터를 소개하고, 각 그래프 오브젝트가 클릭하면 해당 그래프를 5초 동안 화면에 표시되도록 설정합니다.
>
> ⓘ 데이터셋은 분석이나 학습을 위해 모아놓은 데이터의 집합으로, 표나 파일 형태로 정리된 자료입니다.
>
> **챗GPT의 답변 확인하기**
> 엔트리 블록 코딩 플랫폼을 사용하여 기온 데이터를 시각화하는 프로그램을 작성하는 방법을 단계별로 안내해 드리겠습니다. 이 프로그램은 서울특별시와 제주도의 월평균 기온 데이터를 시각화합니다.
>
> **1단계: 데이터 수집 및 준비**
> 1. 기상청이나 공공 데이터 포털에서 대한민국 기온 데이터를 내려받습니다. 데이터는 엑셀 또는 CSV 파일 형식입니다.
> 2. 내려받은 데이터를 정리하여 서울특별시와 제주도의 월평균 기온 데이터를 추출합니다. 필요한 열만 남겨 정리합니다.

챗GPT의 답변 확인하기
챗GPT를 활용하여 구상한 작품 제작 순서를 확인합니다.

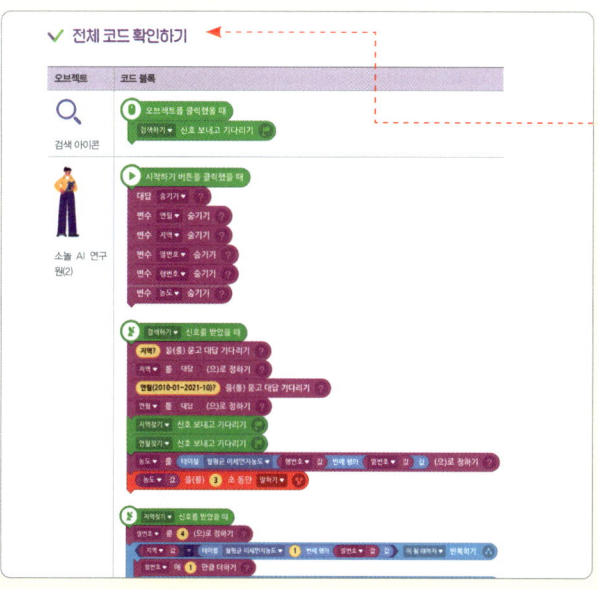

전체 코드 확인하기
작품을 구성하는 오브젝트별 완성된 전체 코드를 확인합니다.

009

200% 효과를 내는 학습 가이드

저자 운영 카페의 학습 자료를 살펴보세요!

저자가 운영하는 소프트웨어 교육 카페에서 이 책에 나오는 모든 작품과 동영상 강의를 제공합니다. 또한 카페의 '질의응답'에서 궁금한 점에 대해 질의하고 답변을 받아보세요.

- https://cafe.naver.com/scratchprogramming

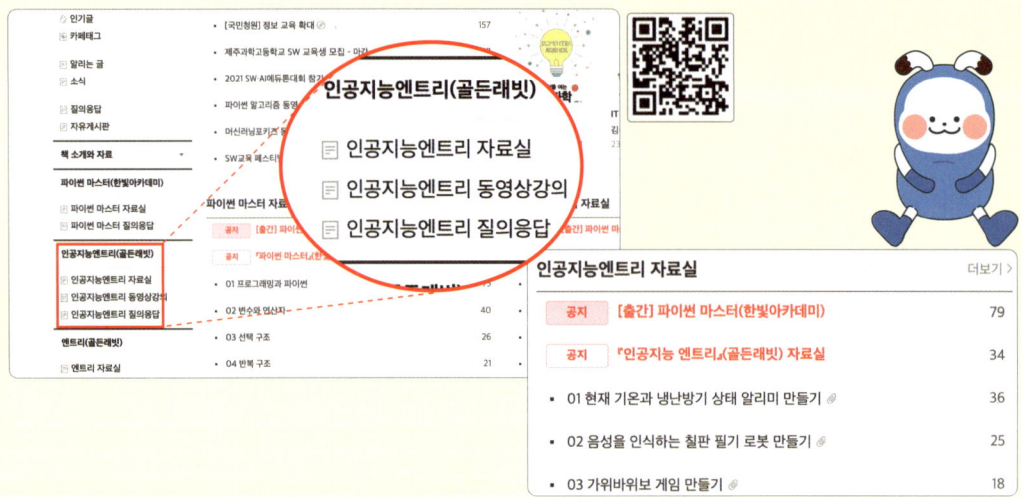

유튜브를 통해 같이 공부해요!

저자가 운영하는 유튜브 채널에서 엔트리 작품을 재생하고 어떻게 공부하는지 영상 강의를 들으며 같이 학습해보세요.

- https://www.youtube.com/@codingding

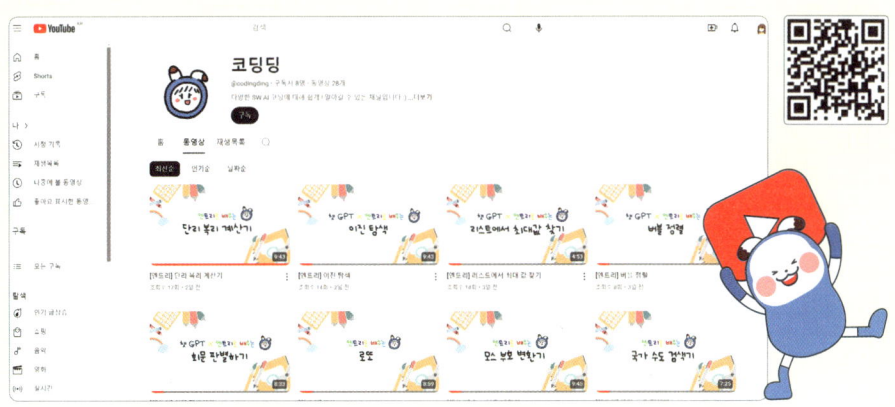

QR 코드로 완성 작품을 미리 만나보세요!

각 LESSON 시작의 '작품 실행하기'에 있는 QR 코드를 카메라로 스캔하면 학습할 완성 작품을 미리 만나볼 수 있어요. 작품을 실행해서 어떻게 동작하는지 살펴보세요. [리메이크하기] 버튼을 누르면 작품을 구성하는 코드 블록을 확인할 수 있답니다.

QR을 스캔하면 '현재 기온과 냉난방기 상태 알리미 만들기' 작품이 나와요!

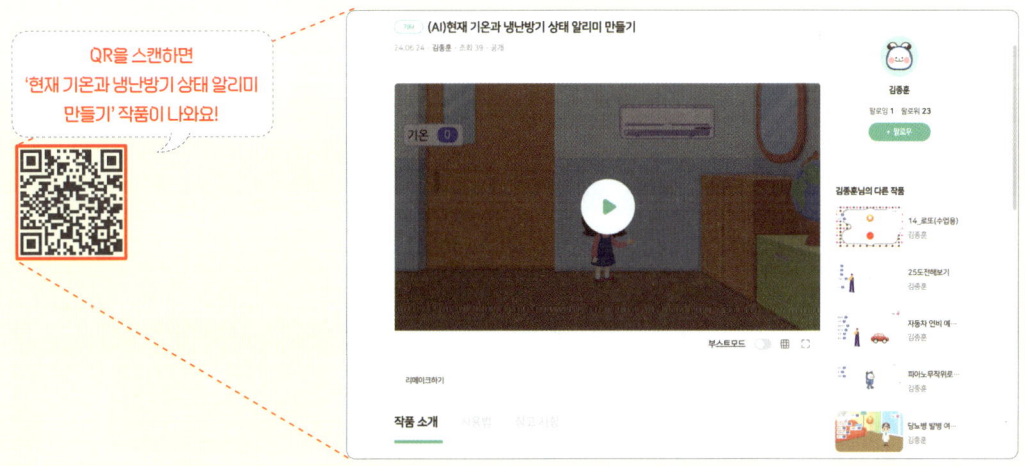

도전! 17 작품

01 현재 기온과 냉난방기 상태 알리미 만들기

02 음성을 인식하는 칠판 필기 로봇 만들기

03 가위바위보 게임 만들기

04 한글 - 영어 통역사 만들기

05 월평균 기온을 그래프로 표현하기

06 온실가스 배출량과 기온 변화 관계 분석하기

07 학급당 학생 수 분석하기

08 미세 먼지 농도 검색기 만들기

09 혈액형 빈도수를 그래프로 표현하기

10 스포츠스태킹 가장 빠른 기록 정하기

11 지역별 인구 분석하기

PART 03

12 주문 받는 AI 챗봇 만들기

13 건축 양식 분류하기

14 붓꽃 품종 분류하기

15 당뇨병 발병 여부 예측하기

16 자동차 연비 예측하기

17 키로 몸무게 예측하기

목차

LESSON 00 엔트리와 챗GPT로 인공지능 코딩 준비하기
- 엔트리 시작하기 ·········· 019
- 챗GPT와 함께 공부하기 ·········· 031

PART 01 엔트리와 인공지능을 처음 만나요

LESSON 01 현재 기온과 냉난방기 상태 알리미 만들기
- 작품 실행하기 ·········· 036
- 핵심 블록 살펴보기 ·········· 037
- 챗GPT ⓧ 작품 제작 순서 고민하기 ·········· 039
- 작품 만들기 ·········· 042

LESSON 02 음성을 인식하는 칠판 필기 로봇 만들기
- 작품 실행하기 ·········· 051
- 핵심 블록 살펴보기 ·········· 052
- 챗GPT ⓧ 작품 제작 순서 고민하기 ·········· 055
- 작품 만들기 ·········· 057

LESSON 03 가위바위보 게임 만들기
- 작품 실행하기 ·········· 062
- 핵심 블록 살펴보기 ·········· 063
- 챗GPT ⓧ 작품 제작 순서 고민하기 ·········· 066
- 작품 만들기 ·········· 068

LESSON 04	한글 – 영어 통역사 만들기
작품 실행하기	077
핵심 블록 살펴보기	078
챗GPT ⓧ 작품 제작 순서 고민하기	079
작품 만들기	081

PART 02　세상은 데이터로 가득 차 있어요

LESSON 05	월평균 기온을 그래프로 표현하기
작품 실행하기	088
핵심 개념과 블록 살펴보기	090
챗GPT ⓧ 작품 제작 순서 고민하기	095
작품 만들기	097

LESSON 06	온실가스 배출량과 기온 변화 관계 분석하기
작품 실행하기	107
핵심 개념과 블록 살펴보기	109
챗GPT ⓧ 작품 제작 순서 고민하기	111
작품 만들기	113

목차

LESSON 07 학급당 학생 수 분석하기
- 작품 실행하기 ··· 121
- 핵심 개념과 블록 살펴보기 ···································· 123
- 챗GPT ⓧ 작품 제작 순서 고민하기 ······················· 126
- 작품 만들기 ··· 128

LESSON 08 미세 먼지 농도 검색기 만들기
- 작품 실행하기 ··· 139
- 챗GPT ⓧ 작품 제작 순서 고민하기 ······················· 140
- 작품 만들기 ··· 142

LESSON 09 혈액형 빈도수를 그래프로 표현하기
- 작품 실행하기 ··· 151
- 챗GPT ⓧ 작품 제작 순서 고민하기 ······················· 152
- 작품 만들기 ··· 155

LESSON 10 스포츠스태킹 가장 빠른 기록 정하기
- 작품 실행하기 ··· 168
- 챗GPT ⓧ 작품 제작 순서 고민하기 ······················· 169
- 작품 만들기 ··· 171

LESSON 11 지역별 인구 분석하기
- 작품 실행하기 ··· 183
- 챗GPT ⓧ 작품 제작 순서 고민하기 ······················· 185
- 작품 만들기 ··· 187

PART 03 나 대신 일하는 인공지능

LESSON 12　주문 받는 AI 챗봇 만들기
작품 실행하기 ········· 206
핵심 개념과 블록 살펴보기 ········· 207
챗GPT ⓧ 작품 제작 순서 고민하기 ········· 213
작품 만들기 ········· 216

LESSON 13　건축 양식 분류하기
작품 실행하기 ········· 227
핵심 블록 살펴보기 ········· 229
챗GPT ⓧ 작품 제작 순서 고민하기 ········· 232
작품 만들기 ········· 235

LESSON 14　붓꽃 품종 분류하기
작품 실행하기 ········· 244
핵심 블록 살펴보기 ········· 246
챗GPT ⓧ 작품 제작 순서 고민하기 ········· 251
작품 만들기 ········· 253

LESSON 15　당뇨병 발병 여부 예측하기
작품 실행하기 ········· 261
핵심 개념과 블록 살펴보기 ········· 262
챗GPT ⓧ 작품 제작 순서 고민하기 ········· 268
작품 만들기 ········· 270

목차

LESSON 16 자동차 연비 예측하기
- 작품 실행하기 ········· 283
- 핵심 개념과 블록 살펴보기 ········· 284
- 챗GPT ⓧ 작품 제작 순서 고민하기 ········· 290
- 작품 만들기 ········· 293

LESSON 17 키로 몸무게 예측하기
- 작품 실행하기 ········· 304
- 챗GPT ⓧ 작품 제작 순서 고민하기 ········· 305
- 작품 만들기 ········· 308

LESSON 00 엔트리와 챗GPT로 인공지능 코딩 준비하기

학습 목표
- 엔트리를 설명할 수 있습니다.
- 챗GPT를 설명할 수 있습니다.
- 엔트리와 챗GPT로 인공지능을 활용한 작품을 만들기 위한 환경을 갖출 수 있습니다.

안녕하세요, 여러분! 엔트리 인공지능 작품을 만들기 전에, 엔트리가 무엇이고 어떻게 사용하는지 먼저 알아보겠습니다. 또한, 생성형 인공지능인 챗GPT를 활용해 엔트리 인공지능 작품을 제작하는 방법도 살펴보겠습니다.

엔트리 시작하기

엔트리Entry는 소프트웨어 교육을 누구나 쉽게 무료로 받을 수 있도록 2013년에 개발된 교육용 프로그래밍 언어입니다. 현재는 네이버의 비영리 교육 기관인 커넥트Connect 재단에서 운영하는 창작 플랫폼으로써 소프트웨어 교육을 통해 미래를 꿈꾸고 함께 성장하는 데 활용되고 있습니다. 프로그래밍을 처음 접하는 사람이라면 대개 특유의 명령 기호나 문법 때문에 어렵게 느껴졌을 겁니다. 엔트리는 이러한 단점을 해소하고자 어려운 명령 기호나 문법을 몰라도 코딩할 수 있도록 만들어졌습니다.

엔트리는 마치 블록 쌓기 놀이를 하듯이 마우스로 명령어 블록을 끌어다 연결해가며 프로그램을 만들기 때문에 프로그래밍을 처음 접하는 사람도 쉽게 배울 수 있습니다. 또한 그림, 애니메이션, 소리 등 다양한 미디어와 함께 인공지능, 데이터 분석 기능도 지원하여 다양한 형식의 프로그램을 만들 수 있습니다. 그렇다면 엔트리는 어떻게 사용할까요?

엔트리 회원 가입하기

엔트리는 회원 가입을 하지 않아도 무료로 사용할 수 있습니다. 하지만 내가 만든 작품을 저장하고 다른 사람과 공유하려면 회원 가입이 필요합니다. 회원 가입을 진행하기 전에, 엔트리 홈페이지는 어떻게 구성되어 있는지 살펴본 다음 회원 가입을 진행하겠습니다. 먼저 엔트리 홈페이지에 접속해 보세요.

- **엔트리 홈페이지** : https://playentry.org

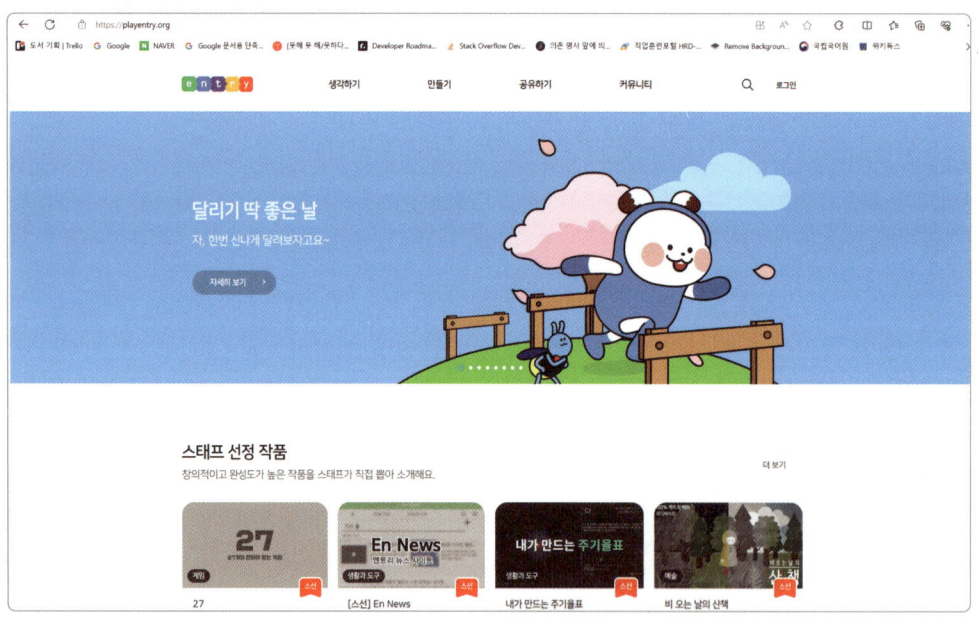

엔트리 메인 화면이 나타나면 상단 메뉴와 다양한 엔트리 작품들이 보일 겁니다. 처음 접속했으니 다음 그림을 통해 메인 메뉴의 구성 요소를 먼저 살펴보겠습니다.

로그인을 하는 방법은 두 가지가 있습니다. 첫 번째는 엔트리 신규 회원으로 가입하는 방법이고, 두 번째는 간편 로그인을 이용하는 방법입니다. 이 두 방법을 차례로 설명하겠습니다.

신규 회원 가입하기

01 신규 회원으로 가입하는 방법을 알아보겠습니다. 화면 오른쪽 위에 위치한 [로그인] 버튼을 누릅니다.

02 새로운 엔트리 계정을 만들기 위해 오른쪽 아래에 있는 ❶ [회원 가입하기]를 클릭합니다. ❷ '이용약관과 개인정보 수집 및 이용 동의' 항목을 체크한 뒤 ❸ [아이디로 회원 가입]을 클릭합니다.

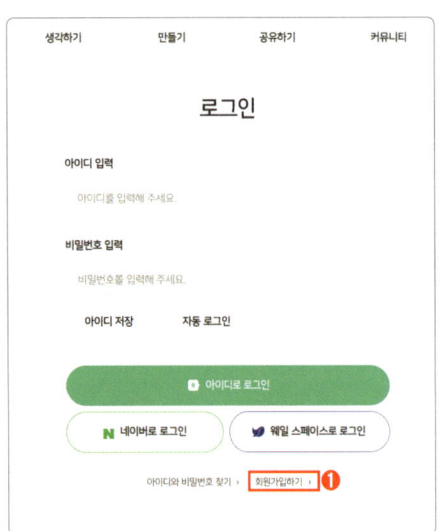
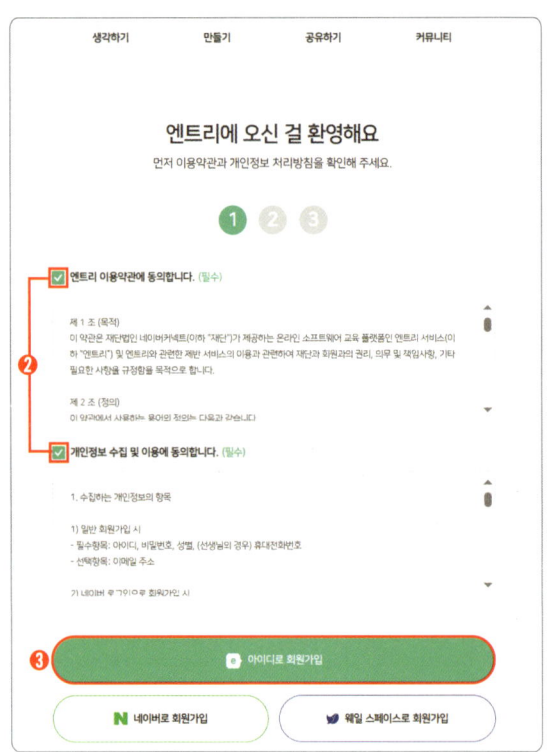

03 엔트리에서 사용할 ❶ 아이디, 비밀번호, 비밀번호 확인을 입력한 뒤 ❷ [다음]을 눌러 이동합니다.

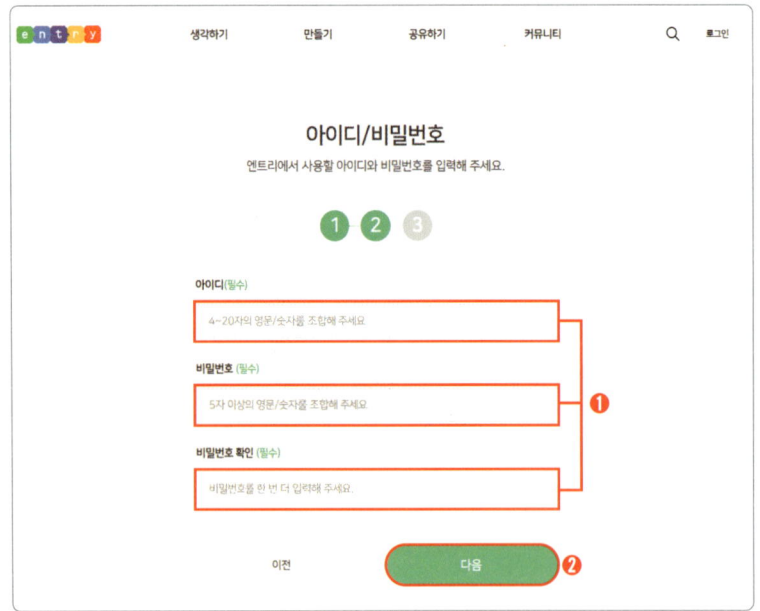

04 회원 정보 마지막 입력 단계입니다. 먼저 ❶ 회원 유형을 선택합니다. 선생님으로 가입하면 학급을 개설하여 학생을 관리할 수 있습니다. 회원 유형을 선택한 뒤 ❷ 성별, 닉네임, 출생 연도, 이메일을 입력하고 ❸ [확인]을 누릅니다.

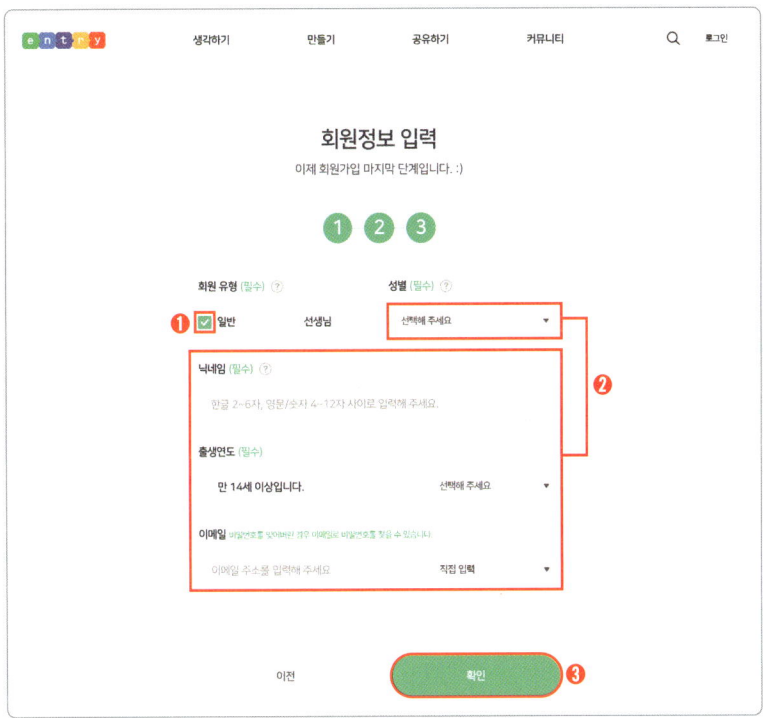

05 회원 가입 완료와 함께 환영 화면이 표시됩니다. 입력한 이메일 주소로 전송된 인증 메일에서 [이메일 인증하기]를 누르면 회원 가입이 완료됩니다.

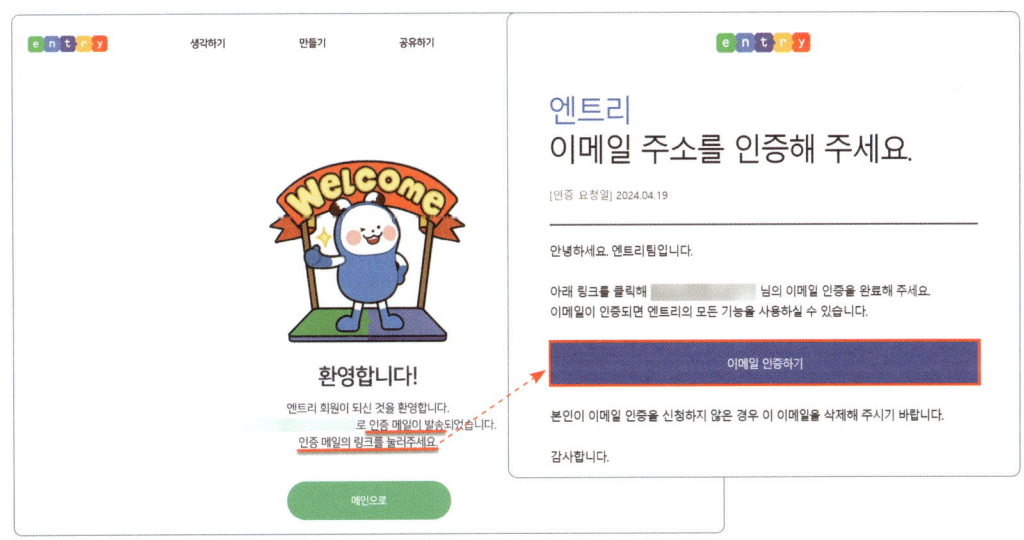

간편 로그인하기

01 간편 로그인 방법을 알아보겠습니다. 화면 오른쪽 위에 있는 [로그인]을 눌러 로그인 화면으로 이동합니다. 네이버나 웨일 스페이스 계정 중 가지고 있는 것에 따라 각각 [네이버로 로그인] 또는 [웨일 스페이스로 로그인]을 선택합니다. 여기서는 네이버 계정으로 간편 로그인을 진행하겠습니다. [네이버로 로그인]을 클릭합니다.

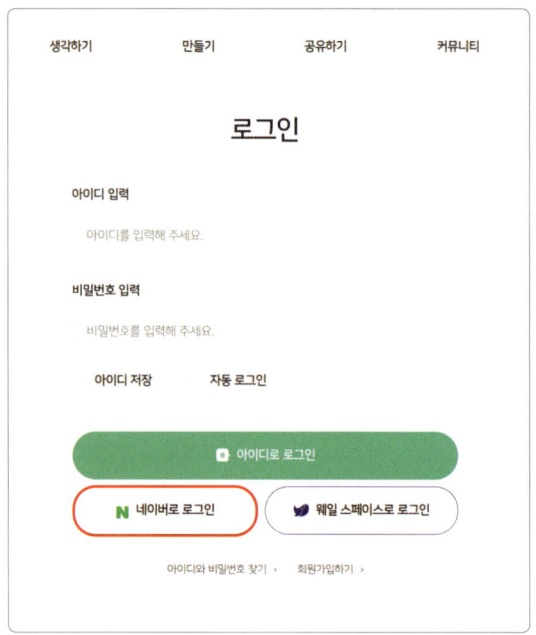

02 새로운 창이 열리며 네이버 계정 정보 로그인 화면이 나옵니다. ❶ 기존 네이버 계정 아이디와 비밀번호를 입력한 뒤 ❷ [로그인]을 클릭합니다. ❸ 2단계 인증을 설정한 경우 인증을 완료한 다음 연동 여부를 확인하는 화면에서 [예]를 누릅니다. 이렇게 하면 네이버 계정이 엔트리와 연동되며, 이제 간편 로그인을 통해 엔트리 로그인을 할 수 있습니다.

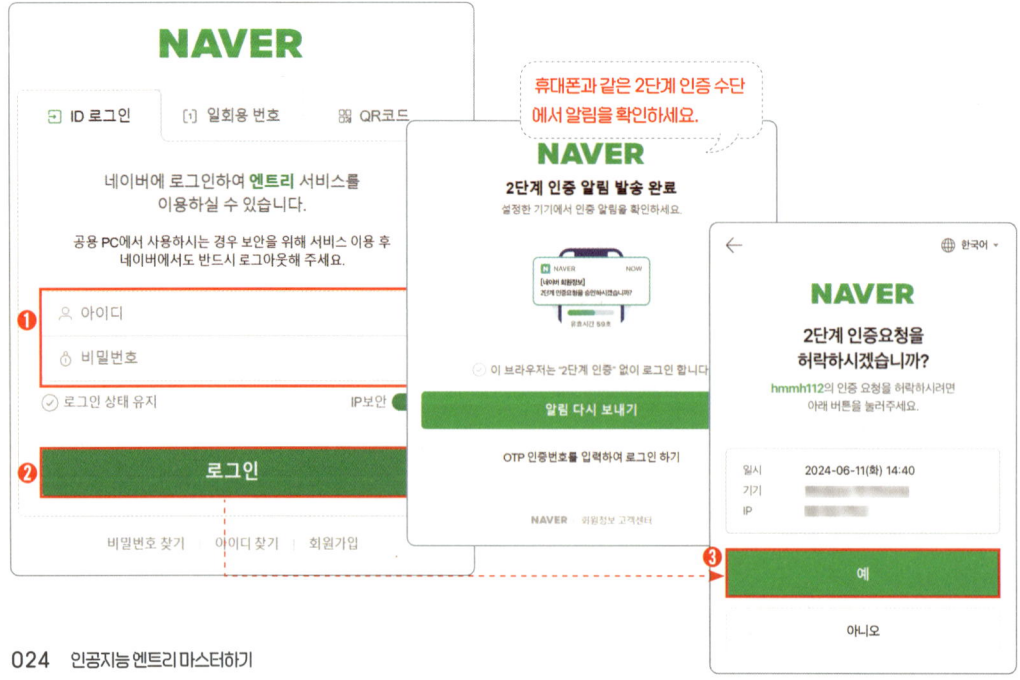

엔트리 개발 환경 알아보기

회원 가입을 완료했다면 이제 엔트리 홈페이지에서 작품을 만드는 환경을 살펴보고, 엔트리에서의 인공지능 코딩을 준비해 보겠습니다.

01 엔트리 홈페이지에 접속하여 로그인 화면으로 이동한 다음 ❶ 아이디와 비밀번호를 입력하고 ❷ [아이디로 로그인]을 눌러 로그인합니다.

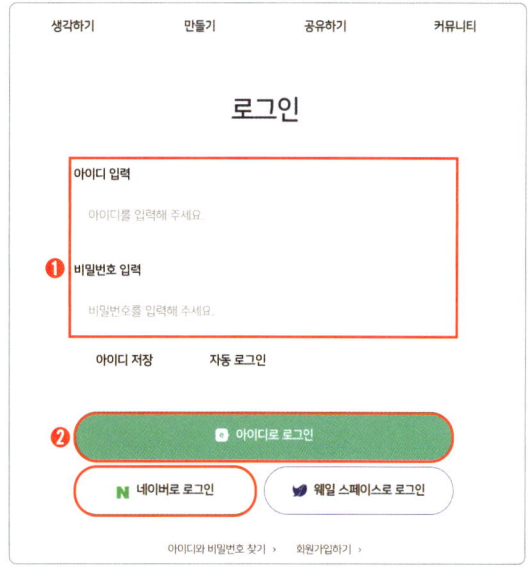

02 엔트리 메인 화면 상단 메뉴에서 [만들기] → [작품 만들기]를 순서대로 클릭하면, 엔트리로 프로그램을 개발할 수 있는 화면으로 이동합니다.

03 화면 상단의 메인 메뉴부터 차근차근 살펴보겠습니다. 화면 ❶ 왼쪽 위에 네모 칸은 작품 제목을 입력하는 곳입니다. 기본적으로 '날짜_아이디 작품'으로 설정되어 있으나, 수정이 가능합니다. ❷ 오른쪽 프린터 모양의 아이콘을 누르면 인쇄할 수 있습니다. ❸ 화살표 모양 아이콘은 되돌리기 버튼으로, 클릭하면 '앞으로 가기'와 '뒤로 가기' 기능을 사용할 수 있습니다. ❹ 로그인한 계정의 아이디가 표시되어 이를 클릭하면 내 페이지로 이동하거나 내 정보를 수정할 수 있습니다. ❺ 언어 설정은 한국어와 영어 중에서 선택할 수 있습니다.

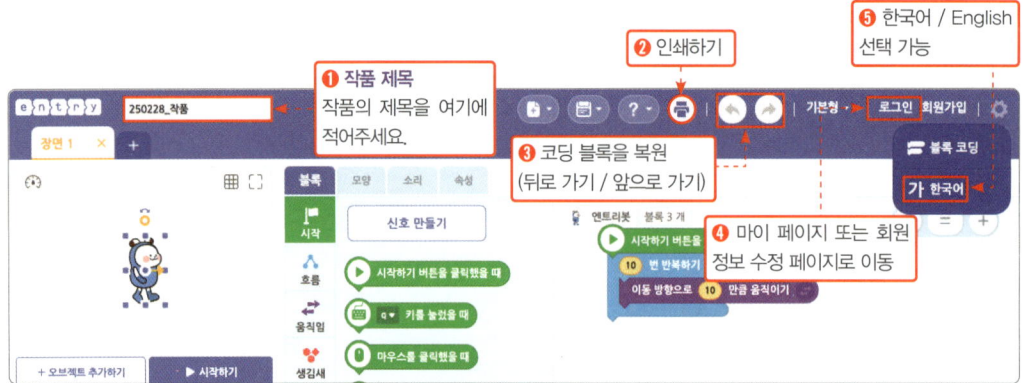

04 이제 화면 중간에 있는 아이콘을 살펴봅시다. 맨 왼쪽부터 차례로 클릭하면 아래로 메뉴가 펼쳐집니다. 각 메뉴의 기능 설명은 다음 표를 통해 알아봅시다.

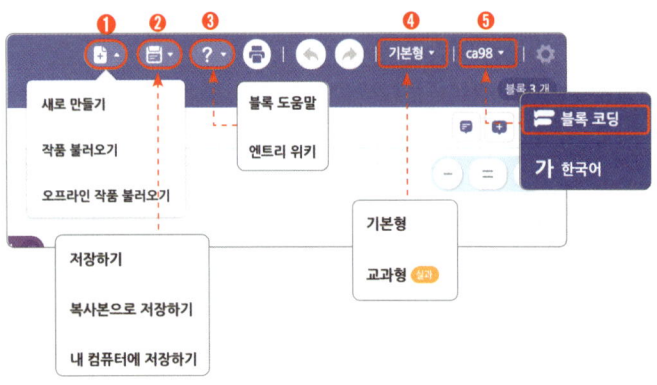

버튼	메뉴	설명
❶	새로 만들기	새로운 작품을 만듭니다.
	작품 불러오기	만든 작품을 불러옵니다.
	오프라인 작품 불러오기	컴퓨터 등에 저장되어 있는 작품을 불러옵니다.
❷	저장하기	현재 만들고 있는 작품을 저장합니다.
	복사본으로 저장하기	현재 만들고 있는 작품을 복사본으로 저장합니다.
	내 컴퓨터에 저장하기	현재 만들고 있는 작품을 컴퓨터에 저장합니다.
❸	블록 도움말	블록에 대한 도움말을 봅니다.
	엔트리 위키	엔트리에 관한 상세한 설명을 봅니다.

④ 기본형 ▼	기본형	엔트리의 모든 블록을 사용하여 작품을 만들 수 있습니다.
	교과형	교과서에서 나오는 기본 블록으로만 작품을 만들 수 있습니다.
⑤ 블록 코딩	블록 코딩	블록으로 코딩을 합니다.
엔트리파이썬	엔트리파이썬	파이썬으로 코딩을 합니다.

05 이번에는 엔트리 작품 만들기 화면에서 코딩할 때 사용하는 각 부분의 기능을 다음 표를 통해 살펴보겠습니다.

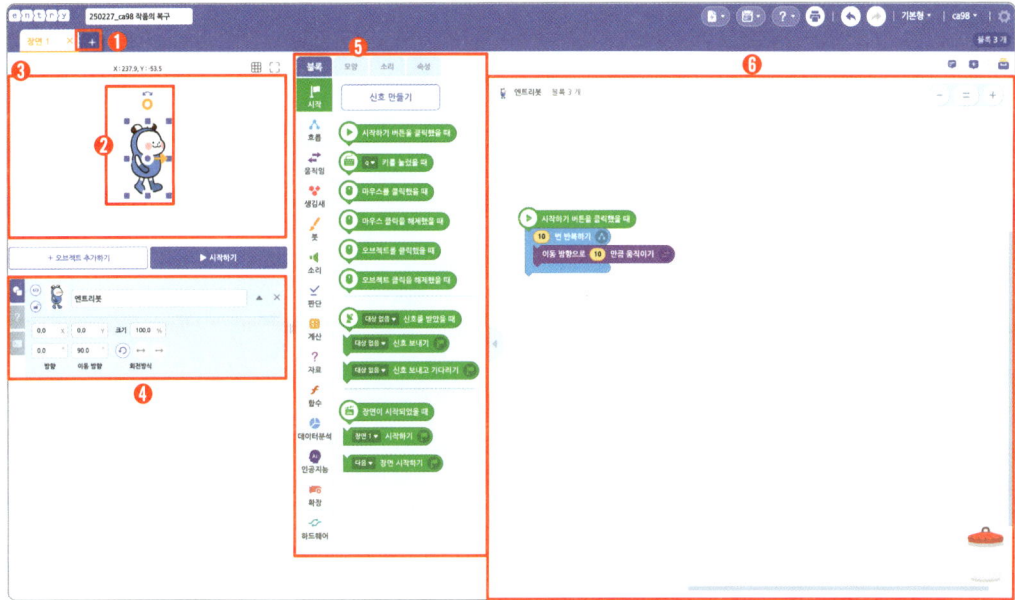

메뉴	설명
❶ 장면 추가	장면을 추가하는 버튼입니다. 참고로 장면 1은 기본으로 주어집니다.
❷ 오브젝트	명령을 수행할 수 있는 캐릭터, 무대 등을 의미합니다.
❸ 실행 화면	오브젝트가 명령대로 실행되는 공간입니다.
❹ 오브젝트 목록	작품에서 사용되는 오브젝트를 모아 놓은 곳으로, 각 오브젝트 정보를 확인하고 수정할 수 있습니다.
❺ 블록 꾸러미	프로그램을 작성할 때 사용되는 명령어 블록들을 모아 놓은 곳입니다.
❻ 블록 조립소	블록을 이용해서 프로그램을 작성하는 영역입니다.

인공지능 코딩 준비하기

01 블록 꾸러미에서 인공지능 블록 불러오기 를 클릭하면 인공지능 작품을 만들 수 있는 다양한 블록들이 등장합니다. 번역, 읽어주기, 비디오 감지, 오디오 감지 등 다양한 인공지능 블록을 활용해 창의적인 인공지능 작품을 만들 수 있습니다.

02 이 중 [번역] → [불러오기]를 순서대로 클릭해 봅니다.

💡 여러 블록을 한 번에 선택해 불러올 수도 있습니다.

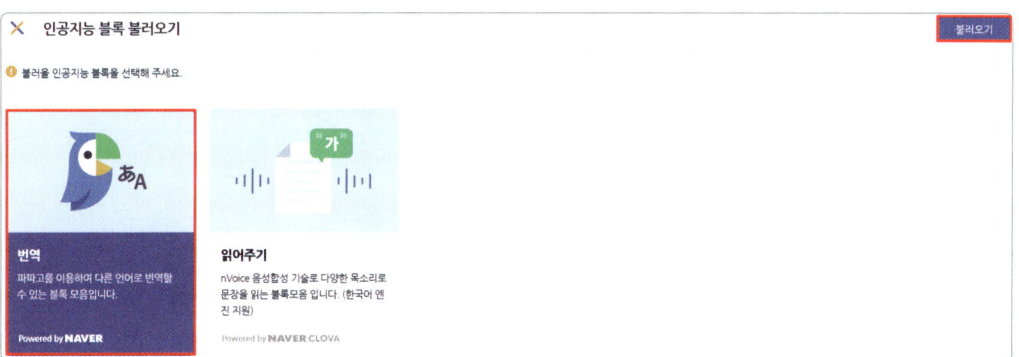

03 그러면 블록 꾸러미에 선택한 블록들이 추가된 것을 확인할 수 있습니다. 이 외에도 엔트리에서는 인공지능 코딩을 체험해 볼 수 있는 다양한 블록들을 불러올 수 있습니다.

💡 인공지능 블록을 활용하려면 반드시 인터넷에 연결되어 있어야 합니다.

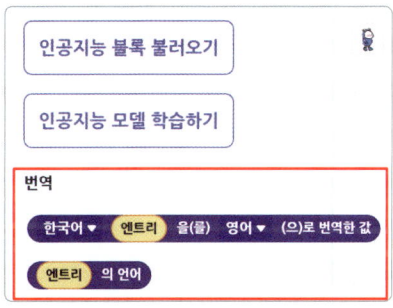

 ## 코딩 실력 레벨업!

엔트리 작품의 필수 요소인 오브젝트와 블록을 알아보자!

아직은 오브젝트와 블록이 무엇인지, 그리고 어떻게 사용하는지 잘 모를 수 있습니다. 하지만 엔트리를 배우면서 오브젝트나 블록이 무엇인지, 어떤 종류가 있는지 자연스럽게 익히게 될 것입니다. 엔트리 작품을 구성하는 데 꼭 필요한 두 가지 요소가 바로 오브젝트와 블록입니다. 그럼, 오브젝트와 블록이 무엇인지 자세히 알아보겠습니다.

실행 화면에서 움직이거나 연산하는 등 명령을 수행하는 캐릭터나 무대를 오브젝트라 합니다. 오브젝트의 종류는 엔트리봇뿐만 아니라 사람, 동물, 배경 등 다양합니다. 작품을 만들 때 [+ 오브젝트 추가하기]를 통해 원하는 오브젝트를 선택하고 추가하여 나만의 독창적인 작품을 만들 수 있습니다. 오브젝트가 어떤 동작을 수행할지를 정하는 것이 바로 코드 블록입니다. [블록] 탭을 보면 다양한 종류의 블록이 제공됩니다. 여러분은 블록 꾸러미에 있는 블록을 연결해 오브젝트를 움직이게 하거나, 블록을 활용해 재미있는 작품을 코딩할 수 있습니다.

자, 이제 나만의 오브젝트를 선택하고 블록을 이용해 코딩하여 재미있는 엔트리 작품을 만들어 봅시다!

챗GPT와 함께 공부하기

챗GPT는 사용자의 질문에 대해 대화 형식으로 답변을 제공하는 생성형 인공지능 프로그램입니다. 마치 카톡으로 채팅하듯이 서로 이야기를 주고받으며 원하는 질문에 대한 답을 빠르게 얻을 수 있습니다. 많은 전문가들이 '미래에는 이 기술이 더 다양한 분야에서 활용될 것'이라 전망합니다. 실제로 전문 프로그래머도 챗GPT의 도움을 받아 일하고 있습니다. 그래서 이 책에서도 챗GPT의 도움을 받아 엔트리 코딩을 하는 방법을 다룹니다.

> 엔트리는 블록 기반 프로그램이기 때문에 챗GPT에게 코드 설명을 직접 요청하기는 어렵습니다. 대신 프로그래밍 용어나 힌트, 코딩 절차를 질문할 수는 있습니다. 그래서 이 책에서는 '챗GPT ⓧ 작품 제작 순서 고민하기' 코너에서 엔트리 작품 제작 과정에 필요한 코딩 절차를 물어보는 데 챗GPT를 적극 활용하였습니다. 이 외에도 궁금한 용어가 있거나 책 내용이 이해되지 않는다면 챗GPT에게 적극 도움을 요청해 보세요.

챗GPT 버전별 차이 알아보기

챗GPT는 무료 버전과 유료 버전으로 제공되며, 각 버전은 기능과 성능에 차이가 있습니다. 챗GPT의 버전에 따른 차이점을 다음 표를 통해 알아봅시다.

버전	GPT 4	GPT 4o	GPT 4o mini
출시	2023년 3월	2024년 5월	2024년 7월
요금	유료	일부 기능 무료	무료
특징	• 가장 기본적인 모델 • 성능과 기능이 더 좋은 GTP 4o에 밀리면서 곧 챗GPT에서 사용하지 못하게 될 버전	• 현재 가장 빠르고, 가장 지능적인 GPT • GPT 4보다 빠른 생성 속도 • 데이터 분석, 파일 업로드, 검색, GPT 만들기, 파일 생성 및 내려받기 지원	• GPT 4o보다 빠른 생성 속도 • 추후 이미지, 오디오 입출력 지원 • 제한 없이 사용

> 이 책에서는 챗GPT-4o를 기준으로 실습을 진행했습니다. 무료 버전은 하루에 할 수 있는 질문 횟수에 제한이 있으므로 매일 조금씩 공부하거나 유료 버전을 구독하여 실습해보기를 권장합니다. 또한, 2024년 7월에 '챗GPT mini'가 출시되었습니다. 이는 GPT 4o 모델의 소형 버전으로, 성능과 비용 효율성을 갖춘 텍스트 처리 중심의 모델입니다. 필요에 따라 적합한 버전을 선택하여 활용해 보세요.

챗GPT 회원 가입 및 로그인하기

챗GPT는 대화형 인공지능입니다. 카톡에서 친구마다 대화하는 채팅방이 있는 것처럼, 챗GPT와도 채팅방을 만들어 대화를 이어갈 수 있습니다. 챗GPT를 'AI 코딩 선생님'으로 가정하고 계속 대화를 나눌 수도 있죠. 이제부터 그 방법을 알아보겠습니다.

먼저 챗GPT 홈페이지에 접속하면 다음과 같은 화면이 나타납니다. 계정이 없다면 [회원 가입]을 클릭하여 계정을 만드세요. 계정이 이미 있다면 [로그인]을 클릭하여 로그인을 합니다.

- **챗GPT 홈페이지** : https://chatgpt.com/

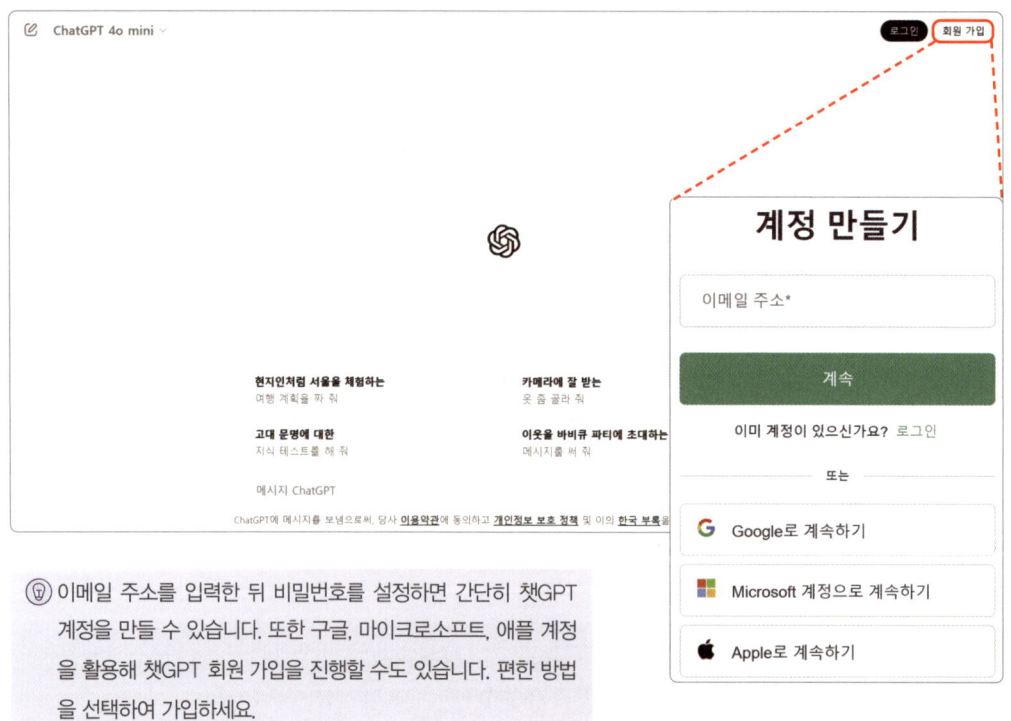

이메일 주소를 입력한 뒤 비밀번호를 설정하면 간단히 챗GPT 계정을 만들 수 있습니다. 또한 구글, 마이크로소프트, 애플 계정을 활용해 챗GPT 회원 가입을 진행할 수도 있습니다. 편한 방법을 선택하여 가입하세요.

챗GPT에게 질문하기

01 로그인을 하면 다음과 같은 화면이 나타납니다. 왼쪽 위 메뉴에 있는 ✎(새 채팅) 버튼을 클릭하면 새 채팅방이 만들어집니다.

02 챗GPT가 엔트리 코딩을 돕는 도우미 역할을 하도록 설정해 봅시다. 챗GPT에게 다음과 같이 '엔트리 코딩 선생님'이 되어 달라고 요청하면 됩니다. 그러면 챗GPT는 엔트리 코딩에 대한 질문에 답변하고 도와줄 준비를 합니다.

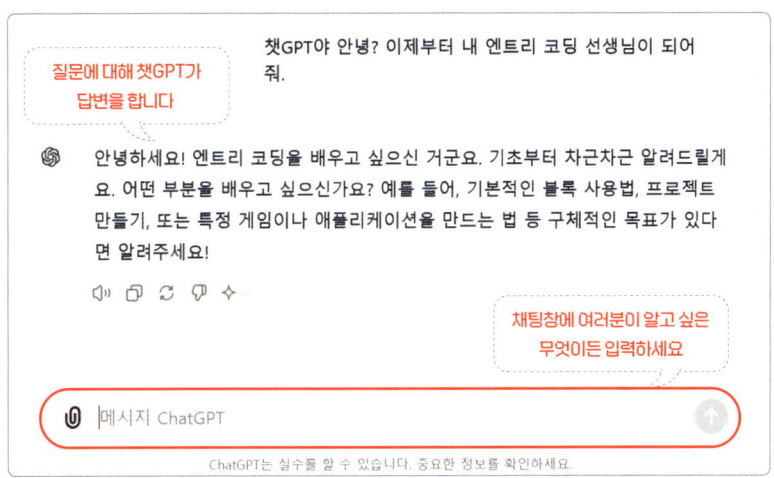

간단한 대화 한 번으로 'AI 코딩 선생님'을 만들 수 있습니다. 이제부터 챗GPT에게 엔트리 코딩 질문을 할 때는 꼭 이 채팅창을 이용하세요. 챗GPT는 이전 대화를 기억하면서 우리가 원하는 방향을 이해하고 알맞은 답변을 제공할 것입니다.

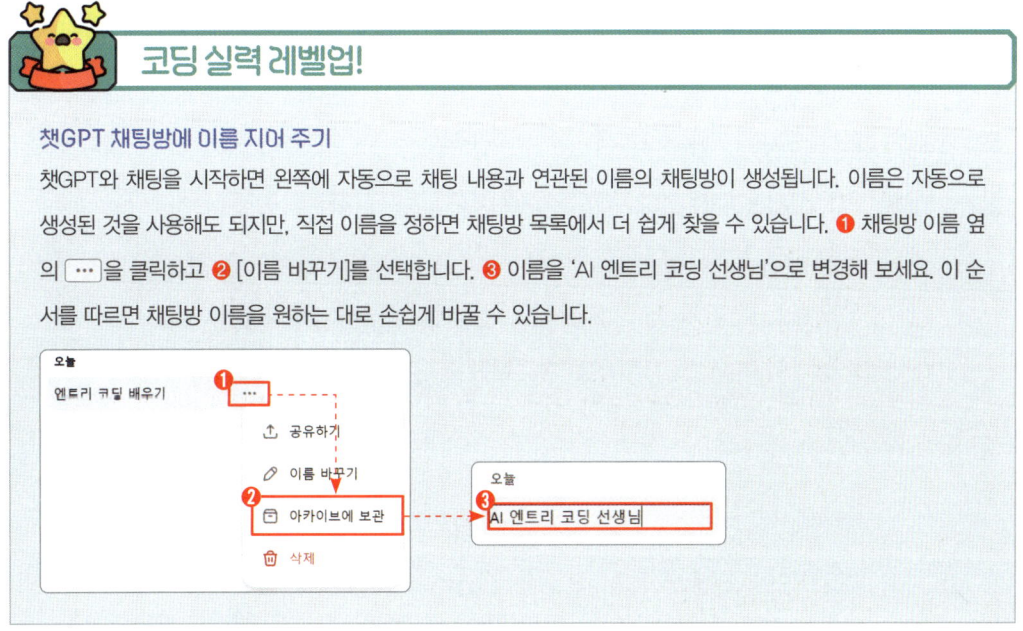

PART 01

엔트리와 인공지능을 처음 만나요

PART 01에서는 엔트리에서 제공하는 인공지능 블록에 익숙해질 수 있도록 작품 4가지를 따라 만들며 학습합니다. 이 과정에서 번역, 읽어주기, 비디오 감지, 오디오 감지 등 다양한 인공지능 블록을 익히고, 엔트리 코딩의 기본 원리도 함께 배워보겠습니다.

LESSON 01   현재 기온과 냉난방기 상태 알리미 만들기
LESSON 02   음성을 인식하는 칠판 필기 로봇 만들기
LESSON 03   가위바위보 게임 만들기
LESSON 04   한글 – 영어 통역사 만들기

현재 기온과 냉난방기 상태 알리미 만들기

LESSON 01

학습 목표 • '읽어주기' 인공지능 블록을 활용하여 현재 기온을 음성으로 안내하는 작품을 만들 수 있습니다.

엔트리에서 제공하는 '읽어주기' 인공지능 블록을 알아보고 그 특징을 파악합니다. '읽어주기' 블록과 현재 기온을 알 수 있는 '날씨' 확장 블록을 이용하여 현재 기온을 음성으로 안내하는 작품을 만들어 보겠습니다. 이 과정에서 챗GPT가 추천하는 제작 순서를 참고해 작품을 완성해 봅시다.

QR을 스캔하면 유튜브 동영상을 볼 수 있어요!

https://youtu.be/r9RW5yw2Dqw?si=x-q5hJipuf9iqGrT

작품 실행하기

01 다음 주소 또는 QR 코드로 접속하면 '현재 기온과 냉난방기 상태 알리미 만들기' 작품을 확인할 수 있습니다. ▶ 버튼을 클릭하여 작품을 실행해 보세요.

- https://naver.me/lGJhGfLx

02 작품을 실행하면 현재 기온을 음성으로 안내하고 냉난방기 작동 상태를 보여줍니다. 현재 온도에 따라 냉난방기가 켜지거나 꺼지며, 생활하기에 불편함이 없는 기온이라면 '적정 기온입니다'라고 읽어주기도 합니다.

핵심 블록 살펴보기

'읽어주기' 인공지능 블록

'읽어주기' 인공지능 블록은 **nVoice 음성 합성 기술**을 이용해 사람의 목소리로 문자열을 읽어주는 기능을 제공합니다. 먼저 '읽어주기' 블록을 불러온 뒤, 이를 활용하는 방법을 살펴보겠습니다.

> nVoice 음성 합성 기술은 텍스트를 자연스러운 음성으로 변환해주는 기술로, 사람의 목소리와 유사한 음성을 생성합니다. 이 기술은 대화형 시스템, 내비게이션, 콘텐츠 제작 등 다양한 분야에서 활용됩니다.

01  블록 꾸러미의 ❶ [인공지능 블록 불러오기]를 클릭합니다. '인공지능 블록 불러오기' 창이 열리면 ❷ [읽어주기]를 선택하고 ❸ [불러오기]를 클릭합니다.

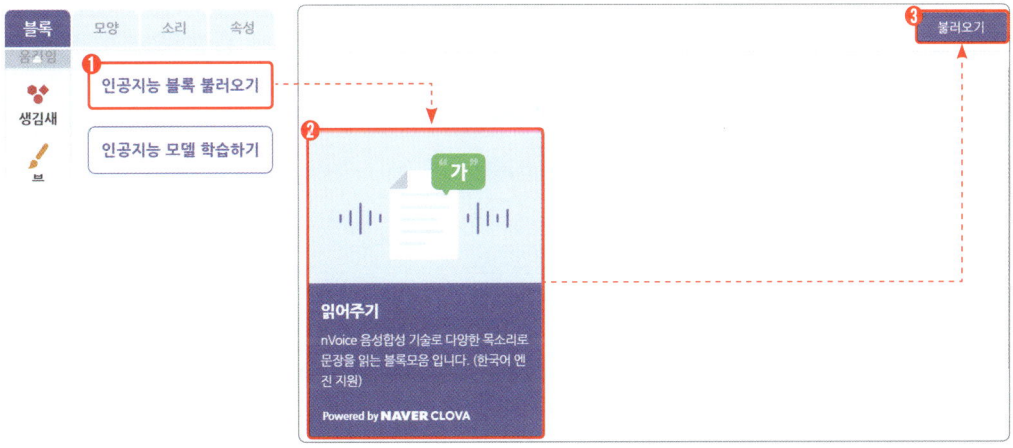

02 블록 꾸러미에 '읽어주기' 블록이 추가된 것을 확인할 수 있습니다.

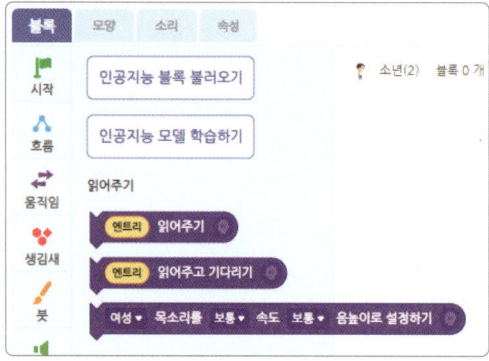

'읽어주기' 명령어 블록은 각각 어떤 기능을 하는지 다음 표를 통해 알아봅시다.

블록	기능
엔트리 읽어주기	입력한 문자열을 설정한 목소리로 읽습니다. 입력한 내용을 읽기 시작하면 바로 다음 블록을 실행합니다.
엔트리 읽어주고 기다리기	입력한 문자열을 설정한 목소리로 읽습니다. 읽기가 모두 끝난 후에 다음 블록을 실행합니다.
여성 목소리를 보통 속도 보통 음높이로 설정하기	목소리, 속도, 음높이를 설정합니다.

'읽어주기' 블록으로 간단하게 실습해보기

앞서 엔트리에서 제공하는 '읽어주기' 블록의 기능과 불러오는 방법을 살펴봤습니다. 이제 '읽어주기' 블록이 어떻게 실행되는지 간단한 실습을 통해 알아봅시다.

01 다음과 같이 기본 오브젝트로 설정되어 있는 엔트리봇에 `시작하기 버튼을 클릭했을 때`와 `엔트리 읽어주기`를 연결합니다. `엔트리 읽어주기` 블록 안에 노란색 영역을 클릭하고 '반가워! 엔트리 인공지능을 함께 알아봐!'를 입력합니다.

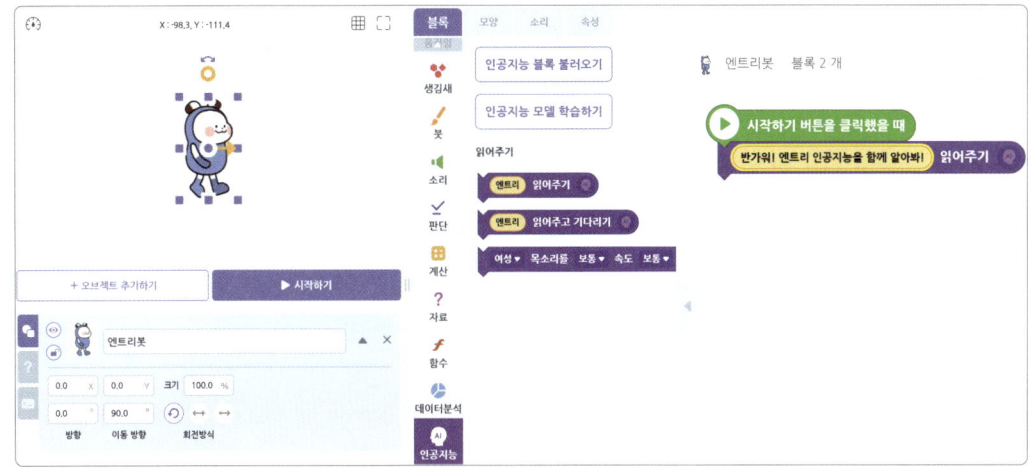

02 실행 화면 하단의 를 클릭하면 '반가워! 엔트리 인공지능을 함께 알아봐!'라는 문장을 음성으로 읽어줍니다.

챗GPT ⊗ 작품 제작 순서 고민하기

챗GPT에게 질문하기

블록 기반 코딩 플랫폼인 엔트리를 사용해 '엔트리봇' 오브젝트가 현재 기온과 냉난방기가 켜지는지 꺼지는지를 읽어주고, '에어컨' 오브젝트는 기온에 따라 냉난방기가 켜지거나 꺼지는 모양으로 변경되는 프로그램을 작성하는 방법을 단계별로 상세히 설명해 주세요. 이 프로그램에서는 '확장'의 '날씨' 블록과 '인공지능'의 '읽어주기' 블록을 사용하며, 에어컨은 신호를 받으면 모양이 변경됩니다.

💡 챗GPT로 원하는 결과를 얻으려면 명확하고 구체적으로 질문하는 것이 중요합니다.

챗GPT의 답변 확인하기

엔트리에서 '엔트리봇' 오브젝트가 현재 기온과 냉난방기 상태를 읽어주고, '에어컨' 오브젝트가 기온에 따라 냉난방기가 켜지거나 꺼지는 모양으로 변경되는 프로그램을 작성하는 방법을 단계별로 설명합니다. 이 프로그램에서는 '확장'의 '날씨' 블록과 '인공지능'의 '읽어주기' 블록을 사용하고, '에어컨'은 신호를 받으면 모양이 변경됩니다.

1단계: 엔트리 접속 및 프로젝트 생성
1. 엔트리 웹 사이트에 접속합니다.
2. 로그인 후, '작품 만들기'를 클릭하여 새로운 프로젝트를 만듭니다.

2단계: 오브젝트 추가
1. '엔트리봇' 오브젝트를 선택하거나 추가합니다.
2. '에어컨' 오브젝트를 추가합니다. 이 오브젝트는 냉난방기의 켜짐과 꺼짐 상태를 표현합니다.

3단계: 확장 및 인공지능 블록 활성화
1. '블록' 탭을 클릭합니다.
2. '확장'을 선택해 '날씨' 확장 블록을 추가합니다.
3. '인공지능'을 선택해 '읽어주기' 블록을 활성화합니다.

4단계: '에어컨'의 상태 설정
1. '에어컨' 오브젝트에 두 가지 상태(켜짐/꺼짐)를 설정합니다. 이를 위해 두 개의 모양을 추가합니다: 하나는 냉난방기가 켜진 상태, 다른 하나는 꺼진 상태를 나타냅니다.
2. 각 모양을 적절하게 설정합니다.

5단계: 변수 생성
1. '자료'에서 '변수 만들기' 버튼을 클릭하여 '기온'이라는 이름의 변수를 만듭니다.

6단계: '엔트리봇'의 동작 및 '에어컨' 제어 로직 작성
1. '시작하기 버튼을 클릭했을 때' 블록을 코딩 영역에 드래그합니다.
2. '현재 온도' 블록을 사용하여 현재 온도를 '기온' 변수에 저장합니다.
3. '엔트리봇'이 현재 기온과 냉난방기 상태를 읽어 주는 블록을 추가합니다.
4. 조건문(만일 ~(이)라면)을 사용하여 기온에 따라 '에어컨' 오브젝트에게 신호를 보내고, 신호에 따라 '에어컨' 오브젝트가 상태를 변경하는 로직을 작성합니다.

ⓘ 로직이란 문제를 해결하거나 특정 작업을 수행하기 위한 순서나 규칙을 의미합니다.

7단계: '엔트리봇' 코드 작성

```
시작하기 버튼을 클릭했을 때
    현재 온도를 '기온' 변수에 저장하기
    '현재 기온은 ' + (기온) + '도입니다.'를 읽어주기
    만일 (기온) > 25 라면
        '날씨가 덥습니다. 냉방기를 켭니다.'를 읽어주기
        '냉방기 켜짐' 신호 보내기
    아니면 만일 (기온) < 18 라면
        '날씨가 춥습니다. 난방기를 켭니다.'를 읽어주기
        '난방기 켜짐' 신호 보내기
    그 외
        '적정 기온입니다. 냉난방기를 끕니다.'를 읽어주기
        '꺼짐' 신호 보내기
```

8단계: '에어컨' 코드 작성

```
'냉방기 켜짐' 신호를 받았을 때
    모양을 '에어컨 냉방 켜짐'으로 바꾸기

'난방기 켜짐' 신호를 받았을 때
    모양을 '에어컨 난방 켜짐'으로 바꾸기

'꺼짐' 신호를 받았을 때
    모양을 '에어컨 꺼짐'으로 바꾸기
```

9단계: 실행 및 테스트

1. '시작하기' 버튼을 클릭하여 프로그램을 실행합니다.
2. 프로그램이 정상적으로 작동하는지 확인합니다. 엔트리봇이 현재 기온을 읽어주고, 에어컨 오브젝트가 기온에 따라 켜지거나 꺼지는지 확인합니다.

작품 만들기

✗ 오브젝트 추가하기

01  를 클릭해 [사람] → [소녀(2)], [물건] → [에어컨], [배경] → [교실 뒤(2)] 오브젝트를 추가합니다.

💡 새로운 오브젝트를 추가하기 전 기본값으로 있던 '엔트리봇'은 삭제합니다.

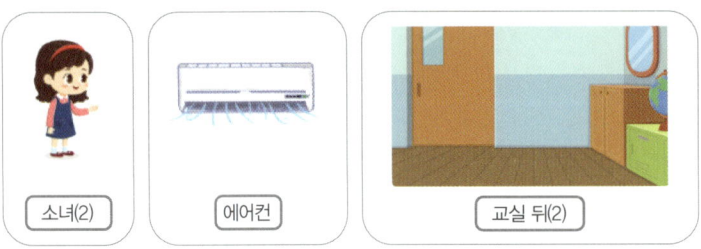

02 오브젝트 목록에서 '에어컨' 오브젝트의 이름을 '냉난방기'로 변경합니다.

03 이번에는 [모양] 탭에서 각 모양의 이름도 변경해 줍니다. ❶ [모양] 탭을 클릭한 뒤, ❷ '에어컨_켜짐' 모양은 '냉난방기_켜짐'으로, '에어컨_꺼짐' 모양은 '냉난방기_꺼짐'으로 변경합니다.

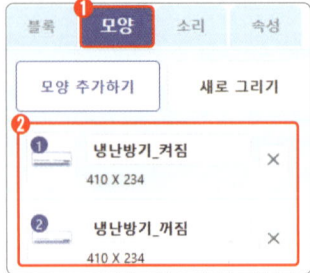

인공지능 블록 추가하기

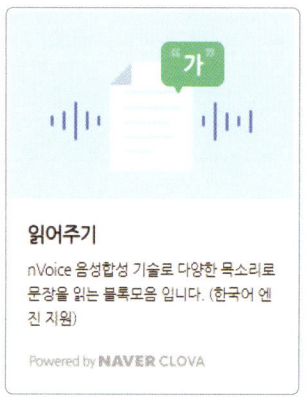

 블록 꾸러미에서 [인공지능 블록 불러오기]를 클릭한 다음, [읽어주기] → [불러오기]를 클릭해 '읽어주기' 인공지능 블록을 추가합니다.

확장 블록 추가하기

확장 블록은 국민행동요령, 날씨, 재난문자, 행사 정보 등과 같은 외부 데이터를 작품에 활용할 수 있게 해주는 블록입니다. 이번에는 날씨 정보를 활용해 보겠습니다.

01 블록 꾸러미의 [확장 블록 불러오기]를 클릭합니다. 이번 작품에서 필요한 블록인 ❶ [날씨]를 선택한 뒤, ❷ [불러오기]를 클릭합니다.

LESSON 01 현재 기온과 냉난방기 상태 알리미 만들기

02 확장 블록 꾸러미에 '날씨' 블록이 추가된 것을 확인할 수 있습니다.

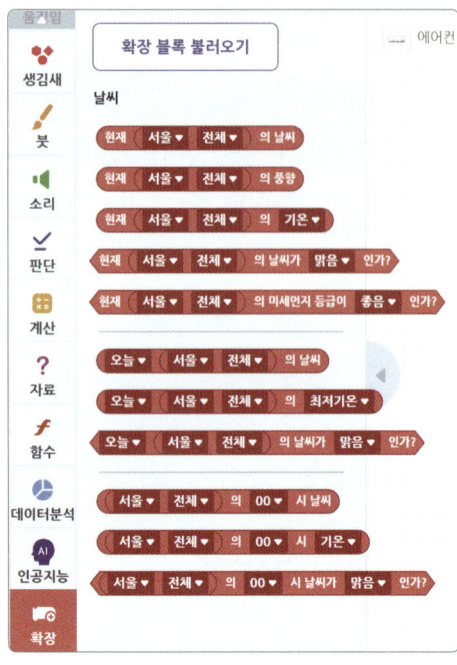

❓ 변수 추가하기

변수는 작품(프로그램)이 실행되는 동안 하나의 값을 저장하는 공간으로, 하나의 작품(프로그램)에 여러 개의 변수를 만들어 사용할 수 있습니다.

01 ❶ [속성] 탭을 클릭한 뒤, ❷ [변수]를 선택합니다. 그 다음 ❸ [변수 추가하기]를 클릭합니다.

02 ❶ 추가할 변수 이름으로 '기온'을 작성하고, ❷ [변수 추가]를 클릭합니다. 그러면 다음과 같이 ❸ 변수가 추가된 것을 확인할 수 있습니다.

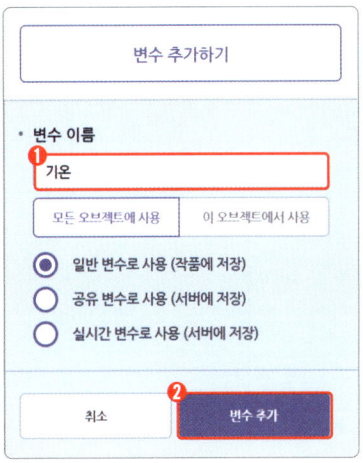
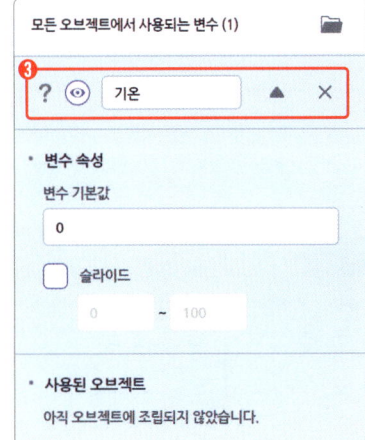

📡 신호 추가하기

신호는 오브젝트가 실행해야 하는 작업을 동시에 또는 일정 간격으로 수행하기 위해 필요한 동기화를 목적으로 하며, 주로 오브젝트 간에 명령을 주고받을 때 사용합니다. 한 오브젝트에서 신호를 보내면 다른 오브젝트가 해당 신호를 받아 특정한 일을 수행하게 됩니다. 또한, 한 오브젝트 안에서도 신호를 보내고 받을 수 있습니다.

01 ❶ [속성] 탭을 클릭한 뒤, ❷ [신호]를 선택합니다. 그 다음 ❸ [신호 추가하기]를 클릭합니다.

02 ❶ 추가할 신호 이름을 각각 작성하고, ❷ [신호 추가]를 클릭합니다. 그러면 다음과 같이 ❸ 신호가 추가된 것을 확인할 수 있습니다.

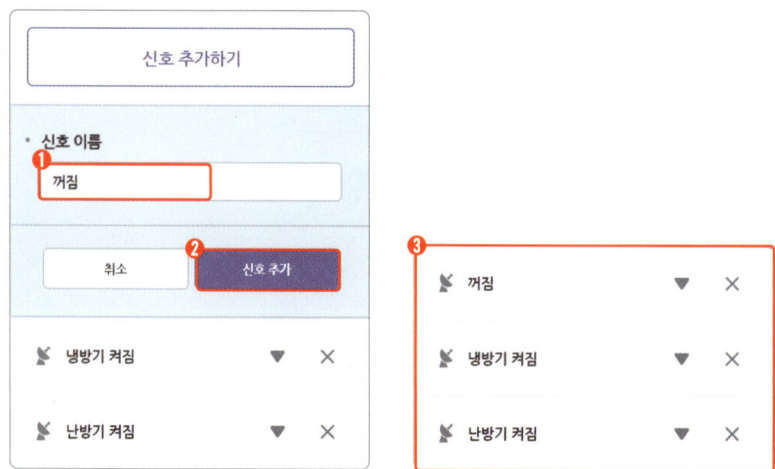

각 신호별 기능은 다음과 같습니다.

신호	기능
꺼짐	냉난방기를 끄라는 신호
냉방기 켜짐	냉방기를 켜라는 신호
난방기 켜짐	난방기를 켜라는 신호

💡 신호 이름은 10자를 넘길 수 없습니다. 이러한 이유로 이 책에서는 맞춤법에 관계없이 이름을 붙여쓰기도 합니다.

🌸 코딩하기

챗GPT가 답변한 제작 순서를 참고하여 '현재 기온과 냉난방기 상태 알리미' 작품을 만들어 보겠습니다.

'읽어주기' 블록으로 기온과 상태 알리기

01 먼저 소녀(2)가 동작하는 부분을 코딩하기 위해 **소녀(2)** 오브젝트를 선택합니다. ▶시작하기 를 클릭했을 때 실행 화면에 '기온' 변수가 보이지 않도록 [시작] 블록 꾸러미의 [시작하기 버튼을 클릭했을 때]와 [자료] 블록 꾸러미의 [변수 기온▼ 숨기기]를 블록 조립소에서 연결합니다.

02 `?자료` 블록 꾸러미의 `기온▼를 10 (으)로 정하기` 와 `확장` 블록 꾸러미의 `현재 서울▼ 전체▼ 의 기온▼` 을 결합해 현재 서울의 기온을 '기온' 변수에 저장하고, `인공지능` 블록 꾸러미의 `엔트리 읽어주고 기다리기` 와 `계산` 블록 꾸러미의 `안녕! 과(와) 엔트리 을(를) 합친 값`, `?자료` 블록 꾸러미의 `기온▼ 값` 을 결합해 '기온' 변숫값을 읽어주도록 합니다.

글자 입력

💡 블록을 서로 결합하려면 결합할 블록을 드래그하여 원하는 블록의 해당 위치에 끼워넣습니다. 이때 반드시 해당 영역의 전체 타원형 테두리가 활성화되어야 합니다.

03 '기온' 변숫값이 25보다 크면 냉방기를 켠다고 읽고 '냉방기 켜짐' 신호를 보내도록 `흐름` 블록 꾸러미의 `만일 (이)라면/아니면` 과 `판단` 블록 꾸러미의 `10 > 10` 그리고 `기온▼ 값` 을 결합한 뒤, `엔트리 읽어주고 기다리기` 와 `시작` 블록 꾸러미의 `냉방기 켜짐▼ 신호 보내고 기다리기` 를 연결합니다.

💡 신호 관련 블록의 ▼을 클릭하면 원하는 신호를 선택할 수 있습니다.

LESSON 01 현재 기온과 냉난방기 상태 알리미 만들기　**047**

04 같은 방식으로 '기온' 변숫값이 18보다 작으면 날씨가 추우니 난방기를 켠다고 읽고 '난방기 켜짐' 신호를 보내도록 `만일~(이)라면~아니면`과 `10 < 10` 그리고 `기온▼ 값`을 결합한 뒤, `엔트리 읽어주고 기다리기`와 `난방기 켜짐▼ 신호 보내고 기다리기`를 연결합니다.

```
▶ 시작하기 버튼을 클릭했을 때
  변수 기온▼ 숨기기
  기온▼ 를 현재 서울▼ 전체▼ 의 기온 (으)로 정하기
  현재 기온은 과(와) 기온▼ 값 과(와) 도입니다. 을(를) 합친 값 을(를) 합친 값 읽어주고 기다리기
  만일 기온▼ 값 > 25 (이)라면
    날씨가 덥습니다. 냉방기를 켭니다. 읽어주고 기다리기
    냉방기 켜짐▼ 신호 보내고 기다리기
  아니면
    만일 기온▼ 값 < 18 (이)라면
      날씨가 춥습니다. 난방기를 켭니다. 읽어주고 기다리기
      난방기 켜짐▼ 신호 보내고 기다리기
    아니면
```

05 마지막으로 18~25도의 적정 기온인 경우 냉난방기를 끈다고 읽고 '꺼짐' 신호를 보내도록, `엔트리 읽어주고 기다리기`와 `꺼짐▼ 신호 보내고 기다리기`를 연결합니다.

```
▶ 시작하기 버튼을 클릭했을 때
  변수 기온▼ 숨기기
  기온▼ 를 현재 서울▼ 전체▼ 의 기온 (으)로 정하기
  현재 기온은 과(와) 기온▼ 값 과(와) 도입니다. 을(를) 합친 값 을(를) 합친 값 읽어주고 기다리기
  만일 기온▼ 값 > 25 (이)라면
    날씨가 덥습니다. 냉방기를 켭니다. 읽어주고 기다리기
    냉방기 켜짐▼ 신호 보내고 기다리기
  아니면
    만일 기온▼ 값 < 18 (이)라면
      날씨가 춥습니다. 난방기를 켭니다. 읽어주고 기다리기
      난방기 켜짐▼ 신호 보내고 기다리기
    아니면
      적정 온도입니다. 냉난방기를 끕니다. 읽어주고 기다리기
      꺼짐▼ 신호 보내고 기다리기
```

'냉난방기' 모양 변경하기

01 '냉방기 켜짐', '난방기 켜짐', '꺼짐' 신호에 따라 '냉난방기' 오브젝트의 모양이 바뀌도록 '냉난방기' 오브젝트에 대한 블록을 조립하겠습니다. 먼저 **냉난방기** 오브젝트를 선택하고 '냉방기 켜짐' 신호를 받으면 '냉난방기' 오브젝트가 '냉난방기_켜짐' 모양으로 바뀌도록 [시작] 블록 꾸러미의 [냉방기 켜짐 신호 보내기] 와 [생김새] 블록 꾸러미의 [냉난방기_켜짐 모양으로 바꾸기] 를 연결합니다.

💡 챗GPT 답변은 '에어컨 냉방 켜짐', '에어컨 난방 켜짐', '에어컨 꺼짐' 이렇게 3가지 모양으로 코딩하라고 하지만, 실제 엔트리에서는 '냉난방기_켜짐'과 '냉난방기_꺼짐' 이렇게 2가지 모양을 사용합니다.

02 '난방기 켜짐' 신호를 받으면 '냉난방기' 오브젝트가 '냉난방기_켜짐' 모양이 되도록 [난방기 켜짐 신호를 받았을 때] 와 [냉난방기_켜짐 모양으로 바꾸기] 를 연결합니다.

03 마지막으로 '꺼짐' 신호를 받으면 '냉난방기' 오브젝트가 '냉난방기_꺼짐' 모양으로 바뀌도록 [꺼짐 신호를 받았을 때] 와 [냉난방기_꺼짐 모양으로 바꾸기] 를 연결합니다.

✓ 전체 코드 확인하기

LESSON 02 음성을 인식하는 칠판 필기 로봇 만들기

학습 목표
- '음성 인식' 인공지능 블록을 이용해 사람의 음성을 인식하고 이를 칠판에 적는 작품을 만들 수 있습니다.

엔트리에서 제공하는 '음성 인식' 인공지능 블록을 알아보고 그 특징을 파악합니다. '음성 인식' 인공지능 블록을 이용하여 인식한 사람의 음성을 칠판에 적는 로봇 작품을 만들어 보겠습니다. 이때, 챗GPT에서 제공하는 제작 순서를 참고하여 진행해 봅시다.

QR을 스캔하면 유튜브 동영상을 볼 수 있어요!

https://youtu.be/IuY-VKAQqDo?si=Qm1DTtx-D85XpM3T

 ## 작품 실행하기

01 다음 주소 또는 QR 코드로 접속하면 '음성을 인식하는 칠판 필기 로봇 만들기' 작품을 확인할 수 있습니다. ▶ 버튼을 클릭하여 작품을 실행해 보세요.

- https://naver.me/FkjBnvXN

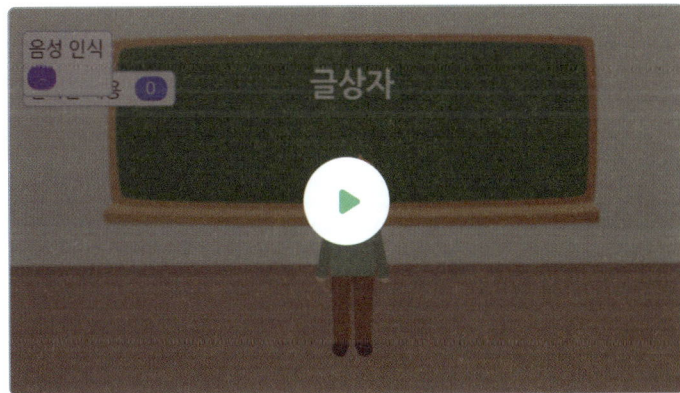

02 사용자 음성을 인식하는 화면이 등장합니다.

03 사용자의 목소리를 인식해 말하는 내용을 그대로 읽고, '글상자'에 인식한 내용을 표시합니다.

 핵심 블록 살펴보기

'음성 인식' 인공지능 블록

'음성 인식' 인공지능 블록은 마이크로 입력되는 음성을 인식해 문자로 변환하는 기능을 합니다. 먼저, '음성 인식' 블록을 불러온 뒤, 이를 활용하는 방법을 알아보겠습니다.

01 블록 꾸러미의 [인공지능 블록 불러오기]를 클릭한 뒤, [음성 인식] → [불러오기]를 누릅니다.

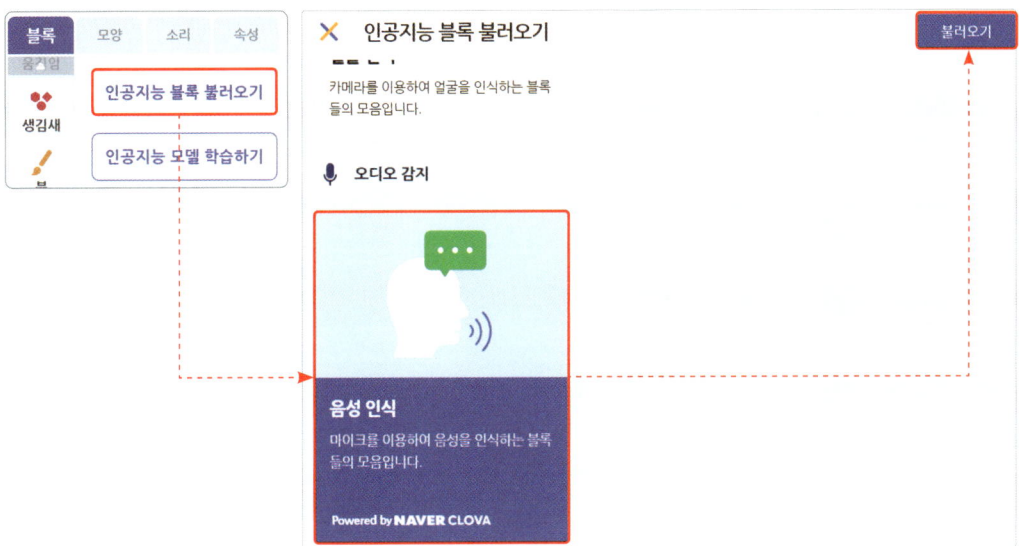

02 블록 꾸러미에 '음성 인식' 블록이 추가된 것을 확인할 수 있습니다.

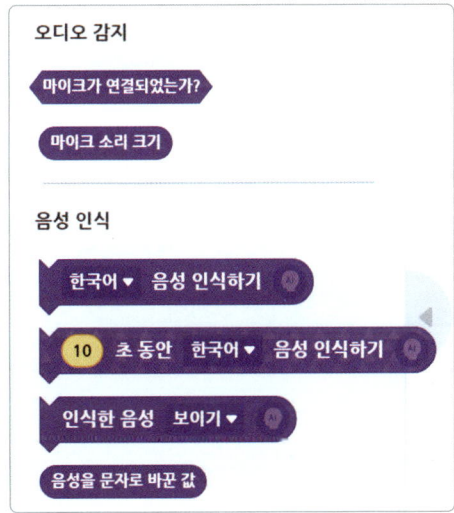

'음성 인식' 명령어 블록이 각각 어떤 기능을 하는지 다음 표를 통해 알아봅시다.

블록	기능
마이크가 연결되었는가?	컴퓨터에 마이크가 연결되어 있는지를 확인합니다.
마이크 소리 크기	마이크를 통해 입력되는 소리의 크기 값입니다.
한국어▼ 음성 인식하기	마이크로 입력되는 음성을 인식합니다.
10 초 동안 한국어▼ 음성 인식하기	설정한 시간 동안 마이크로 입력되는 음성을 선택한 언어로 인식합니다.
인식한 음성 보이기▼	인식한 음성을 실행 화면에 보이게 하거나 숨깁니다.
음성을 문자로 바꾼 값	사람의 목소리를 문자로 변환한 값입니다.

'음성 인식' 블록으로 간단하게 실습해보기

엔트리에서 제공하는 '음성 인식' 블록의 기능과 불러오는 방법을 살펴봤습니다. 이제 '음성 인식' 블록이 어떻게 실행되는지 간단한 실습을 통해 알아봅시다.

01 기본 오브젝트로 설정되어 있는 엔트리봇에 `시작하기 버튼을 클릭했을 때`와 `한국어▼ 음성 인식하기`를 연결합니다.

02 사용자의 한국어 음성을 인식하고, 음성을 문자로 바꾼 값을 말할 수 있도록 `안녕! 을(를) 말하기▼`와 `음성을 문자로 바꾼 값`을 결합해 오른쪽과 같이 연결합니다.

03 `▶시작하기`를 클릭하면 마이크로 입력된 사용자의 음성을 문자로 변경해 말합니다.

챗GPT × 작품 제작 순서 고민하기

챗GPT에게 질문하기

블록 기반 코딩 플랫폼인 엔트리를 사용해 다음과 같은 기능을 가진 프로그램을 작성하는 방법을 단계별로 설명해 주세요:

1. '인사하는 사람(1)' 오브젝트가 사람의 목소리를 인식해 읽어 주고, '글상자' 오브젝트에 인식한 내용을 표시합니다.
2. '인공지능'의 '읽어주기' 및 '음성 인식' 블록을 사용합니다.
3. '글상자' 오브젝트는 신호를 받아 이 내용을 표시합니다.

챗GPT의 답변 확인하기

엔트리에서 '인사하는 사람(1)' 오브젝트가 사람의 목소리를 인식하여 읽어주고, 인식한 내용을 '글상자' 오브젝트에 표시하는 프로그램을 작성하는 방법을 단계별로 설명하겠습니다. 이 프로그램에서는 '인공지능'의 '읽어주기'와 '음성 인식' 블록을 사용하며, '글상자' 오브젝트는 신호를 받아 인식한 내용을 표시합니다.

1단계: 엔트리 접속 및 프로젝트 생성

1. 엔트리 웹 사이트에 접속합니다.
2. 로그인 후, '작품 만들기'를 클릭하여 새로운 프로젝트를 만듭니다.

2단계: 오브젝트 추가

1. '인사하는 사람(1)' 오브젝트를 추가합니다.
2. '글상자' 오브젝트를 추가합니다. 이 오브젝트는 사람의 목소리를 인식해 내용을 표시할 것입니다.

3단계: 인공지능 블록 활성화

1. '블록' 탭을 클릭합니다.
2. '인공지능'을 선택하여 '읽어주기'와 '음성 인식' 블록을 활성화합니다.

4단계: 변수 생성

1. '자료'에서 '변수 만들기' 버튼을 클릭하여 '인식한 내용'이라는 이름의 변수를 만듭니다.

5단계: '인사하는 사람(1)'의 음성 인식 및 읽어주기 로직 작성

1. '시작하기 버튼을 클릭했을 때' 블록을 코딩 영역에 드래그합니다.

2. '음성 인식 시작하기' 블록을 사용하여 음성 인식을 시작합니다.

3. '음성 인식 결과' 블록을 사용하여 인식한 내용을 '인식한 내용' 변수에 저장합니다.

4. '인사하는 사람(1)' 오브젝트에 인식한 내용을 읽어 주는 블록을 추가합니다.

5. '글상자' 오브젝트에 인식한 내용을 표시하는 신호를 보냅니다.

6단계: '인사하는 사람(1)' 코드 작성

```
시작하기 버튼을 클릭했을 때
    음성 인식 시작하기
    음성 인식 결과를 '인식한 내용' 변수에 저장하기
    '인식한 내용은 ' + (인식한 내용) + ' 입니다.'를 읽어주기
    글상자에게 '내용 업데이트' 신호 보내기
```

7단계: 글상자 오브젝트 코드 작성

```
'내용 업데이트' 신호를 받았을 때
    글상자 내용을 인식한 내용으로 바꾸기
```

8단계: 실행 및 테스트

1. '시작하기' 버튼을 클릭하여 프로그램을 실행합니다.

2. 프로그램이 정상적으로 작동하는지 확인합니다. '인사하는 사람(1)' 오브젝트가 사람의 목소리를 인식하고, 인식한 내용을 읽어주며, 글상자에 표시되는지 확인합니다.

작품 만들기

✗ 오브젝트 추가하기

01 `+ 오브젝트 추가하기` 를 클릭해 [사람] → [인사하는 사람(1)], [물건] → [칠판] 오브젝트를 추가합니다.

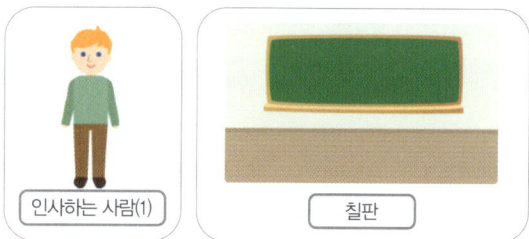

02 '글상자' 오브젝트를 만들려면 '오브젝트 추가하기' 창에서 [글상자]를 클릭합니다.

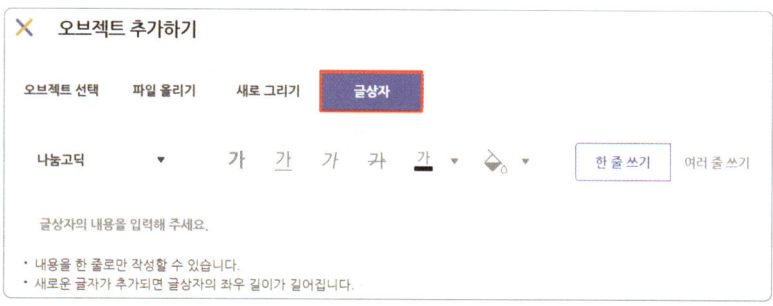

03 글상자의 내용으로 ❶ '글상자'를 입력하고, ❷ 글꼴 색상을 흰색(빨강: 255, 녹색: 255, 파랑: 255)으로 설정합니다. 그 다음 ❸ 채우기 색상은 '칠판' 오브젝트와 같게 하기 위해 빨강: 1, 녹색: 145, 파랑: 71로 설정합니다. 마지막으로 [추가하기]를 눌러 '글상자' 오브젝트를 추가합니다.

인공지능 블록 추가하기

블록 꾸러미에서 [인공지능 블록 불러오기]를 클릭한 다음, '읽어주기'와 '음성 인식'을 선택하고 [불러오기]를 클릭해 두 인공지능 블록을 추가합니다.

변수 추가하기

[속성] 탭에서 [변수] → [변수 추가하기]를 클릭한 다음, 추가할 변수 이름을 작성하고 [변수 추가]를 클릭합니다. 추가할 변수는 다음과 같습니다.

변수	기능
인식한 내용	인식한 음성을 문자로 변환한 값을 저장

신호 추가하기

[속성] 탭에서 [신호] → [신호 추가하기]를 클릭한 다음, 추가할 신호 이름을 작성하고 [신호 추가]를 클릭합니다. 추가할 신호는 다음과 같습니다.

신호	기능
내용 업데이트	인식한 내용을 글상자에 입력하라는 신호

🍀 코딩하기

챗GPT가 답변한 제작 순서를 참고하여 '음성을 인식하는 칠판 필기 로봇 만들기' 작품을 만들어 보겠습니다.

'음성 인식' 블록으로 인식한 음성 저장하기

01 사용자가 입력한 음성을 인식해 이를 문자로 바꿔 저장해 봅시다. **인사하는 사람(1)** 오브젝트를 선택합니다. ▶시작하기 를 클릭했을 때 인식한 음성을 문자로 바꿔 '인식한 내용' 변수에 저장하도록 [시작]의 [시작하기 버튼을 클릭했을 때] 와 [인공지능]의 [한국어▼ 음성 인식하기] 를 연결합니다. 이때, 인식한 음성이 실행 화면에서 보이지 않도록 하기 위해 [인공지능]의 [인식한 음성 숨기기▼] 를 추가합니다.

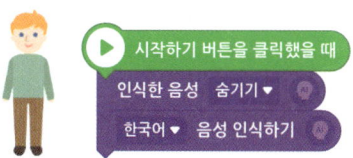

02 [?자료]의 [인식한 내용▼ 를 10 (으)로 정하기] 와 [인공지능]의 [음성을 문자로 바꾼 값] 을 결합해 인식한 음성을 문자로 바꿔 '인식한 내용' 변수에 저장합니다.

03 [계산]의 [안녕! 과(와) 엔트리 을(를) 합친 값] 과 [?자료]의 [인식한 내용▼ 값], [인공지능]의 [엔트리 읽어주기] 를 결합해 '인식한 내용' 변숫값을 읽습니다.

04 의 내용 업데이트 신호 보내기 를 연결해 '내용 업데이트' 신호를 보냅니다.

05 흐름 의 만일 (이)라면/아니면 와 인공지능 의 마이크가 연결되었는가? 와 엔트리 읽어주기 를 다음과 같이 연결해, 컴퓨터에 마이크가 연결되어 있으면 음성을 인식하는 동작을 진행하고 그렇지 않으면 마이크를 연결할 것을 안내합니다.

💡 컴퓨터에 마이크가 연결되어 있지 않으면 오류가 발생합니다.

음성 인식한 내용을 칠판에 작성하기

'내용 업데이트' 신호를 받았을 때 '글상자' 오브젝트가 동작하도록, 즉 칠판에 글씨를 쓰도록 코딩해 봅시다. 먼저 **글상자** 오브젝트를 선택합니다. '내용 업데이트' 신호를 받으면 글상자에 '인식한 내용' 변숫값을 쓰도록 글상자 의 엔트리 (이)라고 글쓰기 와 자료 의 인식한 내용 값 을 결합하고, 시작 의 내용 업데이트 신호를 받았을 때 와 연결합니다.

✔ 전체 코드 확인하기

오브젝트	코드 블록

인사하는 사람(1)	시작하기 버튼을 클릭했을 때
	인식한 음성 숨기기
	만일 〈마이크가 연결되었는가?〉 (이)라면
	  한국어 음성 인식하기
	  인식한 내용▼ 를 (음성을 문자로 바꾼 값) (으)로 정하기
	  (인식한 내용은) 과(와) (인식한 내용▼ 값) 과(와) (입니다.) 을(를) 합친 값 을(를) 합친 값 읽어주기
	  내용 업데이트▼ 신호 보내기
	아니면
	  (마이크를 연결해 주세요.) 읽어주기

글상자	내용 업데이트▼ 신호를 받았을 때 인식한 내용▼ 값 (이)라고 글쓰기

LESSON 03 가위바위보 게임 만들기

학습 목표 • '손 인식' 인공지능 블록을 이용해서 가위바위보 게임을 하는 작품을 만들 수 있습니다.

엔트리에서 제공하는 '손 인식' 인공지능 블록을 알아보고 그 특징을 파악합니다. '손 인식' 인공지능 블록을 이용하여 사용자와 로봇 오브젝트가 가위바위보를 하는 작품을 만들어 보겠습니다. 이때, 챗GPT에서 제공하는 제작 순서를 참고하여 진행해 봅시다.

QR을 스캔하면 유튜브 동영상을 볼 수 있어요!

▶ https://youtu.be/rkompXl2xw8?si=5CpX-gQazhonw0nQ

 작품 실행하기

01 다음 주소 또는 QR 코드로 접속하면 '가위바위보 게임 만들기' 작품을 확인할 수 있습니다. ▶ 버튼을 클릭하여 작품을 실행해 보세요.

- https://naver.me/FjbqstJy

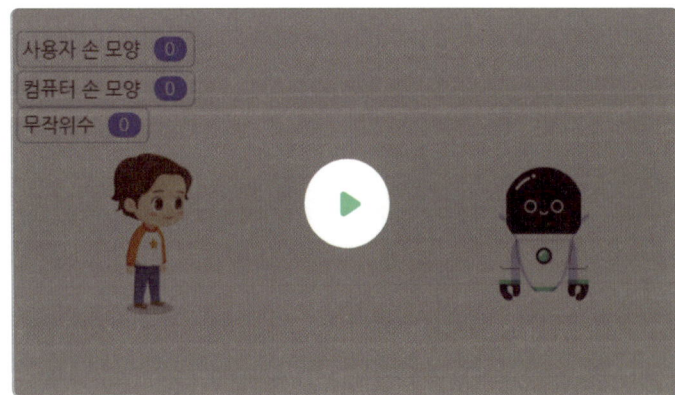

02 사용자와 로봇이 서로 가위바위보를 한 결과를 말합니다. 다음 예에서는 사용자가 바위를 선택하고 로봇이 무작위로 보를 선택해 로봇이 이겼다고 음성으로 말합니다.

핵심 블록 살펴보기

'손 인식' 인공지능 블록

'손 인식' 인공지능 블록은 카메라를 이용하여 손을 인식하는 기능을 합니다. 먼저, '손 인식' 블록을 불러온 뒤, 이를 활용하는 방법을 알아보겠습니다.

01  블록 꾸러미의 [인공지능 블록 불러오기]를 클릭한 뒤, [손 인식] → [불러오기]를 누릅니다.

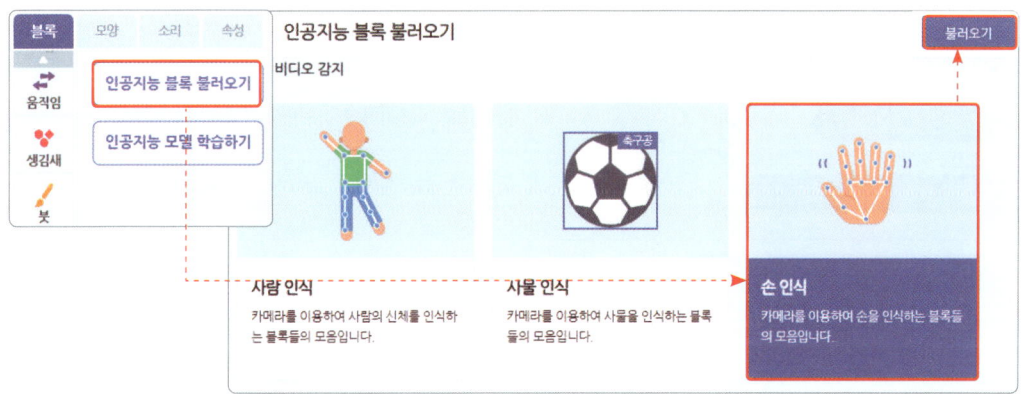

02 　 블록 꾸러미에 '비디오 감지'와 '손 인식' 블록들이 추가된 것을 확인할 수 있습니다.

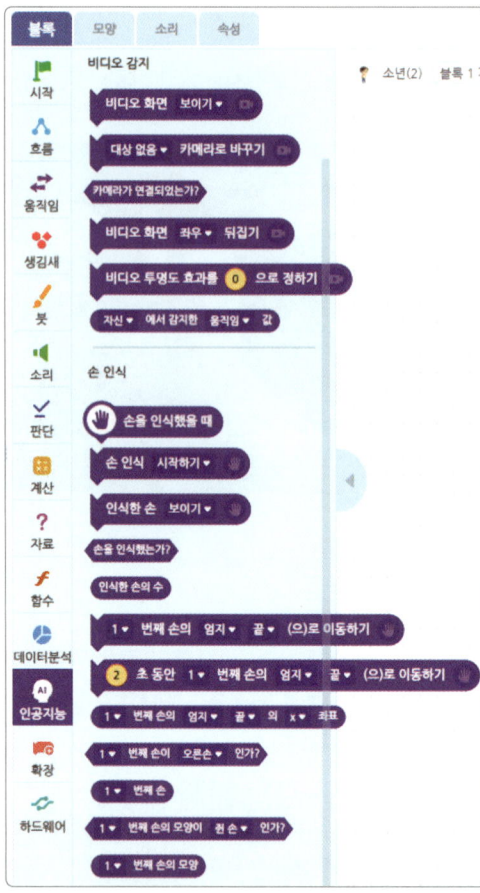

'비디오 감지' 명령어 블록이 각각 어떤 기능을 하는지 다음 표를 통해 알아봅시다.

블록	기능
비디오 화면 보이기 ▼	연결된 카메라가 촬영하는 것을 실행 화면에 보이게 하거나 숨깁니다.
대상 없음 ▼ 카메라로 바꾸기	촬영하는 카메라를 변경합니다.
카메라가 연결되었는가?	컴퓨터에 카메라가 연결되었는지 확인합니다.
비디오 화면 좌우 ▼ 뒤집기	촬영되는 화면을 좌우 또는 상하로 뒤집습니다.
비디오 투명도 효과를 0 으로 정하기	촬영되는 화면의 투명도 효과를 설정합니다.

'손 인식' 명령어 블록이 각각 어떤 기능을 하는지 다음 표를 통해 알아봅시다.

블록	기능
손을 인식했을 때	손을 인식하면 아래에 연결된 블록들을 실행합니다.
손 인식 시작하기 ▼	손 인식을 시작하거나 중지합니다.
인식한 손 보이기 ▼	인식한 손의 형태를 실행 화면에 보이게 하거나 숨깁니다.
손을 인식했는가?	손을 인식했는지 확인합니다.
인식한 손의 수	인식한 손의 개수입니다.
1 ▼ 번째 손의 모양이 쥔 손 ▼ 인가?	설정한 순서의 손이 선택한 손 모양인지 확인합니다.
1 ▼ 번째 손의 모양	설정한 순서의 손 모양입니다.

'손 인식' 블록 간단하게 실습해보기

'손 인식' 인공지능 블록의 기능과 불러오는 방법을 살펴봤습니다. 이제 '손 인식' 블록이 어떻게 실행되는지 간단한 실습을 통해 알아봅시다.

01 기본 오브젝트로 설정되어 있는 '엔트리봇'에 [시작하기 버튼을 클릭했을 때] 와 [손 인식 시작하기 ▼] 를 연결합니다.

02 사용자의 손을 인식하고, 인식한 손의 모양을 말하도록 다음과 같이 블록을 연결합니다.

03 [▶ 시작하기] 를 클릭하면 카메라로 인식한 손 모양을 말합니다.

챗GPT ⓧ 작품 제작 순서 고민하기

챗GPT에게 질문하기

블록 기반 코딩 플랫폼인 엔트리를 사용하여 다음과 같은 기능을 가진 가위바위보 게임 프로그램을 작성하는 방법을 단계별로 설명해 주세요:

1. '인공지능'의 '손 인식' 블록을 사용하여 사용자의 손 모양이 편 것으로 인식되면 보로, 쥔 것으로 인식되면 바위로, 둘 다 아니면 가위로 정합니다.
2. 컴퓨터의 가위, 바위, 보는 무작위로 정합니다.
3. 사용자와 컴퓨터의 가위바위보 결과를 '인공지능'의 '읽어주기' 블록을 사용하여 읽어줍니다.
4. 사용자 선택, 컴퓨터 선택, 결과 알려주기 등의 동작 순서는 신호를 이용해 정합니다.

챗GPT의 답변 확인하기

엔트리를 사용하여 가위바위보 게임 프로그램을 작성하는 방법을 단계별로 설명해 드리겠습니다. 이 프로그램은 '인공지능'의 '손 인식' 블록을 사용하여 사용자의 손 모양을 인식하고, 컴퓨터의 가위, 바위, 보 결과를 무작위로 생성하며, 최종 결과를 '읽어주기' 블록을 통해 읽어줍니다. 모든 동작은 신호를 통해 순차적으로 실행됩니다.

1단계: 프로젝트 생성 및 오브젝트 추가

1. 엔트리 웹 사이트에 접속해 새 프로젝트를 만듭니다.
2. 배경과 캐릭터가 되는 오브젝트를 설정합니다. 배경은 원하는 오브젝트로 설정하고 '사람'과 '컴퓨터' 오브젝트를 선택합니다.

2단계: 인공지능 블록 활성화

1. '인공지능'을 선택하여 '비디오 감지'와 '손 인식' 블록을 활성화합니다.

3단계: 변수 및 신호 생성

1. '자료'에서 '변수 만들기' 버튼을 클릭하여 '사용자 손 모양'과 '컴퓨터 손 모양' 변수를 만듭니다.
2. '시작'에서 '신호 만들기' 버튼을 클릭하여 '손 인식 완료', '컴퓨터 선택 완료', '결과 읽기' 신호를 만듭니다.

4단계: 손 모양 인식 로직 및 코드 작성

1. '인공지능'에서 '손 인식' 블록을 드래그하여 코딩 영역에 추가합니다.

2. '손 인식' 블록의 결과를 변수에 저장하고, 신호를 보냅니다.

```
손 인식 시작하기
손 인식하기가 끝났을 때
    만약 (손 모양 = "편 것")이라면
        '사용자 손 모양'을 '보'로 정하기
    아니면 만약 (손 모양 = '쥔 것')이라면
        '사용자 손 모양'을 '바위'로 정하기
    아니면
        '사용자 손 모양'을 '가위'로 정하기
    ('손 인식 완료') 신호 보내기
```

5단계: 컴퓨터의 가위바위보 선택 로직 및 코드 작성

'연산'에서 '무작위 수' 블록을 사용하여 컴퓨터의 가위바위보를 무작위로 설정합니다.

```
('손 인식 완료') 신호를 받았을 때
    무작위 수 (1)에서 (3)까지
    만약 (무작위 수 = 1)이라면
        '컴퓨터 손 모양'을 '가위'로 정하기
    아니면 만약 (무작위 수 = 2)라면
        '컴퓨터 손 모양'을 '바위'로 정하기
    아니면
        '컴퓨터 손 모양'을 '보'로 정하기
    ('컴퓨터 선택 완료') 신호 보내기
```

6단계: 결과 비교 로직 및 코드 작성

사용자와 컴퓨터의 손 모양을 비교하여 결과를 도출하고, 이를 읽어주는 블록을 작성합니다.

```
('컴퓨터 선택 완료') 신호를 받았을 때
    만약 ('사용자 손 모양' = '가위' 그리고 '컴퓨터 손 모양' = '보') 또는 ('사용자 손
    모양' = '바위' 그리고 '컴퓨터 손 모양' = '가위') 또는 ('사용자 손 모양' = '보'
    그리고 '컴퓨터 손 모양' = '바위')이라면
        ('사용자가 이겼습니다. 사용자: ' + '사용자 손 모양' + ', 컴퓨터: ' + '컴퓨터
        손 모양')을 읽어주기
```

```
아니면 만약 ('사용자 손 모양' = '컴퓨터 손 모양')이라면
    ('비겼습니다. 사용자: ' + '사용자 손 모양' + ', 컴퓨터: ' + '컴퓨터 손 모
    양')을 읽어주기
    아니면
    ('컴퓨터가 이겼습니다. 사용자: ' + '사용자 손 모양' + ', 컴퓨터: ' + '컴퓨터
    손 모양')을 읽어주기
```

7단계: 실행 및 테스트

1. '시작하기' 버튼을 클릭하여 프로그램을 실행합니다.
2. 손 모양을 잘 인식하는지, 컴퓨터가 가위, 바위, 보를 무작위로 선택하는지, 결과를 비교하고 '읽어주기' 기능이 제대로 작동하는지 등을 테스트합니다.

작품 만들기

✖ 오브젝트 추가하기

 를 클릭해 [사람] → [소년(2)]와 [물건] → [소놀 AI 로봇]을 추가합니다.

소년(2)

소놀 AI 로봇

인공지능 블록 추가하기

블록 꾸러미의 [인공지능 블록 불러오기]를 클릭한 다음, '읽어주기'와 '손 인식'을 선택하고 [불러오기]를 클릭해 두 인공지능 블록을 추가합니다.

읽어주기
nVoice 음성합성 기술로 다양한 목소리로 문장을 읽는 블록모음 입니다. (한국어 엔진 지원)
Powered by NAVER CLOVA

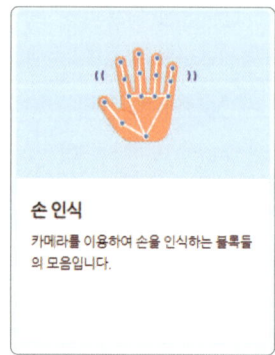
손 인식
카메라를 이용하여 손을 인식하는 블록들의 모음입니다.

❓ 변수 추가하기

[속성] 탭에서 [변수] → [변수 추가하기]를 클릭한 다음, 추가할 변수 이름을 각각 작성하고 [변수 추가]를 클릭합니다. 추가할 변수는 다음과 같습니다.

변수	기능
사용자 손 모양	사용자의 가위바위보 중 하나를 저장
컴퓨터 손 모양	컴퓨터의 가위바위보 중 하나를 저장
무작위수	1~3사이의 무작위 수를 저장

📡 신호 추가하기

[속성] 탭에서 [신호] → [신호 추가하기]를 클릭한 다음, 추가할 신호 이름을 각각 작성하고 [신호 추가]를 클릭합니다. 추가할 신호는 다음과 같습니다.

신호	기능
초기화	변수를 실행 화면에 보이지 않게 하라는 신호
손 인식 완료	사용자의 손 인식을 완료했다는 신호
컴퓨터 선택 완료	컴퓨터의 손을 선택했다는 신호

✣ 코딩하기

챗GPT가 답변한 제작 순서를 참고하며 '가위바위보 게임 만들기' 작품을 만들어 보겠습니다.

'손 인식' 블록으로 사용자의 손 인식하기

01 사용자의 손을 인식하고, 인식한 손 모양에 따라 가위, 바위, 보를 '사용자 손 모양' 변수에 저장해 봅시다. 먼저 **소년(2)** 오브젝트를 선택합니다. '초기화' 신호를 받으면 모든 변수를 실행 화면에 보이지 않게 하기 위해 다음과 같이 블록을 연결합니다.

💡 변수 이름을 클릭하면 변수 목록이 등장하고, 원하는 변수를 선택할 수 있습니다.

02 ▶시작하기 를 클릭했을 때 '초기화' 신호를 보내고 연결된 카메라가 촬영하는 것을 실행 화면에 보이게 하기 위해 [시작]과 [인공지능] 블록 꾸러미에서 블록을 찾아 다음과 같이 연결합니다. 이때 실행 화면에 등장하는 비디오 화면의 투명도 효과를 0으로 설정하기 위해 비디오 투명도 효과를 0 으로 정하기 를 추가합니다.

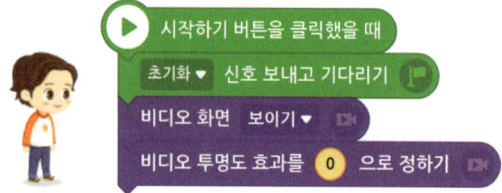

03 1초 간격을 두고 카메라를 통해 컴퓨터가 사용자의 손을 인식할 수 있도록 [흐름]의 1 초 기다리기 를 손 인식 시작하기 와 다음과 같이 연결합니다. 그리고 컴퓨터가 손 인식을 완료할 때까지 기다릴 수 있도록 참 이(가) 될 때까지 기다리기 와 손을 인식했는가? 를 결합해 추가합니다.

💡 사용자가 손을 카메라 앞에 놓을 시간을 확보하기 위해 '1초 기다리기' 블록을 추가합니다.

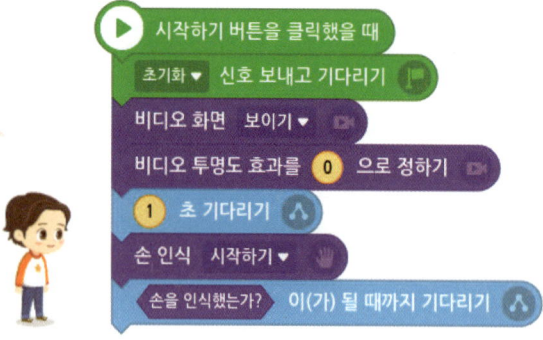

04 다시 1초 간격의 대기 시간을 준 다음 [만일 참 (이)라면/아니면], [1▼ 번째 손의 모양이 편 손▼ 인가?], [사용자 손 모양▼ 를 보 (으)로 정하기] 를 연결해 사용자가 '편 손' 모양을 하고 있다면 '사용자 손 모양' 변수에 '보'를, '쥔 손' 모양을 하고 있다면 변수에 '바위'를 저장합니다. 이 두 모양이 모두 아니면 변수에 '가위'를 저장합니다. 이 과정이 완료되면 '손 인식 완료' 신호를 보내 다음 동작이 이어지도록 하기 위해 마지막에 [손 인식 완료▼ 신호 보내기] 를 추가합니다.

💡 동일하게 구성된 블록들을 반복해서 사용한다면 블록에서 마우스 오른쪽 버튼을 클릭해 [코드 복제하기]를 선택하세요. 동일한 블록을 복제하여 손쉽게 활용할 수 있습니다.

무작위로 가위바위보 선택하기

01 컴퓨터가 무작위로 가위, 바위, 보 중 하나를 내도록 하기 위해 먼저 **소놀 AI 로봇** 오브젝트를 선택합니다. **소년(2)** 오브젝트로부터 '손 인식 완료' 신호를 받으면 '무작위수' 변수에 1부터 3 사이의 무작위 수를 저장하기 위해 [무작위수▼ 를 10 (으)로 정하기] 와 [0 부터 10 사이의 무작위 수] 를 결합해 다음과 같이 [손 인식 완료▼ 신호를 받았을 때] 에 연결합니다.

02 다음과 같이 , , 를 연결해 '무작위수' 변숫값이 1이면 '컴퓨터 손 모양' 변수에 가위를, 2면 바위를 저장합니다. 두 숫자가 모두 아니라면 '컴퓨터 손 모양' 변수에 보를 저장합니다. 이 과정이 완료되면 '컴퓨터 선택 완료' 신호를 보내 다음 동작이 이어지도록 하기 위해 마지막에 를 추가합니다.

03 '컴퓨터 선택 완료' 신호를 받으면 '컴퓨터 손 모양' 변숫값을 말하도록 다음과 같이 코드를 연결합니다.

04 소년(2) 오브젝트를 다시 선택한 뒤 '컴퓨터 선택 완료' 신호를 받으면 '사용자 손 모양' 변숫값을 말하도록 코드를 연결합니다.

게임 결과 안내하기

01 지금까지 사용자와 컴퓨터가 가위바위보를 하는 코드를 완성했습니다. 이번에는 사용자와 컴퓨터가 가위바위보 게임을 한 결과를 알려주는 코드를 만들어 봅시다.

결과를 안내하는 코드는 **소년(2)** 오브젝트에 작성해 봅시다. 먼저 '소놀 AI 로봇'으로부터 '컴퓨터 선택 완료' 신호를 받아 사용자가 이겼다는 결과를 읽도록 하기 위해 `만일 ~ (이)라면 / 아니면` 과 `엔트리 읽어주기` 를 연결합니다.

컴퓨터는 다음 3가지 경우에 사용자가 이겼음을 읽습니다.

사용자 손 모양	컴퓨터 손 모양
가위	보
바위	가위
보	바위

```
컴퓨터 선택 완료▼ 신호를 받았을 때
만일  사용자 손 모양▼ 값 = 가위  그리고▼  컴퓨터 손 모양▼ 값 = 보  (이)라면
    사용자가 이겼습니다. 읽어주기
아니면
    만일  사용자 손 모양▼ 값 = 바위  그리고▼  컴퓨터 손 모양▼ 값 = 가위  (이)라면
        사용자가 이겼습니다. 읽어주기
    아니면
        만일  사용자 손 모양▼ 값 = 보  그리고▼  컴퓨터 손 모양▼ 값 = 바위  (이)라면
            사용자가 이겼습니다. 읽어주기
        아니면
```

💡 챗GPT는 사용자가 승리하는 3가지 경우를 '또는'을 이용해서 하나의 조건식으로 사용했지만, 엔트리에서 이와 같은 방법으로 코딩하면 블록이 너무 길어져서 이기는 3가지 경우 각각을 조건식으로 하여 코딩했습니다.

02 가위바위보 게임에는 내가 이기는 경우뿐만 아니라 비기는 경우와 상대방이 이기는 경우도 있습니다. 이러한 경우에도 결과를 알려주기 위해 '사용자 손 모양' 변숫값과 '컴퓨터 손 모양' 변숫값이 같으면 비겼다는 결과를 읽어주고, 사용자가 이기지 않았으면서 비기지도 않았다면 컴퓨터가 이겼다는 결과를 읽어주도록 다음과 같이 블록을 추가합니다.

✔ 전체 코드 확인하기

오브젝트	코드 블록
소년(2)	

소놀 AI 로봇

LESSON 04 한글 - 영어 통역사 만들기

학습 목표 • '번역' 인공지능 블록을 이용해 한국어 음성을 영어로 번역해서 읽어주는 작품을 만들 수 있습니다.

엔트리에서 제공하는 '번역' 인공지능 블록을 알아보고 그 특징을 파악합니다. '번역', '음성 인식', '읽어주기' 인공지능 블록을 이용하여 사용자의 한국어 음성을 영어로 번역해 읽어주는 작품을 만들어 보겠습니다. 이때, 챗GPT에서 제공하는 제작 순서를 참고하여 진행해 봅시다.

QR을 스캔하면 유튜브 동영상을 볼 수 있어요!

▶ https://youtu.be/dihYTwm7byk?si=E1pAgjvsNZlQV4X7

 작품 실행하기

01 다음 주소 또는 QR 코드로 접속하면 '한글-영어 통역사 만들기' 작품을 확인할 수 있습니다. ▶ 버튼을 클릭하여 작품을 실행해 보세요.

- https://naver.me/5k7laijR

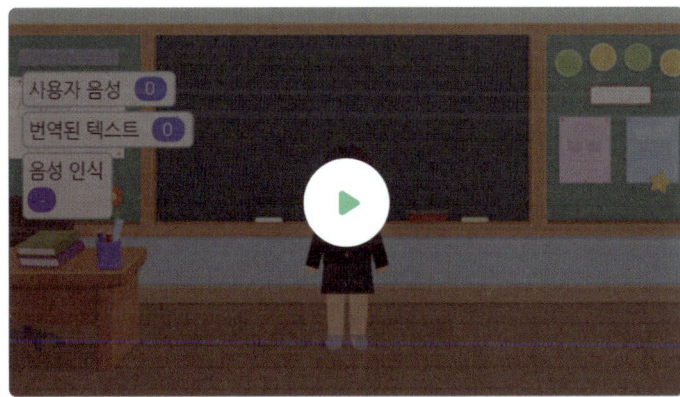

02 사용자의 한국어 음성을 인식하는 화면이 등장합니다. 그 다음, 인식한 내용을 영어로 번역해 읽어줍니다.

핵심 블록 살펴보기

'번역' 인공지능 블록

'번역' 인공지능 블록은 네이버의 '파파고'를 활용해 언어를 번역하는 기능을 합니다. 먼저 '번역' 블록을 불러온 뒤, 이를 활용하는 방법을 알아보겠습니다.

01  블록 꾸러미의 ❶ [인공지능 블록 불러오기]를 클릭한 뒤, ❷ [번역] → ❸ [불러오기]를 누릅니다.

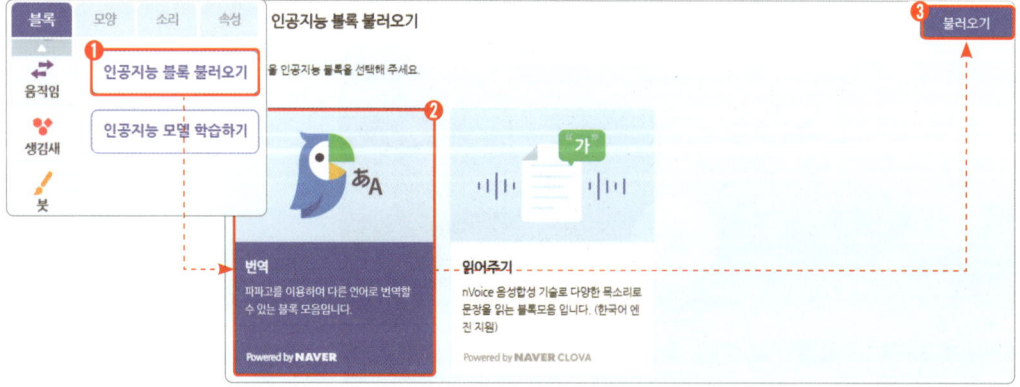

02  블록 꾸러미에 '번역' 블록들이 추가된 것을 확인할 수 있습니다.

'번역' 명령어 블록이 어떤 기능을 하는지 다음 표를 통해 알아봅시다.

블록	기능
한국어▼ 엔트리 을(를) 영어▼ (으)로 번역한 값	입력한 문자열을 선택한 언어로 번역합니다.
엔트리 의 언어	입력한 문자열의 언어를 감지합니다.

'번역' 인공지능 블록 간단하게 실습해보기

엔트리에서 제공하는 '번역' 인공지능 블록의 기능과 불러오는 방법을 살펴봤습니다. 이제 '번역' 블록이 어떻게 실행되는지 간단한 실습을 통해 알아봅시다.

01 기본 오브젝트로 설정되어 있는 엔트리봇에 다음과 같이 `10 을(를) 말하기▼` 와 `한국어▼ 안녕하세요 을(를) 영어▼ (으)로 번역한 값` 을 결합하고 '안녕하세요'를 입력해 코드를 완성합니다.

02 `▶시작하기` 를 클릭하면 '안녕하세요'를 번역해 'Hello'를 말합니다.

챗GPT ⓧ 작품 제작 순서 고민하기

챗GPT에게 질문하기

블록 기반 코딩 플랫폼인 엔트리를 사용하여 다음과 같은 기능을 가진 음성 번역 프로그램을 작성하는 방법을 단계별로 설명해 주세요:

1. 사용자가 한국어로 말하면 그 내용을 영어로 번역해 읽어줍니다.
2. '인공지능'의 '번역', '음성 인식', '읽어주기' 블록을 사용합니다.
3. 사용자가 '종료'를 말할 때까지 동작을 반복합니다.

챗GPT의 답변 확인하기

엔트리를 사용하여 음성 번역 프로그램을 작성하는 방법을 단계별로 설명드리겠습니다.

1단계: 프로젝트 생성 및 오브젝트 추가

1. 새 프로젝트를 만듭니다.
2. 기본 오브젝트를 사용합니다.

2단계: 인공지능 블록 활성화

'인공지능'을 선택하여 '번역', '읽어주기', '음성 인식' 블록을 활성화합니다.

3단계: 변수 생성

'사용자 음성'과 '번역된 텍스트' 변수를 만듭니다.

4단계: 음성 번역 로직 및 코드 작성

1. 프로그램이 시작되면, 음성 인식 기능을 활성화하여 사용자의 음성을 인식합니다.
2. 사용자의 음성을 인식하여 '사용자 음성' 변수에 저장합니다.
3. 사용자가 음성으로 '종료'를 입력했는지 확인합니다. 입력했다면 반복을 멈춥니다.
4. 사용자의 음성을 영어로 번역합니다. 번역된 텍스트를 번역된 텍스트 변수에 저장합니다.

```
시작하기 버튼을 클릭했을 때
무한 반복하기
    음성 인식 결과를 사용자 음성에 저장하기
    만약 사용자 음성이 '종료'라면
        반복 멈추기
    사용자 음성을 영어로 번역하기 (결과를 번역된 텍스트 변수에 저장)
    번역된 텍스트 읽어주기
```

5단계: 실행 및 테스트

1. '시작하기' 버튼을 클릭하여 프로그램을 실행합니다.
2. 사용자의 음성이 잘 인식되는지, 사용자의 음성을 제대로 번역하는지 등을 테스트합니다.

작품 만들기

✕ 오브젝트 추가하기

를 클릭해 [사람] → [학생(1)]과 [배경] → [교실(2)]를 추가합니다.

인공지능 블록 추가하기

블록 꾸러미의 [인공지능 블록 불러오기]를 클릭한 다음 '번역', '읽어주기', '음성 인식'을 선택하고 [불러오기]를 클릭해 인공지능 블록을 추가합니다.

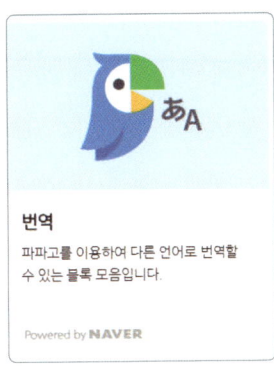
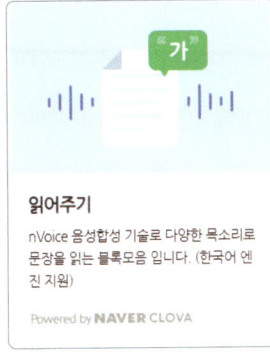

? 변수 추가하기

[속성] 탭에서 [변수] → [변수 추가하기]를 클릭한 다음, 추가할 변수 이름을 각각 작성하고 [변수 추가]를 클릭합니다. 추가할 변수는 다음과 같습니다.

변수	기능
사용자 음성	인식한 음성을 문자로 변환한 값을 저장
번역된 텍스트	사용자 음성을 영어로 번역한 텍스트를 저장

신호 추가하기

[속성] 탭에서 [신호] → [신호 추가하기]를 클릭한 다음, 추가할 신호 이름을 작성하고 [신호 추가]를 클릭합니다. 추가할 신호는 다음과 같습니다.

신호	기능
초기화	변수를 실행 화면에 보이지 않게 하라는 신호

코딩하기

챗GPT가 제공한 제작 순서를 참고하여 '한글-영어 통역사 만들기' 작품을 만들어 보겠습니다.

'번역' 블록으로 한국어 음성을 영어로 번역하기

01 사용자가 한국어로 말한 내용을 영어로 번역해 봅시다. 먼저 **학생(1)** 오브젝트를 클릭합니다. '초기화' 신호를 받으면 모든 변수와 인식한 음성을 실행 화면에 보이지 않게 하기 위해 다음과 같이 블록을 연결합니다.

02 ▶ 시작하기 를 클릭했을 때 '초기화' 신호를 보내고 번역을 시작하겠다고 읽고, 다음 실행을 기다리기 위해 초기화▼ 신호 보내고 기다리기 와 엔트리 읽어주고 기다리기 를 연결합니다.

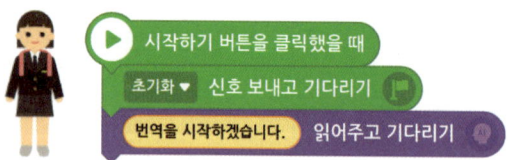

03 사용자의 한국어 음성을 계속해서 인식하고 이를 문자로 바꿔 '사용자 음성' 변수에 저장할 수 있도록 `사용자 음성▼ 를 10 (으)로 정하기` 와 `음성을 문자로 바꾼 값` 을 결합한 블록과 `계속 반복하기`, `한국어▼ 음성 인식하기` 를 다음과 같이 연결합니다.

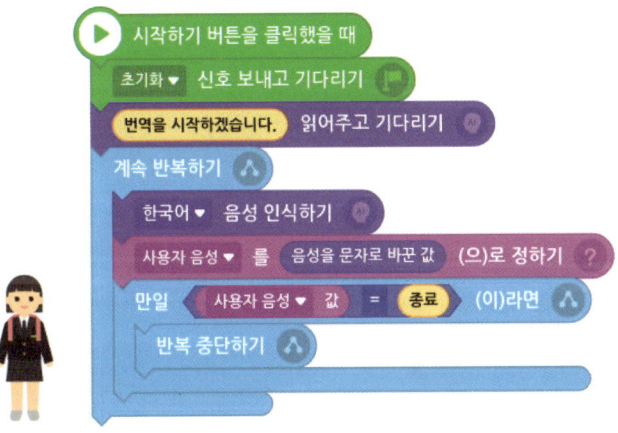

04 사용자가 '종료'를 말하면 음성 인식이 중단되도록 `사용자 음성▼ 값` 과 `10 = 10` 을 결합하고 `만일 참 (이)라면`, `반복 중단하기` 를 다음과 같이 연결합니다. 즉, '사용자 음성' 변숫값이 '종료'와 같으면 명령 반복을 중단합니다.

05 한국어로 된 '사용자 음성' 변숫값을 영어로 번역하여 '번역된 텍스트' 변수에 저장하기 위해 `번역된 텍스트▼ 를 10 (으)로 정하기`, `한국어▼ 10 을(를) 영어▼ (으)로 번역한 값`, `사용자 음성▼ 값` 을 결합해 다음과 같이 연결합니다.

06 마지막으로 한국어 음성을 영어로 번역된 내용을 저장한 '번역된 텍스트' 변숫값을 읽어주기 위해 `엔트리 읽어주고 기다리기` 와 `번역된 텍스트▼ 값` 을 결합해 다음과 같이 연결합니다.

✓ 전체 코드 확인하기

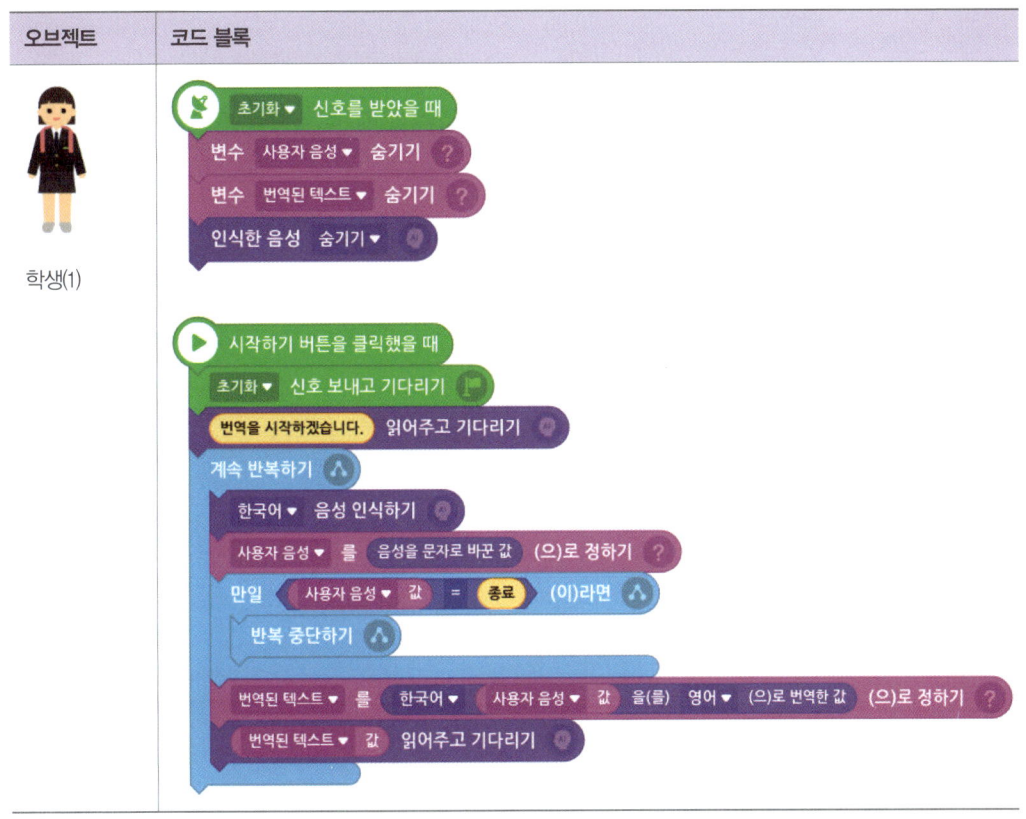

PART 02

세상은 데이터로 가득 차 있어요

PART 02에서는 데이터 분석의 전반적인 내용을 익히기 위해 7가지 작품을 따라 만들며 학습합니다. 이 과정에서 테이블과 차트를 생성하는 방법을 배우고, 테이블에서 특정 데이터를 검색하거나 삭제하는 등 데이터를 다루는 다양한 방법을 익히게 됩니다.

LESSON 05	월평균 기온을 그래프로 표현하기
LESSON 06	온실가스 배출량과 기온 변화 관계 분석하기
LESSON 07	학급당 학생 수 분석하기
LESSON 08	미세 먼지 농도 검색기 만들기
LESSON 09	혈액형 빈도수를 그래프로 표현하기
LESSON 10	스포츠스태킹 가장 빠른 기록 정하기
LESSON 11	지역별 인구 분석하기

LESSON 05 월평균 기온을 그래프로 표현하기

학습 목표
- 엔트리에서 제공하는 테이블을 불러와 그래프를 그릴 수 있습니다.
- 기온 데이터를 이용해서 서울특별시와 제주도의 월평균 기온을 다양한 그래프로 표현하는 작품을 만들 수 있습니다.

엔트리에서 데이터 테이블을 만들고 그래프를 그리는 방법을 알아봅니다. 또한, 엔트리에서 제공하는 지역별 기온 데이터를 활용해서 서울특별시와 제주도의 월평균 기온을 다양한 그래프로 표현하는 작품을 만들어 보겠습니다. 이때, 챗GPT에서 제공하는 제작 순서를 참고하여 진행해 봅시다.

QR을 스캔하면 유튜브 동영상을 볼 수 있어요!

▶ https://youtu.be/6mSO0WgJrRQ?si=wtRa9ONlatk_8OtP

작품 실행하기

01 다음 주소 또는 QR 코드로 접속하면 '월평균 기온 그래프로 표현하기' 작품을 확인할 수 있습니다. ▶ 버튼을 클릭하여 작품을 실행해 보세요.

- https://naver.me/xaotd56r

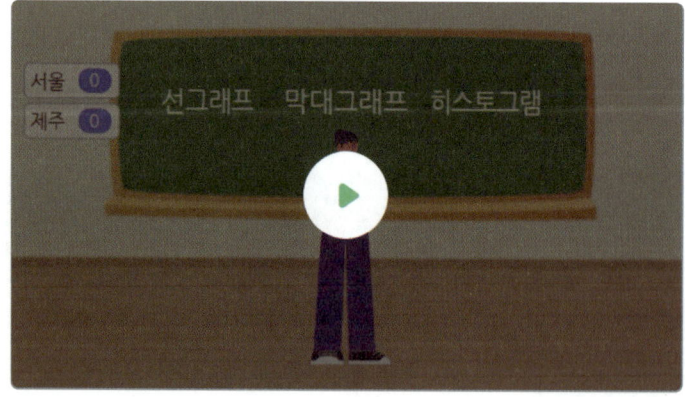

02 오브젝트가 서울특별시와 제주도의 월평균 기온을 말한 뒤, 차트를 보려면 버튼을 클릭하라고 안내합니다.

03 '선그래프', '막대그래프', '히스토그램'을 각각 클릭하면 서울특별시와 제주도의 기온을 그래프별로 확인할 수 있습니다.

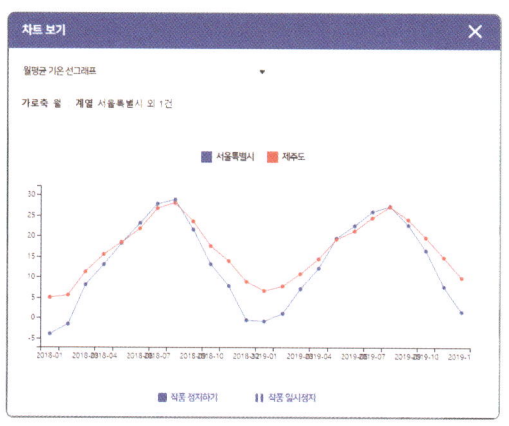

선그래프 예

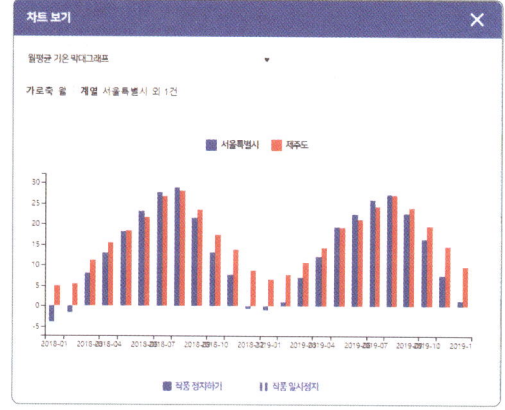

막대그래프 예

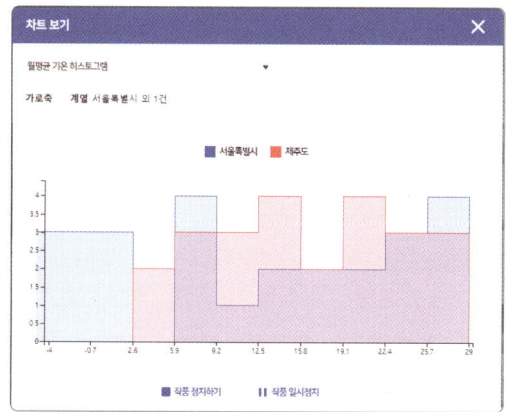

히스토그램 예

핵심 개념과 블록 살펴보기

테이블 불러오기

엔트리에서 제공하는 데이터를 활용하려면 데이터를 불러와 행과 열로 이루어진 테이블 형태로 저장한 뒤, 데이터를 분석해야 합니다. 그 방법을 알아보겠습니다.

01  블록 꾸러미의 ❶ [테이블 불러오기]를 클릭한 뒤, '테이블 불러오기' 창이 열리면 왼쪽 위에 있는 ❷ [테이블 추가하기]를 클릭합니다.

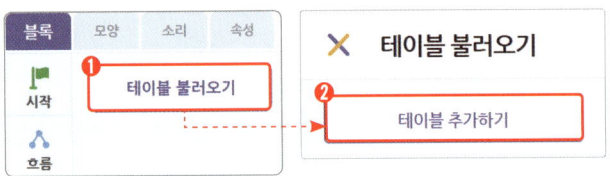

02 '테이블 추가하기' 창이 열리면 엔트리에서 제공하는 다양한 데이터를 확인할 수 있습니다. 이 중 ❶ '계절별 기온' 데이터를 선택하고 ❷ [추가하기]를 클릭합니다.

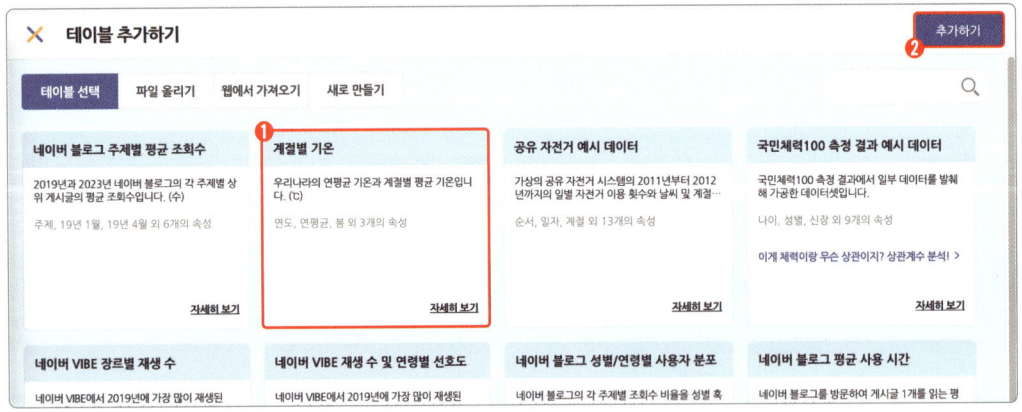

03 '테이블 불러오기' 창에 테이블이 추가된 것을 확인할 수 있습니다. 1973년부터 2021년까지의 계절별 기온 데이터가 테이블 형식으로 나타납니다. 테이블을 확인한 뒤, 화면 오른쪽 위에 있는 [적용하기]를 클릭합니다.

테이블은 데이터를 행과 열로 구성된 표 형태로 배치한 것입니다. 데이터를 분류한 특정 기준을 속성이라 하는데 이 테이블에서는 연도, 연평균, 봄, 여름, 가을, 겨울 등이 속성에 해당합니다.

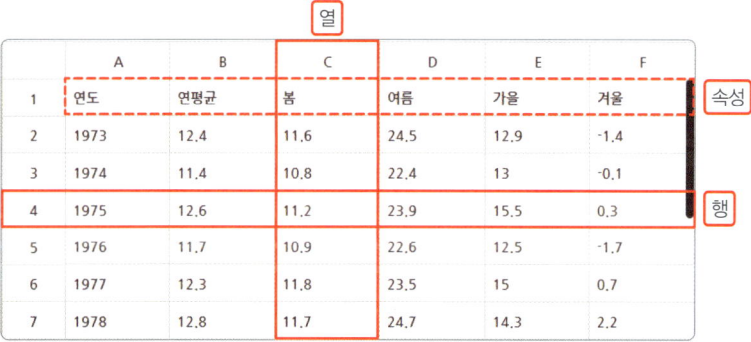

04 블록 꾸러미에 '데이터 분석' 블록들이 추가된 것을 확인할 수 있습니다.

LESSON 05 월평균 기온을 그래프로 표현하기   091

테이블 관련 명령어 블록은 각각 어떤 기능을 하는지 다음 표를 통해 알아봅시다.

블록	기능
테이블 계절별 기온▼ 에 행▼ 추가하기	선택한 테이블의 마지막에 행 또는 열을 추가합니다.
테이블 계절별 기온▼ 2 번째 행▼ 삭제하기	선택한 테이블에서 입력한 순서의 행을 삭제합니다.
테이블 계절별 기온▼ 2 번째 행의 연도▼ 을(를) 10 (으)로 바꾸기	선택한 테이블에서 입력한 행의 선택한 속성값을 입력한 값으로 바꿉니다.
테이블 계절별 기온▼ 을(를) 현재 상태로 남기기	선택한 테이블을 현재 상태로 남깁니다. 작품 실행을 종료해도 테이블에서 변경된 내용이 유지됩니다.
테이블 계절별 기온▼ 의 행▼ 개수	선택한 테이블의 행 또는 열 개수입니다.
테이블 계절별 기온▼ 2 번째 행의 연도▼ 값	선택한 테이블에서 입력한 행의 선택한 속성값입니다.
테이블 계절별 기온▼ 창 열기	선택한 테이블 창을 엽니다.

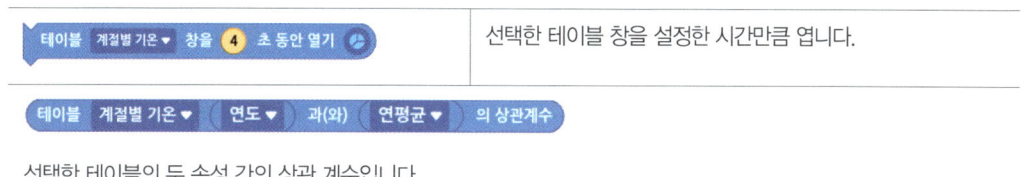	선택한 테이블 창을 설정한 시간만큼 엽니다.

선택한 테이블의 두 속성 간의 상관 계수입니다.

그래프 만들기

데이터를 그래프로 표현하면 데이터를 비교하거나 시간에 따른 변화를 확인할 때 유용합니다. 이런 이유로 데이터를 시각적으로 표현하는 데이터 시각화와 데이터를 분석하는 데이터 분석에 그래프가 중요하게 사용됩니다. 엔트리에서는 '차트' 기능을 활용하여 다양한 종류의 그래프를 만들 수 있습니다.

엔트리에서 생성할 수 있는 그래프의 종류

01 앞에서 불러온 '계절별 기온' 테이블을 활용해서 그래프를 만드는 방법을 알아봅시다.

[데이터분석] 블록 꾸러미의 [테이블 불러오기]를 클릭하면 '계절별 기온' 테이블이 나타납니다.

A	B	C	D	E	F
연도	연평균	봄	여름	가을	겨울
1973	12.4	11.6	24.5	12.9	-1.4
1974	11.4	10.8	22.4	13.0	-0.1
1975	12.6	11.2	23.9	15.5	0.3
1976	11.7	10.9	22.6	12.5	-1.7
1977	12.3	11.8	23.5	15.0	0.7
1978	12.8	11.7	24.7	14.3	2.2
1979	12.6	11.2	23.5	13.6	-0.2

02 ❶ [차트]를 클릭한 뒤, ❷ ➕를 눌러 ❸ '막대(바 그래프)'를 선택합니다.

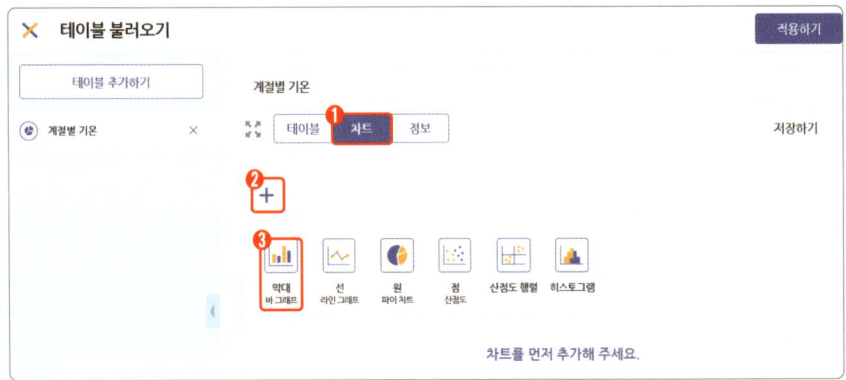

03 ❶ 가로축은 '연도'를 선택하고, 계열은 '연평균'을 선택합니다. 차트 이름은 '계절별 기온 막대그래프'로 변경합니다. 그런 다음, 화면 오른쪽 위에 있는 ❷ [적용하기]를 클릭하면 '계절별 기온 막대그래프'가 만들어집니다.

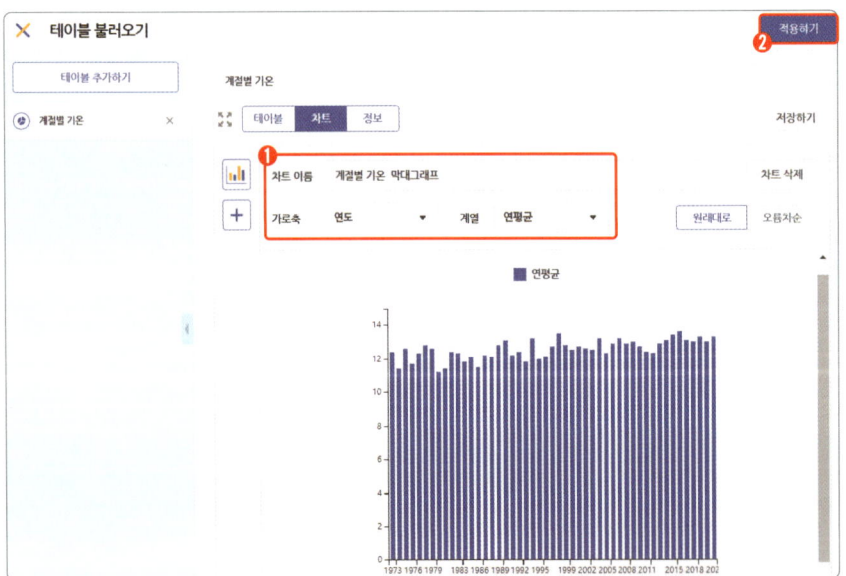

차트 관련 명령어 블록이 어떤 기능을 하는지 다음 표를 통해 알아보겠습니다.

블록	기능
테이블 계절별 기온 ▼ 의 계절별 기온 막대그래프 ▼ 차트 창 열기	선택한 테이블의 차트 창을 엽니다.
테이블 차트 창 닫기	열려 있는 차트 창을 닫습니다.

챗GPT에게 질문하기

블록 기반 코딩 플랫폼인 엔트리를 사용해 기온 데이터를 시각화하는 프로그램을 만들고 싶습니다. 작품을 실행하면 '연구원' 오브젝트가 서울특별시와 제주도의 월평균 기온을 말하고, 그래프를 보려면 '그래프' 오브젝트를 클릭하라고 안내합니다. '그래프' 오브젝트를 클릭하면 해당 그래프를 표시합니다. 데이터 분석 절차에 따라 프로그램을 단계별로 작성하는 방법을 알려 주세요:

1. 엔트리의 '데이터분석' 기능을 이용하여 테이블을 만들고 그래프를 만듭니다.
2. 대한민국 기온 데이터셋을 불러와 사용합니다.
3. 그래프 오브젝트는 '선그래프' 오브젝트, '막대그래프' 오브젝트, '히스토그램' 오브젝트입니다.
4. 서울특별시 월평균 기온은 '서울' 변수에, 제주도 월평균 기온은 '제주' 변수에 저장합니다.
5. '연구원' 오브젝트가 데이터를 소개하고, 각 그래프 오브젝트가 클릭하면 해당 그래프를 5초 동안 화면에 표시되도록 설정합니다.

> 데이터셋은 분석이나 학습을 위해 모아놓은 데이터의 집합으로, 표나 파일 형태로 정리된 자료입니다.

챗GPT의 답변 확인하기

엔트리 블록 코딩 플랫폼을 사용하여 기온 데이터를 시각화하는 프로그램을 작성하는 방법을 단계별로 안내해 드리겠습니다. 이 프로그램은 서울특별시와 제주도의 월평균 기온 데이터를 시각화합니다.

1단계: 데이터 수집 및 준비

1. 기상청이나 공공 데이터 포털에서 대한민국 기온 데이터를 내려받습니다. 데이터는 엑셀 또는 CSV 파일 형식입니다.
2. 내려받은 데이터를 정리하여 서울특별시와 제주도의 월평균 기온 데이터를 추출합니다. 필요한 열만 남겨 정리합니다.

2단계: 엔트리에 데이터 입력

1. 엔트리에 로그인하고 새 작품을 만듭니다.

2. '데이터분석'을 선택하고 '테이블 불러오기'를 클릭합니다.

3. '전국 기온'이라는 이름의 테이블을 만들고 월별 데이터를 입력합니다. 각 행에 서울과 제주의 기온 데이터를 추가합니다.

3단계: 변수 생성

'자료'에서 '변수 만들기'를 클릭하여 '서울'과 '제주'라는 이름의 변수를 만듭니다.

4단계: '연구원' 오브젝트 추가 및 코드 작성

1. '오브젝트 추가하기'를 클릭하여 '연구원' 오브젝트를 추가합니다.

2. '연구원' 오브젝트를 선택한 상태에서 다음과 같이 코드를 작성하세요.

> 시작 버튼을 클릭했을 때
>   '서울' 변수를 '전국 기온' 데이터 테이블에서 '서울특별시 월평균 기온' 값으로 설정하기
>   '제주' 변수를 '전국 기온' 데이터 테이블에서 '제주도 월평균 기온' 값으로 설정하기
>   연구원이 '서울특별시와 제주도의 월평균 기온 데이터를 가지고 있습니다.'라고 말하기
>   연구원이 '그래프를 보려면 아래 그래프 버튼을 클릭하세요.'라고 말하기

5단계: 그래프 오브젝트 추가 및 코드 작성

1. '오브젝트 추가하기'를 클릭하여 세 개의 그래프 오브젝트를 추가합니다. 이 오브젝트는 실행 화면에서 '선그래프', '막대그래프', '히스토그램' 버튼으로 사용합니다.

2. 먼저 '선그래프' 오브젝트를 선택한 상태에서 다음 코드를 작성합니다.

> 선그래프 버튼을 클릭했을 때
>   '데이터 분석' → '그래프' → '선그래프' 선택하기
>   X축에는 '월'을, Y축에는 '서울 기온'과 '제주 기온'을 설정하기
>   그래프를 5초 동안 보여주기
>   그래프 숨기기

3. '막대그래프' 오브젝트를 선택한 상태에서 다음 코드를 작성합니다.

막대그래프 버튼을 클릭했을 때
  '데이터 분석' → '그래프' → '막대그래프' 선택하기
  X축에는 '월'을, Y축에는 '서울 기온'과 '제주 기온'을 설정하기
  그래프를 5초 동안 보여주기
  그래프 숨기기

4. '히스토그램' 오브젝트를 선택한 상태에서 다음 코드를 작성합니다.

히스토그램 버튼을 클릭했을 때
  '데이터 분석' → '그래프' → '히스토그램' 선택하기
  X축에는 '월'을, Y축에는 '서울 기온'과 '제주 기온'을 설정하기
  그래프를 5초 동안 보여주기
  그래프 숨기기

작품 만들기

데이터 수집하기

수집할 데이터는 서울특별시와 제주도의 월평균 기온 데이터입니다. 엔트리에서는 2018년 1월부터 2019년 12월까지의 지역별 월평균 기온 데이터를 제공합니다. 다음은 해당 데이터의 일부입니다. 우리는 이 데이터를 활용하겠습니다.

	A	B	C	D	E	F	G	H	I	J	K
1	월	강원도	경기도	경상남도	경상북도	광주광역시	대구광역시	대전광역시	부산광역시	서울특별시	울산광역시
2	2018-01	-4.29	-5	-0.21	-2.01	-0.2	-0.9	-2.5	1.9	-4	0.7
3	2018-02	-2.47	-2.68	1.89	-0.26	1.8	1.3	-0.4	3.9	-1.6	2.6
4	2018-03	6.85	7.22	8.86	8	10	9.2	8.7	10	8.1	9.5
5	2018-04	12.02	12.14	14.1	13.54	15.1	15	13.9	14.5	13	14.5
6	2018-05	16.29	17.24	18.43	17.63	19.5	19.2	19.2	17.8	18.2	18.1
7	2018-06	21.41	22.18	22.28	21.99	23.6	23.6	23.6	21.5	23.1	21.6
8	2018-07	25.22	26.66	27.16	26.5	28.3	28.2	27.9	26.7	27.8	26.8
9	2018-08	25.51	27.4	27.4	26.46	28.4	27.7	29	27.9	28.8	27
10	2018-09	18.53	19.96	20.89	19.71	21.6	21	21.2	21.9	21.5	21.1
11	2018-10	10.99	11.32	14.09	12.68	14.5	14.3	13	16.4	13.1	15.1
12	2018-11	6.38	6.24	8.92	7.56	9.9	8.8	8	12.4	7.8	10.7

테이블과 차트 만들기

01 블록 꾸러미의 [테이블 불러오기]를 클릭한 다음, 이어서 [테이블 추가하기]를 누릅니다. 엔트리에서 제공하는 다양한 데이터 테이블 중 [월평균 기온] → [추가하기]를 클릭해 테이블을 추가합니다.

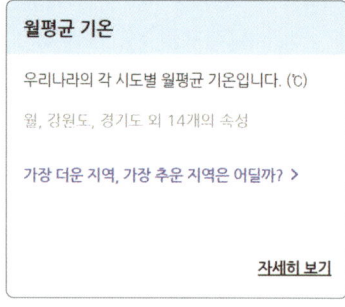

02 2018년 1월부터 2019년 12월까지의 지역별 월평균 기온 테이블이 추가됩니다.

03 [정보]를 클릭하면 이 데이터의 평균, 표준 편차 등 기초 통계 정보를 확인할 수 있습니다.

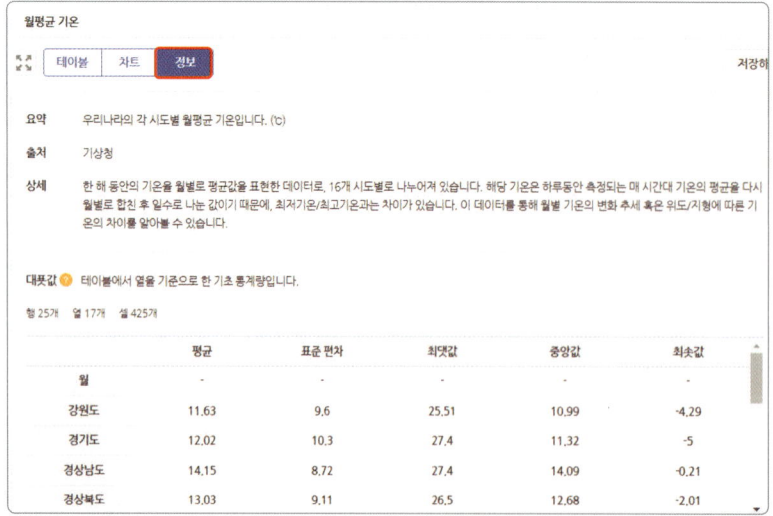

04 서울특별시와 제주도의 월평균 기온을 차트로 만들기 위해 ❶ [차트]를 클릭한 뒤, 선그래프를 만들기 위해 ❷ + 를 눌러 ❸ '선(라인 그래프)'을 선택합니다.

05 가로축은 '월'을 선택하고, 계열은 '서울특별시'와 '제주도'를 선택합니다. 그런 다음 차트 이름을 '월평균 기온 선그래프'로 변경합니다.

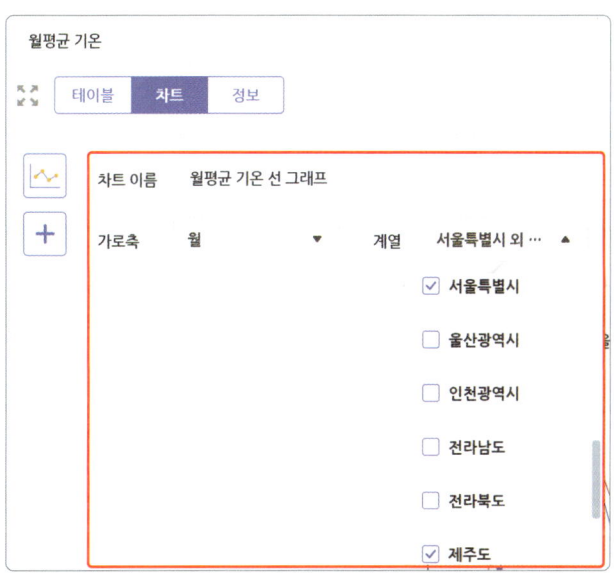

06 이번에는 서울특별시와 제주도의 월평균 기온 막대그래프를 만들기 위해 ❶ + 를 눌러 ❷ '막대(바 그래프)'를 선택합니다.

07 가로축은 '월'을 선택하고, 계열은 '서울특별시'와 '제주도'를 선택합니다. 그런 다음 차트 이름을 '월평균 기온 막대그래프'로 변경합니다.

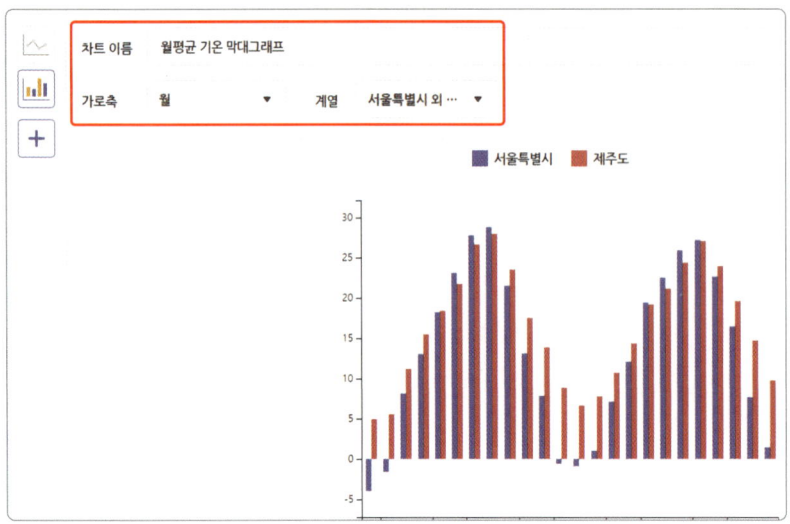

08 마지막으로 서울특별시와 제주도의 월평균 기온 히스토그램을 만들기 위해 + 를 눌러 '히스토그램'을 선택합니다. 계열은 '서울특별시'와 '제주도'를 선택하고, 막대의 개수를 의미하는 계급 수는 10으로 설정합니다. 그런 다음 차트 이름을 '월평균 기온 히스토그램'으로 변경합니다. 여기까지 세 종류의 차트를 만들었으면 화면 오른쪽 위에 있는 [적용하기]를 클릭합니다.

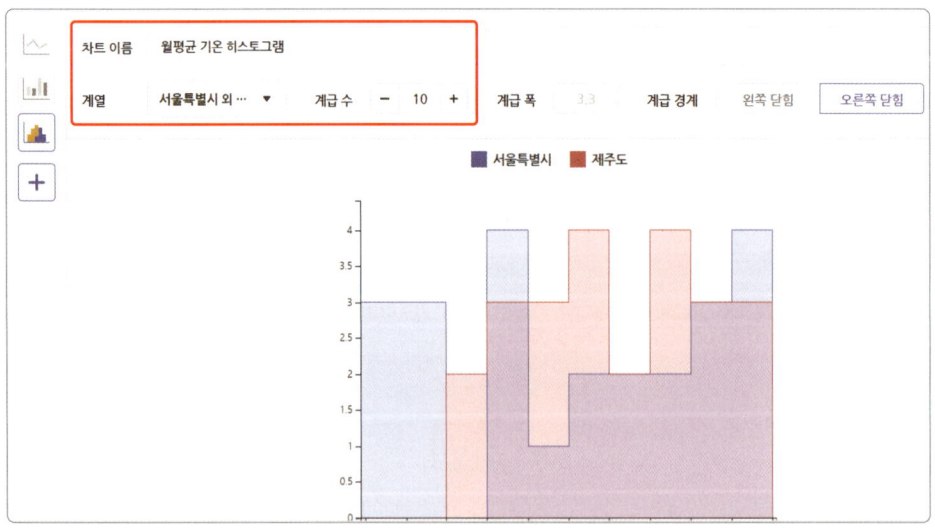

09 블록 꾸러미에 '데이터 분석' 블록이 추가된 것을 확인할 수 있습니다.

✖ 오브젝트 추가하기

01 `+ 오브젝트 추가하기`를 클릭해 [사람] → [소놀 AI 연구원(2)]와 [물건] → [칠판] 오브젝트를 추가합니다.

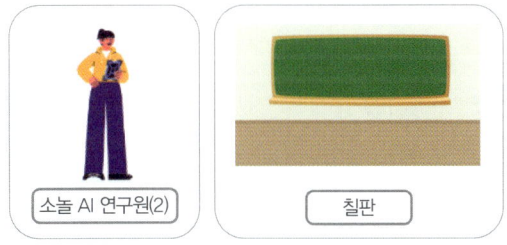

02 세 개의 그래프와 관련된 오브젝트를 추가합니다. '글상자' 오브젝트를 활용해 실행 화면에서 '선그래프', '막대그래프', '히스토그램' 버튼으로 사용합니다.

LESSON 05 월평균 기온을 그래프로 표현하기 101

'오브젝트 추가하기' 창에서 [글상자]를 선택하고 다음과 같이 설정합니다.

> 글상자의 내용으로 '선그래프', '막대그래프', '히스토그램'을 각각 입력합니다. 글꼴 색상은 흰색(빨강: 255, 녹색: 255, 파랑: 255)으로 설정하고, 채우기 색상은 '칠판' 오브젝트와 동일하게 빨강: 1, 녹색: 145, 파랑: 71로 설정합니다.

글꼴 색상 설정 / 채우기 색상 설정

? 변수 추가하기

[속성] 탭에서 [변수] → [변수 추가하기]를 클릭한 다음, 추가할 변수 이름을 각각 작성하고 [변수 추가]를 클릭합니다. 추가할 변수는 다음과 같습니다.

변수	기능
서울	서울특별시의 월평균 기온을 저장
제주	제주도의 월평균 기온을 저장

🍀 코딩하기

챗GPT가 답변한 제작 순서를 참고하여 월평균 기온 테이블과 차트를 활용해 서울특별시와 제주도의 기온을 확인하고, 이를 다양한 그래프로 시각화하는 작품을 만들어 보겠습니다.

변수에 데이터 저장하기

01 데이터를 활용하기 위해 '서울' 변수에는 서울특별시 월평균 기온값을, '제주' 변수에는 제주도 월평균 기온값을 저장해 봅시다. 먼저 **소놀 AI 연구원(2)** 오브젝트를 클릭합니다. `시작하기 버튼을 클릭했을 때` 와 `변수 서울▼ 숨기기` 를 연결해 변수를 실행 화면에 보이지 않

도록 설정한 뒤 '월평균 기온' 테이블의 '서울특별시' 속성값의 평균, 즉 월평균 기온을 '서울' 변수에 저장하고 '제주도' 속성값들의 평균을 '제주' 변수에 저장합니다. 이를 수행하기 위해  을 결합한 뒤, 다음과 같이 연결합니다.

이때 '월평균 기온' 테이블의 '서울특별시'와 '제주도' 속성값은 다음과 같습니다.

	A	B	C
1	월	서울특별시	제주도
2	2018-01	-4	4.93
3	2018-02	-1.6	5.5
4	2018-03	8.1	11.2
5	2018-04	13	15.45
6	2018-05	18.2	18.4
7	2018-06	23.1	21.73

💡 다음 그림은 테이블의 일부입니다. 테이블을 확인하려면 [데이터분석] 블록 꾸러미에서 [테이블 불러오기]를 클릭합니다.

02 오브젝트가 '서울' 변숫값과 '제주' 변숫값을 말한 뒤 '차트를 보려면 버튼을 클릭하라'고 안내하도록 를 다음과 같이 연결합니다.

화면에 그래프 출력하기

01 화면에서 그래프 버튼 중 하나를 클릭하면 해당 그래프가 화면에 표시되도록 설정해 봅시다. 먼저 **선그래프** 오브젝트가 동작하는 부분을 코딩하겠습니다. **선그래프** 오브젝트를 클릭하면 '월평균 기온 선그래프' 차트 창을 5초 동안 보여준 뒤 닫히도록

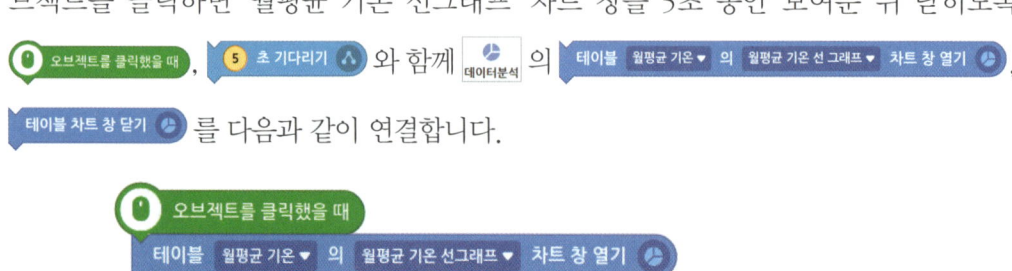

를 다음과 같이 연결합니다.

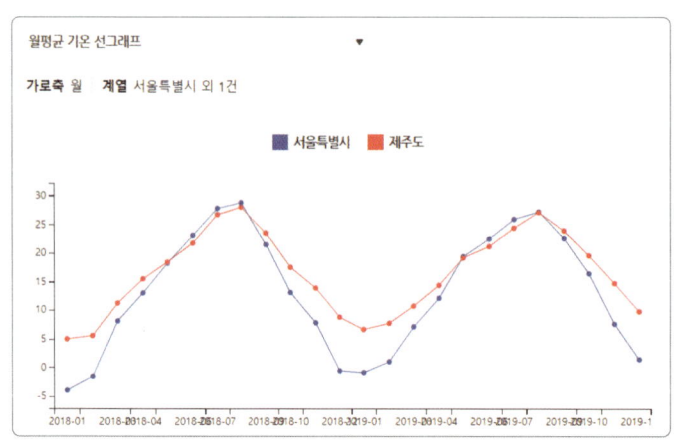

'월평균 기온 선그래프' 차트 창은 다음과 같이 등장합니다.

> 💡 선그래프는 주로 시간에 따른 데이터의 추세나 흐름을 시각화할 때 사용합니다.

02 이번에는 **막대그래프** 오브젝트가 동작하는 부분을 코딩하겠습니다. **막대그래프** 오브젝트를 클릭하면 '월평균 기온 막대그래프' 차트 창을 5초 동안 표시한 뒤 닫히도록 다음과 같이 블록을 연결합니다.

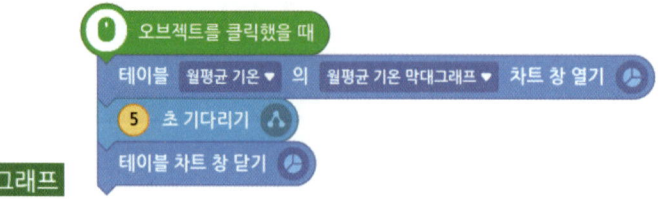

'월평균 기온 막대그래프' 차트 창은 다음과 같이 등장합니다.

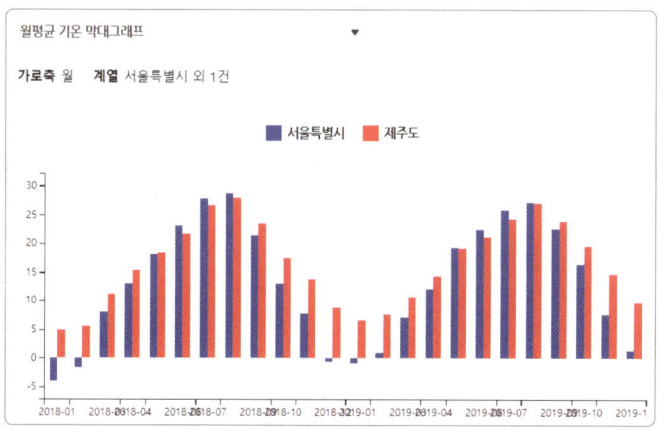

> 막대그래프는 주로 데이터의 항목별 값을 비교할 때 사용합니다.

03 마지막으로 **히스토그램** 오브젝트가 동작하는 부분을 코딩하겠습니다. **히스토그램** 오브젝트를 클릭하면 '월평균 기온 히스토그램' 차트 창을 5초 동안 표시한 뒤 닫히도록 다음과 같이 블록을 연결합니다.

'월평균 기온 히스토그램' 차트 창은 다음과 같이 등장합니다.

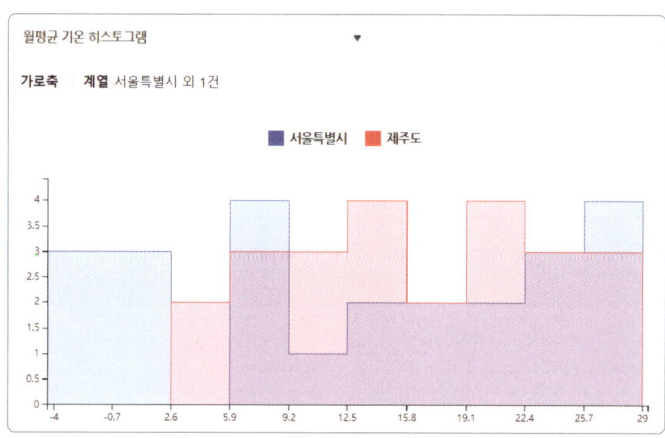

> 히스토그램은 도수 분포를 직사각형 모양으로 나타낸 그래프를 말합니다.

LESSON 05 월평균 기온을 그래프로 표현하기

✔ 전체 코드 확인하기

오브젝트	코드 블록
소놀 AI 연구원(2)	▶ 시작하기 버튼을 클릭했을 때 변수 서울▼ 숨기기 변수 제주▼ 숨기기 서울▼ 를 테이블 월평균 기온▼ 서울특별시▼ 의 평균▼ (으)로 정하기 제주▼ 를 테이블 월평균 기온▼ 제주도▼ 의 평균▼ (으)로 정하기 서울▼ 값 과(와) , 과(와) 제주▼ 값 을(를) 합친 값 을(를) 합친 값 을(를) 3 초 동안 말하기▼ 차트를 보려면 버튼을 클릭하세요. 을(를) 3 초 동안 말하기▼
선그래프 선그래프	○ 오브젝트를 클릭했을 때 테이블 월평균 기온▼ 의 월평균 기온 선그래프▼ 차트 창 열기 5 초 기다리기 테이블 차트 창 닫기
막대그래프 막대그래프	○ 오브젝트를 클릭했을 때 테이블 월평균 기온▼ 의 월평균 기온 막대그래프▼ 차트 창 열기 5 초 기다리기 테이블 차트 창 닫기
히스토그램 히스토그램	○ 오브젝트를 클릭했을 때 테이블 월평균 기온▼ 의 월평균 기온 히스토그램▼ 차트 창 열기 5 초 기다리기 테이블 차트 창 닫기

LESSON 06 온실가스 배출량과 기온 변화 관계 분석하기

학습 목표
- 테이블을 직접 만들고 상관 계수를 구할 수 있습니다.
- 온실가스 배출량과 기온 변화 데이터를 활용해서 산점도를 그리고 상관 계수를 구하는 작품을 만들 수 있습니다.

엔트리에서 테이블을 직접 만드는 방법과 함께 상관 계수에 대해 알아봅니다. 온실가스 배출량과 기온 변화 테이블을 활용해서 산점도를 그리고, 온실가스 배출량과 기온 변화 간의 상관 계수를 구하는 작품을 만들어 보겠습니다. 이때, 챗GPT에서 제공하는 제작 순서를 참고하여 진행해 봅시다.

QR을 스캔하면 유튜브 동영상을 볼 수 있어요!

https://youtu.be/RwR9-sv4yzM?si=0tosjMiXoSijvP1Z

작품 실행하기

01 다음 주소 또는 QR 코드로 접속하면 '온실가스 배출량과 기온 변화 관계 분석하기' 작품을 확인할 수 있습니다. ▶ 버튼을 클릭하여 작품을 실행해 보세요.

- https://naver.me/GfblC4pG

02 오브젝트가 온실가스 배출량과 기온 변화 차트, 상관 계수를 확인하려면 버튼을 클릭하라고 안내합니다.

03 '차트' 버튼을 클릭하면 연도별 온실가스 배출량 선그래프와 온실가스 배출량과 기온 변화 산점도가 표시됩니다.

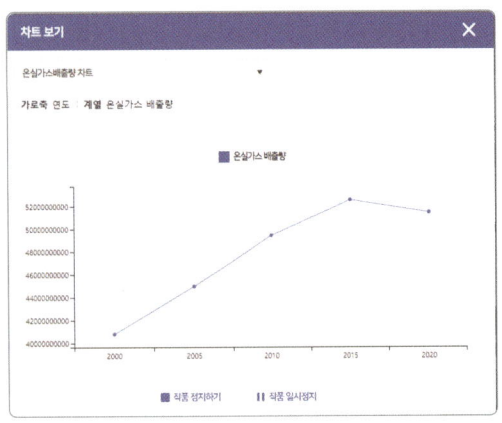
선그래프 예

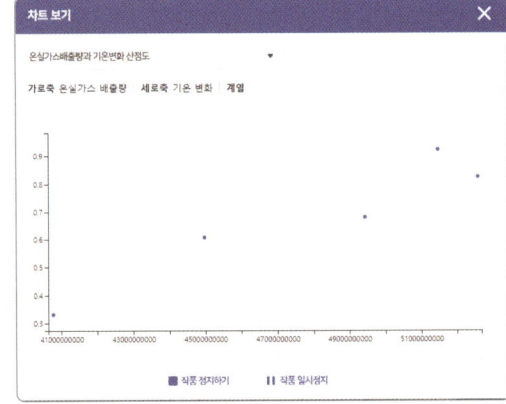
산점도 예

04 '상관 계수' 버튼을 클릭하면 오브젝트가 온실가스 배출량과 기온 변화의 상관 계수를 안내합니다.

핵심 개념과 블록 살펴보기

테이블 직접 만들기

LESSON 05에서는 엔트리에서 제공하는 테이블을 불러와 활용하는 방법을 알아보았습니다. 이번에는 사용자가 직접 데이터를 입력해 테이블을 만드는 방법을 알아보겠습니다.

01 [데이터분석] 블록 꾸러미에서 ❶ [테이블 불러오기]를 클릭한 뒤 '테이블 불러오기' 창이 열리면 왼쪽 위에 있는 ❷ [테이블 추가하기]를 클릭합니다.

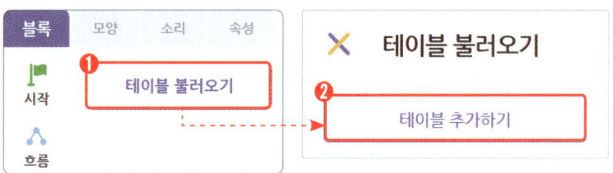

02 직접 테이블을 만들기 위해 ❶ [새로 만들기]를 클릭하고 ❷ [테이블 새로 만들기]를 선택합니다.

03 그러면 다음과 같은 형태의 빈 테이블이 생성됩니다.

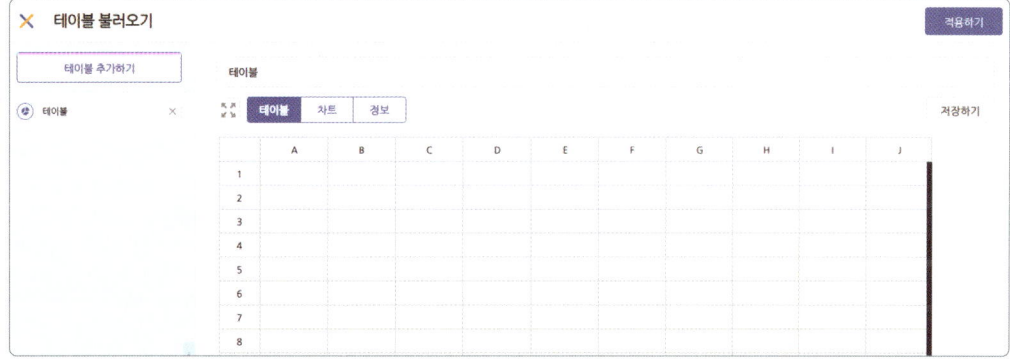

LESSON 06 온실가스 배출량과 기온 변화 관계 분석하기

04 셀을 선택하면 데이터 입력이 가능합니다. 첫 번째 행에 각 열의 제목을 입력합니다. 여기서는 이름, 키, 몸무게를 입력하겠습니다.

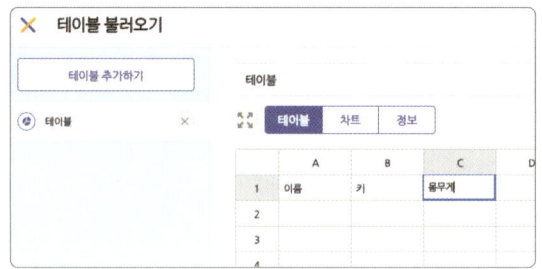

05 두 번째 행부터는 다음과 같이 ❶ 학생 정보(이름, 키, 몸무게)를 입력하고, ❷ 테이블 이름을 '키와 몸무게'로 변경합니다. 그런 다음, 화면 오른쪽 위에 있는 적용하기 를 클릭하면 '키와 몸무게' 테이블이 완성됩니다.

06 블록 꾸러미에 '데이터 분석' 블록들이 추가된 것을 확인할 수 있습니다.

💡 각 블록이 어떤 기능을 하는지는 LESSON 05의 '핵심 개념과 블록 살펴보기'를 참고하세요.

상관 계수 이해하기

일반적으로 키가 크면 몸무게가 많이 나가고, 스마트폰을 이용하는 시간이 길수록 성적은 낮아지는 경향이 있습니다. 이처럼 키와 몸무게, 스마트폰 이용 시간과 성적처럼 서로 관계가 있는 상태를 상관correlation이라 합니다.

이러한 상관의 정도를 수치로 나타낸 것을 상관 계수correlation coefficient라고 합니다. 상관 계수는 -1에서 1 사이의 값을 가지며, 1에 가까울수록 강한 양의 상관 관계를 나타냅니다. 반대로 -1에 가까울수록 강한 음의 상관 관계를 나타냅니다. 그리고 0에 가까울수록 두 변수 간의 관계가 약합니다.

엔트리는  블록 꾸러미에서 상관 계수를 구하는 블록을 제공합니다. 단, 테이블이 생성된 뒤에 다음과 같은 블록을 사용할 수 있습니다.

챗GPT ⓧ 작품 제작 순서 고민하기

챗GPT에게 질문하기

블록 기반 코딩 플랫폼인 엔트리를 사용해 온실가스 배출량과 기온 변화 관계를 분석하는 프로그램을 작성하고 싶습니다. 작품을 실행하면 '소년' 오브젝트가 차트를 보려면 '차트' 오브젝트를, 상관 계수를 보려면 '상관 계수' 오브젝트를 클릭하라는 말을 합니다. '차트' 오브젝트를 클릭하면 온실가스 배출량 선그래프와 온실가스 배출량과 기온 변화 산점도를 3초 동안 보여줍니다. '상관 계수' 오브젝트를 클릭하면 '소년' 오브젝트에게 신호를 보내 '소년' 오브젝트가 온실가스 배출량과 기온 변화의 상관 계수를 말합니다. 데이터 분석 절차에 따라 프로그램을 단계별로 작성하는 방법을 알려 주세요:

1. 엔트리의 '데이터분석' 기능을 이용하여 테이블을 생성한 뒤, 그래프를 만듭니다.
2. 데이터를 수집해 연도별 온실가스 배출량과 기온 변화 테이블을 만듭니다.

챗GPT의 답변 확인하기

엔트리에서 온실가스 배출량과 기온 변화의 관계를 분석하는 프로그램을 작성하는 방법을 단계별로 안내해 드리겠습니다.

1단계: 데이터 수집 및 준비

1. 온실가스 배출량과 기온 변화를 기록한 데이터를 인터넷에서 내려받습니다. 기상청, 공공 데이터 포털, 국제 기후 데이터 사이트 등에서 데이터를 내려받을 수 있습니다.
2. 내려받은 데이터(예: 연도, 온실가스 배출량, 기온 변화 등)를 연도별로 정리하여 엑셀 또는 CSV 파일 형식으로 준비합니다.

2단계: 엔트리에 데이터 입력

1. 엔트리에 로그인하고 새 작품을 만듭니다.
2. '데이터분석'을 클릭하고 '테이블 불러오기'를 클릭합니다.
3. '온실가스_기온'이라는 이름의 테이블을 만들고 연도, 온실가스 배출량, 기온 변화 데이터를 입력합니다.

3단계: 변수 생성

'자료'에서 '변수 만들기'를 클릭하여 '온실가스', '기온 변화', '상관 계수' 변수를 만듭니다.

4단계: '소년' 오브젝트 추가 및 코드 작성

1. '오브젝트 추가하기'를 클릭하여 소년 캐릭터를 추가합니다.
2. '소년' 오브젝트를 선택한 상태에서 다음과 같이 코드를 작성하세요.

> 시작 버튼을 클릭했을 때
>   '온실가스 배출량과 기온 변화 관계를 분석합니다.'라고 말하기
>   '차트를 보려면 차트 오브젝트를 클릭하고 상관 계수를 보려면 상관 계수 오브젝트를 클릭하세요.'라고 말하기
>
> '상관 계수 계산' 신호를 받았을 때
>   '온실가스 배출량과 기온 변화의 상관 계수는 [상관 계수] 입니다.'라고 말하기

5단계: '차트'와 '상관 계수' 오브젝트 추가 및 코드 작성

1. '오브젝트 추가하기'를 클릭하여 두 개의 버튼 모양 오브젝트를 추가합니다. 이는 실행 화면

에서 '차트' 버튼과 '상관 계수' 버튼으로 사용합니다.

2. 먼저 '차트' 오브젝트를 선택한 상태에서 다음 코드를 작성합니다. '차트' 버튼을 클릭하면 차트가 화면에 표시되도록 설정합니다.

> 차트 버튼을 클릭했을 때
>   '데이터분석' → '그래프' → '선그래프' 선택하기
>   X축에는 '연도', Y축에는 '온실가스 배출량'을 설정하기
>   그래프를 3초 동안 보여주기
>   그래프 숨기기
>
>   '데이터분석' → '그래프' → '산점도' 선택하기
>   X축에는 '온실가스 배출량', Y축에는 '기온 변화'를 설정하기
>   그래프를 3초 동안 보여주기
>   그래프 숨기기

3. '상관 계수' 오브젝트를 선택한 상태에서 다음 코드를 작성하세요.

> 상관 계수 버튼을 클릭했을 때
>   온실가스 배출량과 기온 변화의 상관 계수를 계산하여 '상관 계수' 변수에 저장하기
>   '상관 계수 계산' 신호 보내기

작품 만들기

데이터 수집하기

수집할 데이터는 온실가스 배출량과 기온 변화 데이터입니다. 'Our World in Data(https://ourworldindata.org)'에서 제공하는 데이터를 수집하여 2000년부터 2020년까지의 온실가스 배출량과 기온 변화를 정리했습니다. 이때, 기온 변화는 1961년부터 1990년까지의 평균 기온과의 차이를 의미합니다.

연도	온실가스 배출량	기온 변화
2000	40769343000	0.33108476
2005	44948046000	0.6068625
2010	49423570000	0.6803714
2015	52559155000	0.8251144
2020	51458240000	0.9229205

테이블과 차트 만들기

01 수집한 데이터를 직접 테이블로 만들기 위해 ![데이터분석] 블록 꾸러미의 ❶ [테이블 불러오기]를 클릭한 다음, ❷ [테이블 추가하기]를 누릅니다.

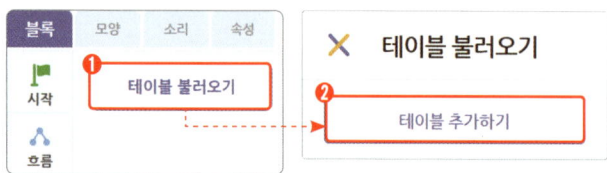

02 ❶ [새로 만들기] → ❷ [테이블 새로 만들기]를 클릭합니다.

03 ❶ 빈 테이블에 다음과 같이 온실가스 배출량과 기온 변화 데이터를 입력하고, ❷ 테이블의 이름을 '온실가스와 기온'으로 변경합니다.

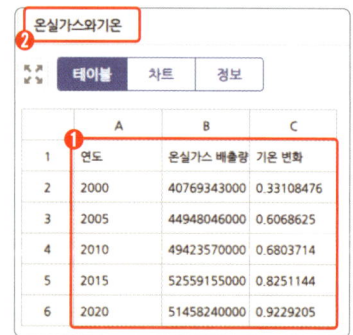

04 온실가스 배출량의 변화를 시각적으로 확인하기 위해 선그래프를 만들어 봅시다. ❶ [차트]를 클릭한 뒤, 선그래프를 만들기 위해 ❷ [+]를 눌러 ❸ '선(라인 그래프)'을 선택합니다.

05 가로축은 '연도'를, 계열은 '온실가스 배출량'을 선택하고 차트 이름을 '온실가스 배출량 차트'로 변경합니다.

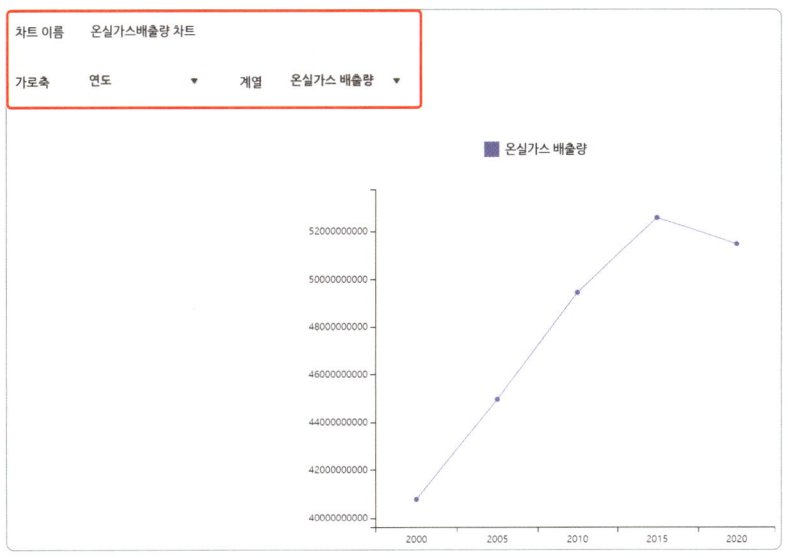

06 이번에는 산점도를 만들어 봅시다.
❶ ➕를 눌러 ❷ '점(산점도)'을 선택합니다.

07 가로축은 '온실가스 배출량', 세로축은 '기온 변화', 계열은 '구분하지 않음'을 선택하고, 차트 이름을 '온실가스배출량과 기온변화 산점도'로 변경합니다. 테이블과 2종류의 차트가 만들어졌으면 화면 오른쪽 위에 있는 [적용하기]를 클릭합니다.

💡 산점도는 온실가스 배출량과 기온 변화 간의 관계를 시각적으로 보기 위해 사용합니다.

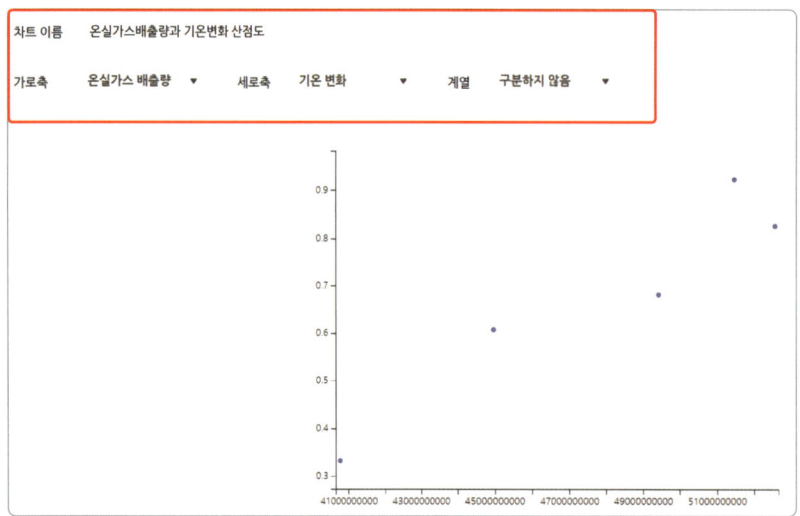

✗ 오브젝트 추가하기

01 [+ 오브젝트 추가하기]를 클릭해 [사람] → [소년(2)], [배경] → [회색 도시] 오브젝트를 추가합니다.

02 버튼이 될 오브젝트로 [환경] → [구름(6)]을 2개 추가합니다. 그리고 각 구름의 이름을 '차트'와 '상관계수'로 변경합니다.

> 💡 [구름(6)]을 추가한 뒤 오브젝트 목록에서 [구름(6)]을 선택하고 마우스 오른쪽 버튼을 눌러 [복제하기]를 클릭해 오브젝트를 2개로 만듭니다.

03 각각의 오브젝트가 무엇을 하는 버튼인지 알 수 있도록 오브젝트 위에 글자를 입력해 봅시다. '차트' 오브젝트를 선택한 뒤 ❶ [모양] 탭을 클릭합니다. ❷ [글상자]를 선택하고 오브젝트 위를 클릭하면 ❸ 원하는 글자를 입력할 수 있습니다. 다음과 같이 '차트'를 입력하고 ❹ [저장하기]를 클릭합니다.

화면 아래에 있는 메뉴에서 원하는 글꼴, 색상, 글자 크기 등을 변경할 수 있습니다.

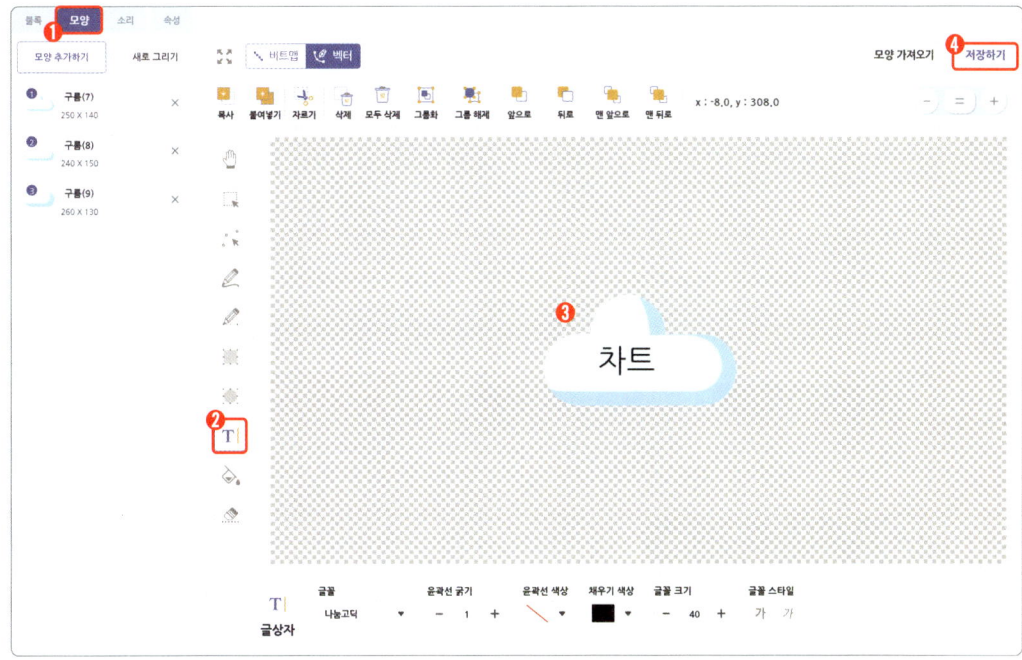

04 '상관계수' 오브젝트에도 **03**과 같은 과정으로 '상관계수'라는 글자를 입력합니다.

❓ 변수 추가하기

[속성] 탭에서 [변수] → [변수 추가하기]를 클릭한 다음, 추가할 변수 이름을 작성하고 [변수 추가]를 클릭합니다. 추가할 변수는 다음과 같습니다.

변수	기능
상관계수	온실가스 배출량과 기온 변화의 상관 계수를 저장

📣 신호 추가하기

[속성] 탭에서 [신호] → [신호 추가하기]를 클릭한 다음, 추가할 신호 이름을 작성하고 [신호 추가]를 클릭합니다. 추가할 신호는 다음과 같습니다.

신호	기능
상관계수출력	온실가스 배출량과 기온 변화의 상관 계수를 출력하라는 신호

코딩하기

챗GPT가 답변한 제작 순서를 참고하여 테이블과 차트를 이용해서 온실가스 배출량과 기온 변화 산점도를 그리고, 상관 계수를 구하는 작품을 만들어 보겠습니다.

작품 내용 안내하기

01 이 작품으로 무엇을 할 수 있는지 안내해 봅시다. **소년(2)** 오브젝트를 클릭하고 다음과 같이 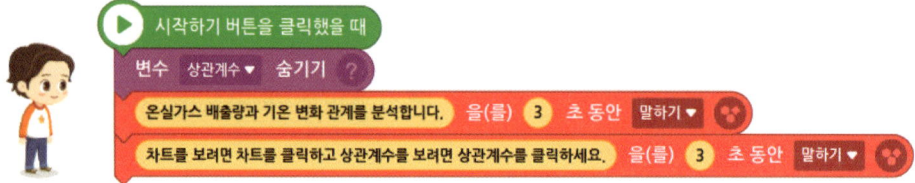 를 연결합니다.

02 '상관계수' 버튼을 클릭하면 '상관계수출력' 신호를 받아 온실가스 배출량과 기온 변화의 상관 계수가 출력되도록 다음과 같이  를 결합하고  를 연결합니다

> 챗GPT에서는 '상관 계수 계산' 신호라고 했으나, 엔트리에서는 '상관계수출력' 신호라 이름 지었습니다.

화면에 차트와 산점도 출력하기

01 화면에서 **차트** 오브젝트를 클릭하면 '온실가스배출량 차트'와 '온실가스배출량과 기온변화 산점도'를 출력하도록 합니다. '온실가스배출량 차트'를 먼저 열기 위해 `오브젝트를 클릭했을 때`, `테이블 온실가스와기온▼ 의 온실가스배출량 차트▼ 차트 창 열기`, `3 초 기다리기`를 연결합니다. 그 다음, 열려 있는 '온실가스배출량 차트'를 닫기 위해 `테이블 차트 창 닫기`를 연결합니다.

02 이번에는 '온실가스배출량과 기온변화 산점도'를 열기 위해 다음과 같이 `테이블 온실가스와기온▼ 의 온실가스배출량과 기온변화 산점도▼ 차트 창 열기`를 연결합니다.

화면에 상관 계수 출력하기

01 화면에서 **상관계수** 오브젝트를 클릭하면 온실가스 배출량과 기온 변화의 상관 계수를 계산하고 이를 '상관계수' 변수에 저장하도록 다음과 같이 `오브젝트를 클릭했을 때`, `상관계수▼ 를 10 (으)로 정하기`, `테이블 온실가스와기온▼ 온실가스 배출량▼ 과(와) 기온 변화▼ 의 상관계수`를 연결합니다.

02 '상관계수출력' 신호를 보내 화면에 온실가스 배출량과 기온 변화의 상관 계수를 출력하도록 마지막으로 `상관계수출력▼ 신호 보내고 기다리기` 를 연결합니다.

✔ 전체 코드 확인하기

LESSON 07 학급당 학생 수 분석하기

학습 목표
- 데이터 파일을 이용해서 테이블을 만들 수 있습니다.
- 지역별 학급당 학생 수 데이터를 이용해서 선그래프를 그리고, 선택한 지역과 연도에 해당하는 학급당 학생 수를 검색하는 작품을 만들 수 있습니다.

데이터 파일을 직접 불러와 테이블을 만드는 방법과 함께 테이블에서 임의의 값에 접근하는 방법에 대해 알아봅니다. 지역별 학급당 학생 수 파일로 만든 테이블을 이용해서 선그래프를 그리고, 사용자가 선택한 지역과 연도에 해당하는 학급당 학생 수를 검색하는 작품을 만들어 보겠습니다. 이때, 챗GPT에서 제공하는 제작 순서를 참고하여 진행해 봅시다.

QR을 스캔하면 유튜브 동영상을 볼 수 있어요!

https://youtu.be/wsOUXysJFGA?si=fXFcBctjIlqiy8dY

 작품 실행하기

01 다음 주소 또는 QR 코드로 접속하면 '학급당 학생 수 분석하기' 작품을 확인할 수 있습니다. ▶ 버튼을 클릭하여 작품을 실행해 보세요.

- http://naver.me/5MDVQCLA

02 '차트' 버튼을 클릭하면 서울특별시와 제주특별자치도의 연도별 학급당 학생 수를 선 그래프로 보여줍니다.

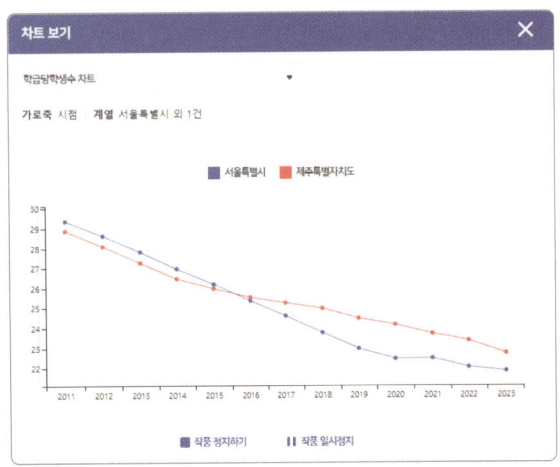

03 '검색' 버튼을 클릭하면 지역과 연도를 입력하라고 차례로 묻습니다. 사용자가 지역과 연도를 입력합니다.

04 사용자가 입력한 지역과 연도에 해당하는 학급당 학생 수를 말합니다.

 **핵심 개념과 블록 살펴보기**

데이터 파일 불러오기

LESSON 06에서는 사용자가 직접 데이터를 입력해 테이블을 만드는 방법을 알아보았습니다. 이번에는 데이터 파일을 불러와 테이블을 만드는 방법에 대해 알아보겠습니다.

01 블록 꾸러미의 ❶ [테이블 불러오기]를 클릭한 뒤, '테이블 불러오기' 창이 열리면 왼쪽 위에 있는 ❷ [테이블 추가하기]를 클릭합니다.

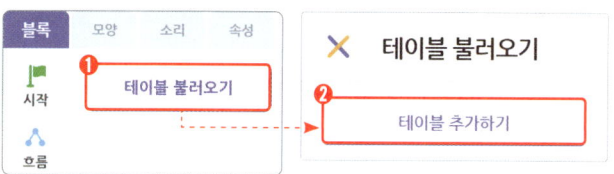

02 데이터 파일을 직접 불러와 테이블로 만들려면 ❶ [파일 올리기]를 클릭하고 ❷ [파일 선택]을 클릭합니다.

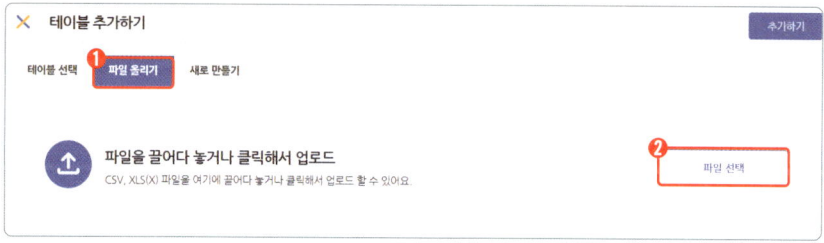

03 '열기' 창에서 업로드할 데이터 파일인 '학생신체정보.xlsx'를 선택한 뒤 [열기]를 클릭합니다.

💡 '학생신체정보.xlsx' 파일은 자료실에서 제공합니다.

04 ❶ '학생신체정보.xlsx' 파일이 추가되면 ❷ [추가하기]를 클릭합니다.

05 업로드한 데이터 파일이 다음과 같이 테이블 형태로 나타납니다. ❶ 테이블의 이름을 '학생신체정보'로 변경하고 ❷ [적용하기]를 클릭하면 테이블이 완성됩니다.

테이블 값 접근하기

앞에서 생성한 '학생신체정보' 테이블을 이용해서 테이블의 특정 값에 접근하는 방법에 대해 알아보겠습니다.

01 블록 꾸러미에서 다음 블록을 이용하면 속성 테이블의 특정 값에 접근할 수 있습니다.

이 블록을 이용하면 '학생신체정보' 2번째 행의 이름값인 '길동'에 접근하게 됩니다.

02 이번에는 '영희'의 '키' 속성값에 접근하는 두 가지 방법을 알아보겠습니다. 첫 번째 방법으로 다음 블록을 이용할 수 있습니다. '영희'와 관련된 데이터는 3행에 있으며, 키는 '키' 속성의 값이기 때문입니다.

두 번째 방법은 다음 블록을 이용하는 것입니다. '키' 속성은 두 번째 칸에 위치한 속성이므로 '키' 대신 숫자 '2'를 사용해도 같은 결과를 얻을 수 있습니다. 이 방법은 자주 사용하므로 꼭 기억해 두세요.

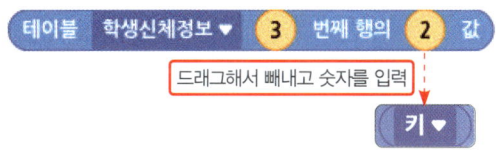

 **챗GPT ⓧ 작품 제작 순서 고민하기**

챗GPT에게 질문하기

블록 기반 코딩 플랫폼인 엔트리를 사용하여 학급당 학생 수를 분석하는 프로그램을 작성하고 싶습니다. '차트' 오브젝트를 클릭하면 서울과 제주도의 학급당 학생 수를 선그래프로 보여줍니다. '검색' 오브젝트를 클릭하면 '선생님' 오브젝트에게 신호를 보내 사용자로부터 지역과 연도를 입력받고, '선생님' 오브젝트가 해당 지역과 연도의 학급당 학생 수를 말합니다. 데이터 분석 절차에 따라 프로그램을 단계별로 작성하는 방법을 알려 주세요:

1. 엔트리의 '데이터분석' 기능을 이용하여 테이블을 만들고 그래프를 만듭니다.
2. 대한민국 학급당 학생 수 데이터셋을 불러와서 사용합니다.
3. 테이블은 연도, 서울, 제주 속성으로 구성되며, 2011년부터 2023년까지의 정보가 담깁니다.

챗GPT의 답변 확인하기

엔트리에서 학급당 학생 수를 분석하는 프로그램을 작성하는 방법을 단계별로 안내해 드리겠습니다.

1단계: 데이터 수집 및 준비

1. 대한민국 학급당 학생 수를 기록한 데이터를 공공 데이터 포털이나 국가통계포털 등에서 내려받을 수 있습니다.
2. 내려받은 데이터 중 2011년부터 2023년까지의 서울과 제주 지역의 학급당 학생 수를 정리하여 엑셀 또는 CSV 파일로 준비합니다.

2단계: 엔트리에 데이터 입력

1. 엔트리(https://playentry.org/)에 로그인하고 새 작품을 만듭니다.
2. '데이터분석'을 클릭하고 '데이터 불러오기'를 클릭합니다.
3. '학급당 학생 수'라는 이름의 테이블을 만들고 연도, 서울, 제주 데이터를 입력합니다.

3단계: 변수 생성

'자료'에서 '변수 만들기'를 클릭하여 '지역', '연도', '학생 수' 변수를 만듭니다.

4단계: '차트'와 '검색' 오브젝트 추가 및 코드 작성

1. '오브젝트 추가하기'를 클릭하여 두 개의 버튼 모양 오브젝트를 추가합니다. 이 오브젝트를 실행 화면에서 '차트' 버튼과 '검색' 버튼으로 사용합니다.

2. 먼저 '차트' 오브젝트를 선택한 상태에서 다음 코드를 작성하세요.

```
'차트' 버튼을 클릭했을 때
    '데이터분석' → '그래프' → '선그래프' 선택하기
    X축에는 '연도', Y축에는 '서울'과 '제주'를 설정하기
    그래프를 보여주기
```

3. '검색' 오브젝트를 선택한 상태에서 다음 코드를 작성하세요.

```
'검색' 버튼을 클릭했을 때
    '검색 시작' 신호 보내기
```

5단계: '선생님' 오브젝트 추가 및 코드 작성

1. '오브젝트 추가하기'를 클릭하여 '선생님' 캐릭터를 추가합니다.

2. '선생님' 오브젝트를 선택한 상태에서 다음과 같이 코드를 작성하세요.

```
'검색 시작' 신호를 받았을 때
    지역을 묻는 질문을 말하기
    사용자 응답을 '지역' 변수에 저장하기
    연도를 묻는 질문을 말하기
    사용자 응답을 '연도' 변수에 저장하기
    '학급당 학생 수' 테이블에서 지역과 연도에 맞는 데이터를 '학생 수' 변수에 저장하기
    '(지역)의 (연도)년 학급당 학생 수는 (학생 수)명입니다.'를 말하기
```

 작품 만들기

데이터 수집하기

수집할 데이터는 서울특별시와 제주특별자치도의 학급당 학생 수입니다. 통계청에서 제공하는 '국가통계포털'에서 데이터를 직접 수집해 봅시다.

01 'KOSIS 국가통계포털'에 접속합니다.

- **국가통계포털 홈페이지:** https://kosis.kr

02 ❶ [국내통계] → ❷ [e-지방지표(통계표)]를 클릭합니다.

03 ❶ [교육] → ❷ [학급당 학생 수(시도/시/군/구)]를 클릭합니다.

04 화면 오른쪽에 위치한 [조회설정]을 클릭합니다.

05 화면 오른쪽에 있는 '조회조건'에서 ❶ [항목]은 '전체'를, ❷ [행정구역별]은 '서울특별시'와 '제주특별자치도'를 선택합니다. 마지막으로 ❸ [시점]은 2011부터 2023까지 선택한 뒤, ❹ [조회] 버튼을 클릭합니다.

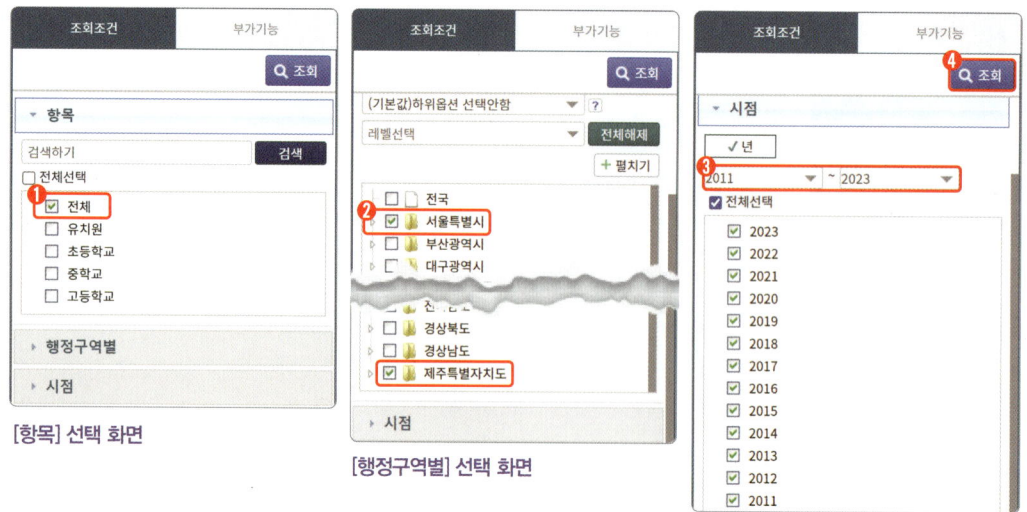

[항목] 선택 화면   [행정구역별] 선택 화면   [시점] 선택 화면

06 조건에 따라 검색된 데이터가 다음과 같이 표로 정리됩니다. 특정 연도의 지역별 학급당 학생 수를 비교하거나 그래프로 나타내기 위해서는 행과 열을 전환해야 하므로 [행렬 전환]을 클릭합니다.

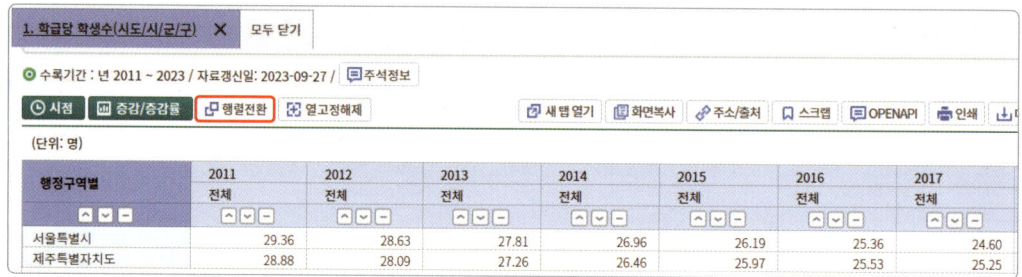

07 '시점', '항목'과 '행정구역별'의 위치를 드래그하여 그림과 같이 옮긴 뒤 [적용]을 클릭합니다.

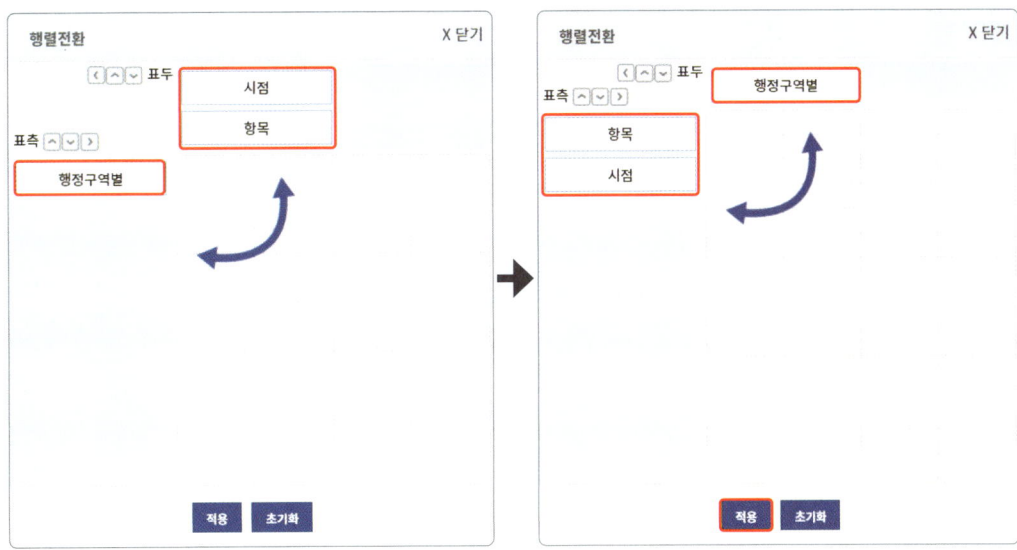

08 다음과 같이 행과 열이 전환된 표를 확인할 수 있습니다. [다운로드]를 클릭합니다.

09 '다운로드' 창에서 파일 형태를 ❶ 'EXCEL(xlsx)'로 선택한 뒤 ❷ [다운로드]를 클릭해 데이터를 내려받습니다. 내려받은 파일 이름은 '학급당학생수.xlsx'로 수정합니다.

💡 '학급당학생수.xlsx' 파일은 자료실에서 제공합니다.

테이블과 차트 만들기

01 수집한 데이터를 이용해서 직접 테이블과 차트를 만들어 보겠습니다. [데이터분석] 블록 꾸러미의 [테이블 불러오기]를 클릭한 다음, [테이블 추가하기]를 클릭합니다.

02 ❶ [파일 올리기] → ❷ [파일 선택]을 클릭합니다.

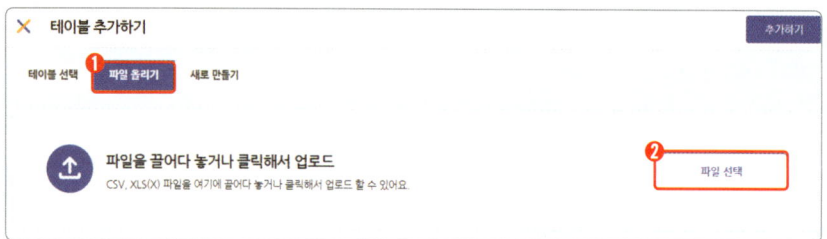

03 내려받은 ❶ '학급당학생수.xlsx' 파일을 업로드한 뒤 ❷ [추가하기]를 클릭합니다.

04 다음과 같이 '학급당학생수.xlsx' 테이블이 추가됩니다. 테이블 이름을 '학급당학생수'로 변경합니다.

05 각 지역의 학급당 학생 수의 변화를 시각적으로 확인하기 위해 선그래프를 만들어 봅시다. ❶ [차트]를 클릭한 뒤 ❷ + 를 눌러 ❸ '선(라인 그래프)'을 선택합니다.

06 가로축은 '시점'을, 계열은 '모두'를 선택합니다. 차트 이름을 '학급당학생수 차트'로 변경합니다. 테이블과 차트가 만들어졌으므로 화면 오른쪽 위에 있는 [적용하기]를 클릭합니다.

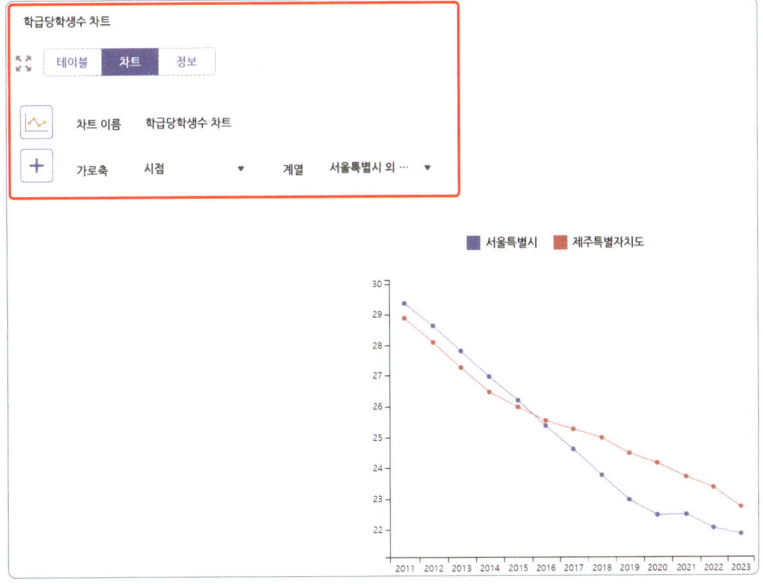

✘ 오브젝트 추가하기

01 [+ 오브젝트 추가하기]를 클릭해 [사람] → [선생님(3)]과 [물건] → [칠판(2)]를 추가합니다.

💡 '선생님(3)' 오브젝트의 방향을 반전시키고 싶다면 오브젝트를 추가한 뒤, [모양] 탭에서 '좌우반전'을 선택합니다.

선생님(3)

칠판(2)

02 '오브젝트 추가하기' 창에서 [글상자]를 선택하고 '차트'와 '검색' 버튼을 만들어 봅시다.

차트 **검색**

'글상자' 오브젝트는 다음과 같이 설정합니다.

글상자의 내용으로 '차트'와 '검색'을 각각 입력합니다. 글꼴 색상은 흰색(빨강: 255, 녹색: 255, 파랑: 255)으로, 채우기 색상은 '칠판(2)' 오브젝트와 같게 빨강: 37, 녹색: 100, 파랑: 86으로 설정합니다.

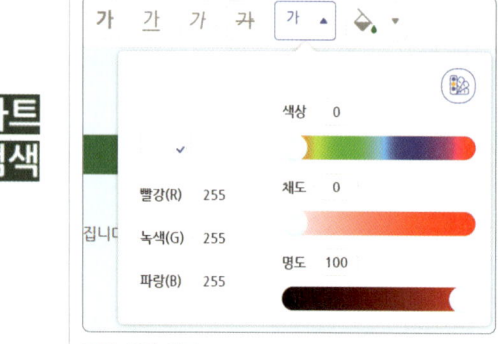
글꼴 색상 설정

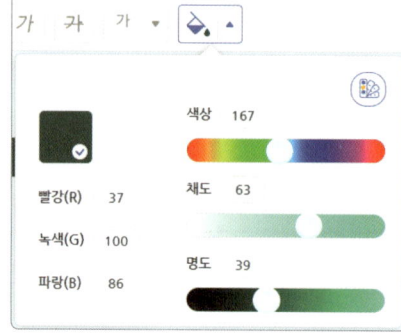
채우기 색상 설정

? 변수 추가하기

[속성] 탭에서 [변수] → [변수 추가하기]를 클릭한 다음, 추가할 변수 이름을 각각 작성하고 [변수 추가]를 클릭합니다. 추가할 변수는 다음과 같습니다.

변수	기능
지역	검색할 지역을 저장
연도	검색할 연도를 저장
학생 수	학급당 학생 수를 저장

신호 추가하기

[속성] 탭에서 [신호] → [신호 추가하기]를 클릭한 다음, 추가할 신호 이름을 작성하고 [신호 추가]를 클릭합니다. 추가할 신호는 다음과 같습니다.

신호	기능
검색시작	학급당 학생 수를 검색하라는 신호

코딩하기

챗GPT가 답변한 제작 순서를 참고하여 테이블과 차트를 이용해서 지역별 학급당 학생 수 선그래프를 그리고, 선택한 지역과 연도의 학급당 학생 수를 검색하는 작품을 만들어 보겠습니다.

화면에 차트 출력하기

화면에서 **차트** 오브젝트를 클릭하면 '학급당학생수 차트'를 출력하도록 하겠습니다. **차트** 오브젝트를 선택하고 [오브젝트를 클릭했을 때], [테이블 학급당학생수▼ 의 학급당학생수 차트▼ 차트 창 열기], [5 초 기다리기], [테이블 차트 창 닫기]를 다음과 같이 연결합니다. 이 코드를 실행하면 '2011~2023년 서울특별시와 제주특별자치도의 학급당 학생 수' 선그래프를 보여주고 5초 뒤 창을 닫습니다.

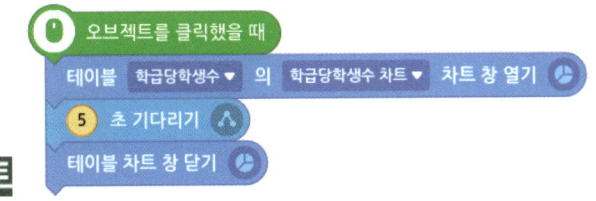

필요한 데이터 검색하기

01 **검색** 오브젝트를 클릭하면 '검색시작' 신호를 보내 사용자가 원하는 데이터를 확인할 수 있도록 하겠습니다. **검색** 오브젝트를 선택하고 다음과 같이 [오브젝트를 클릭했을 때]와 [검색시작▼ 신호 보내기]를 연결합니다.

02 **선생님(3)** 오브젝트를 클릭합니다. 먼저 [시작하기 버튼을 클릭했을 때], [대답 숨기기▼], [변수 학생수▼ 숨기기]를 다음과 같이 연결해 실행 화면에 대답과 변수가 보이지 않도록 합니다.

03 '검색시작' 신호를 받으면 사용자로부터 원하는 지역과 연도를 입력받아 각각 '지역' 과 '연도' 변수에 저장하기 위해 지역▼ 를 10 (으)로 정하기 와 대답 을 결합하고, 다음과 같이 검색시작▼ 신호를 받았을 때 와 안녕! 을(를) 묻고 대답 기다리기 를 연결합니다.

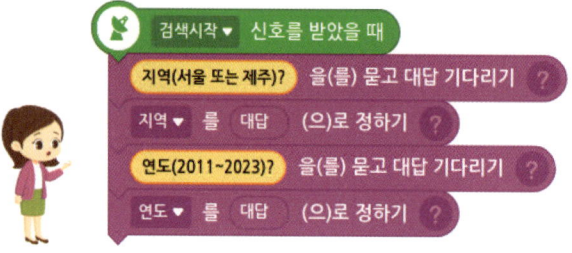

04 '지역' 변수에 저장된 값이 '서울'인 경우와 '제주'인 경우에 각각 어떻게 입력된 연도의 데이터를 검색할지 생각해 봅시다.

테이블을 살펴보면 2011년에 해당하는 행은 2행이고, 2012년에 해당하는 행은 3행입니다. 따라서 특정 연도에 해당하는 행은 (입력 연도−2009)행이 됩니다.

	A	B	C	D
1	항목	시점	서울특별시	제주특별자치도
2	전체	2011	29.36	28.88
3		2012	28.63	28.09
4		2013	27.81	27.26
5		2014	26.96	26.46
6		2015	26.19	25.97

그러므로 '지역' 변숫값이 서울이면 '학생 수' 변수에 테이블에서 (연도−2009)행의 데이터 값으로 저장할 수 있습니다. 이를 바탕으로 다음과 같이 코드를 연결합니다.

💡 블록들이 어떻게 결합되었는지 꼼꼼히 살펴보며 코딩해 봅시다.

예를 들어 '연도' 변숫값이 2013이라면 검색할 행은 2013-2009행, 즉 4번째 행의 값인 27.81이 '학생 수' 변수에 저장됩니다.

05 앞에서 실습한 내용을 바탕으로 '지역' 변수에 저장된 값이 '제주'인 경우에 실행될 코드까지 완성해 봅시다.

✓ 전체 코드 확인하기

오브젝트	코드 블록
차트 차트	오브젝트를 클릭했을 때 테이블 [학급당학생수▼] 의 [학급당학생수 차트▼] 차트 창 열기 5 초 기다리기 테이블 차트 창 닫기
검색 검색	오브젝트를 클릭했을 때 [검색시작▼] 신호 보내기
선생님(3)	시작하기 버튼을 클릭했을 때 대답 [숨기기▼] 변수 [지역▼] 숨기기 변수 [연도▼] 숨기기 변수 [학생수▼] 숨기기 [검색시작▼] 신호를 받았을 때 지역(서울 또는 제주)? 을(를) 묻고 대답 기다리기 [지역▼] 를 대답 (으)로 정하기 연도(2011~2023)? 을(를) 묻고 대답 기다리기 [연도▼] 를 대답 (으)로 정하기 만일 〈 [지역▼] 값 = 서울 〉 (이)라면 　[학생수▼] 를 테이블 [학급당학생수▼] ([연도▼] 값 - 2009) 번째 행의 [서울특별시▼] 값 (으)로 정하기 　학급당 학생수는 과(와) [학생수▼] 값 과(와) 입니다 을(를) 합친 값 을(를) 합친 값 을(를) 3 초 동안 [말하기▼] 아니면 　[학생수▼] 를 테이블 [학급당학생수▼] ([연도▼] 값 - 2009) 번째 행의 [제주특별자치도▼] 값 (으)로 정하기 　학급당 학생수는 과(와) [학생수▼] 값 과(와) 입니다 을(를) 합친 값 을(를) 합친 값 을(를) 3 초 동안 [말하기▼]

LESSON 08 미세 먼지 농도 검색기 만들기

학습 목표 • 지역별 미세 먼지 농도 데이터를 이용해서 선택한 지역과 연월에 해당하는 미세 먼지 농도를 알려 주는 작품을 만들 수 있습니다.

엔트리에서 제공하는 지역별 미세 먼지 농도 데이터를 이용해서 사용자가 선택한 지역과 연월에 해당하는 미세 먼지 농도를 알려 주는 작품을 만들어 보겠습니다. 이때, 챗GPT에서 제공하는 제작 순서를 참고하여 진행해 봅시다.

QR을 스캔하면 유튜브 동영상을 볼 수 있어요!

https://youtu.be/1RJRpO3rmN0?si=v28zDNK1ObPY2S5d

작품 실행하기

01 다음 주소 또는 QR 코드로 접속하면 '미세 먼지 농도 검색기' 작품을 확인할 수 있습니다. ▶ 버튼을 클릭하여 작품을 실행해 보세요.

- https://naver.me/50ewkvPL

02 '검색 아이콘' 오브젝트를 클릭하면 지역과 연월을 입력하라고 차례로 묻습니다. 사용자는 차례로 검색할 지역과 연월을 입력합니다.

지역을 입력   연월을 입력

03 사용자가 입력한 지역과 연월에 해당하는 미세 먼지 농도를 알려줍니다.

챗GPT ⓧ 작품 제작 순서 고민하기

챗GPT에게 질문하기

블록 기반 코딩 플랫폼인 엔트리를 사용하여 미세 먼지 농도를 검색하는 프로그램을 작성하고 싶습니다. '검색 아이콘' 오브젝트를 클릭하면 '연구원' 오브젝트에게 '검색하기' 신호를 보내 '연구원' 오브젝트가 미세 먼지 농도를 말하도록 합니다. 데이터 분석 절차에 따라 프로그램을 단계별로 작성하는 방법을 알려 주세요:

1. 엔트리의 '데이터분석' 기능을 이용하여 테이블을 만듭니다.
2. 대한민국 각 지역의 월평균 미세 먼지 농도 데이터셋을 불러와 사용합니다.

3. 테이블은 연월과 서울, 경기, 제주 등 각 지역명을 속성으로 구성하고, 2010년 1월부터 2021년 10월까지의 월평균 미세 먼지 농도가 담깁니다.

4. '연구원' 오브젝트는 지역, 연월을 사용자로부터 입력받아 해당 지역과 연월의 미세 먼지 농도를 말합니다.

챗GPT의 답변 확인하기

엔트리에서 미세 먼지 농도를 검색하는 프로그램을 작성하는 방법을 단계별로 안내해 드리겠습니다.

1단계: 데이터 수집 및 준비

1. 2010년 1월부터 2021년 10월까지의 각 지역별 월평균 미세 먼지 농도 데이터를 기상청이나 공공 데이터 포털 등에서 내려받습니다.

2. 데이터를 엑셀 또는 CSV 파일 형식으로 정리합니다. 연월, 서울, 경기, 제주 등의 속성에 따라 각 지역의 월평균 미세 먼지 농도를 정리합니다.

2단계: 엔트리에 데이터 입력

1. 엔트리에 로그인하고 새 작품을 만듭니다.

2. '데이터분석'을 선택하고 '테이블 불러오기'를 클릭합니다.

3. '미세 먼지 농도'라는 이름의 테이블을 만들고 연월, 서울, 경기, 제주 등의 데이터를 입력합니다.

3단계: 변수 생성

'자료'에서 '변수 만들기'를 클릭하여 '지역', '연월', '농도' 변수를 만듭니다.

4단계: '검색 아이콘' 오브젝트 추가 및 코드 작성

1. '오브젝트 추가하기'를 클릭하여 '검색 아이콘' 오브젝트를 추가합니다. 이 오브젝트를 실행 화면에서 데이터 검색을 시작하는 버튼으로 사용합니다.

2. '검색 아이콘' 오브젝트를 선택한 상태에서 다음 코드를 작성하세요.

```
검색 아이콘을 클릭했을 때
    '검색하기' 신호 보내기
```

5단계: '연구원' 오브젝트 추가 및 코드 작성

1. '오브젝트 추가하기'를 클릭하여 '연구원' 오브젝트를 추가합니다.

2. '연구원' 오브젝트를 선택한 상태에서 다음 코드를 작성하세요.

```
'검색하기' 신호를 받았을 때
    '지역을 입력하세요.'를 말하기
    사용자의 응답을 '지역' 변수에 저장하기
    '연월을 입력하세요(예: 2010-01)'를 말하기
    사용자의 응답을 '연월' 변수에 저장하기
    '미세 먼지 농도' 테이블에서 '연월'과 '지역' 변숫값에 해당하는 데이터를 '농도' 변
    수에 저장하기
    '(지역)의 (연월)의 미세 먼지 농도는 (농도)입니다.'를 말하기
```

6단계: 특정 데이터를 찾는 코드 작성

'연구원' 오브젝트를 선택한 상태에서 특정 연월과 지역 데이터를 찾으려면 다음 코드를 작성하세요.

```
'검색하기' 신호를 받았을 때
    '지역을 입력하세요.'를 말하기
    사용자의 응답을 '지역' 변수에 저장하기
    '연월을 입력하세요(예: 2010-01)'를 말하기
    사용자의 응답을 '연월' 변수에 저장하기
    만약 '미세 먼지 농도' 테이블에서 (연월)이고 (지역)에 해당하는 값을 찾는다면
        '농도' 변수에 해당 값을 저장하기
        '(지역)의 (연월) 미세 먼지 농도는 (농도)입니다.' 말하기
    그렇지 않다면
        '데이터를 찾을 수 없습니다.' 말하기
```

작품 만들기

데이터 수집하기

수집할 데이터는 지역별 월평균 미세 먼지 농도 데이터입니다. 엔트리에서는 2010년 1월부터 2021년 10월까지의 지역별 월평균 미세 먼지 농도 데이터를 제공하고 있습니다. 다

음은 해당 데이터의 일부입니다. 우리는 이 데이터를 이용하겠습니다.

	A	B	C	D	E	F	G	H	I	J	K
1	연월	연도	월	전국	서울특별시	부산광역시	대구광역시	인천광역시	광주광역시	대전광역시	울산광역시
2	2010-01	2010	01	57	59	47	56	64	46	48	46
3	2010-02	2010	02	49	50	44	49	54	39	39	44
4	2010-03	2010	03	64	61	64	69	67	65	52	60
5	2010-04	2010	04	51	49	50	47	55	42	41	47
6	2010-05	2010	05	59	56	56	55	62	62	52	54
7	2010-06	2010	06	52	51	46	47	57	39	40	50
8	2010-07	2010	07	36	33	41	36	37	27	26	39
9	2010-08	2010	08	36	32	42	38	37	28	27	40
10	2010-09	2010	09	32	25	38	36	34	29	28	36
11	2010-10	2010	10	45	41	41	43	51	42	40	39
12	2010-11	2010	11	73	71	60	70	78	70	71	62

테이블 만들기

01 [데이터분석] 블록 꾸러미의 [테이블 불러오기]를 클릭한 다음, 이어서 [테이블 추가하기]를 누릅니다. 엔트리에서 제공하는 다양한 데이터 테이블 중 [월평균 미세 먼지 농도] → [추가하기]를 클릭해 테이블을 추가합니다.

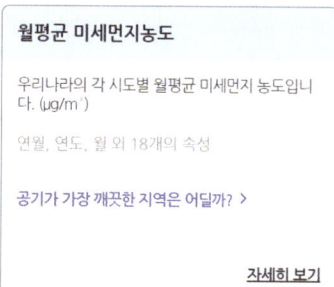

월평균 미세먼지농도

우리나라의 각 시도별 월평균 미세먼지 농도입니다. (μg/m³)

연월, 연도, 월 외 18개의 속성

공기가 가장 깨끗한 지역은 어딜까? >

자세히 보기

02 2010년 1월부터 2021년 10월까지의 지역별 월평균 미세 먼지 농도 테이블이 추가됩니다.

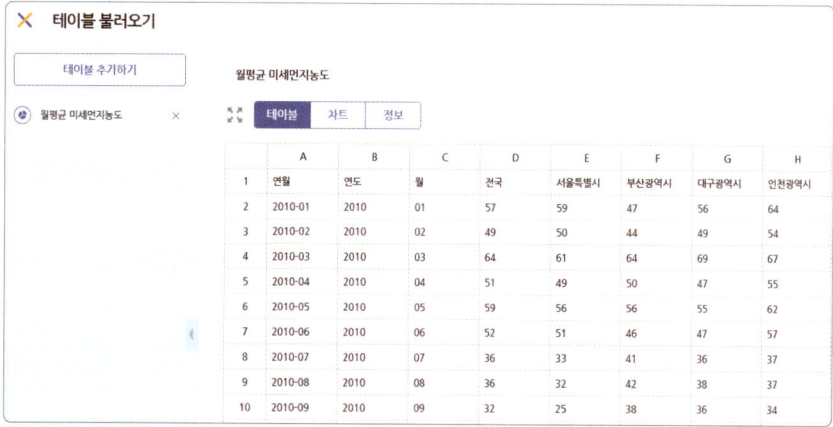

03 ❶ [정보]를 클릭하면 해당 데이터에 대한 평균, 표준 편차 등 기초 통계 정보를 확인할 수 있습니다. 화면 오른쪽 위에 있는 ❷ [적용하기]를 클릭합니다.

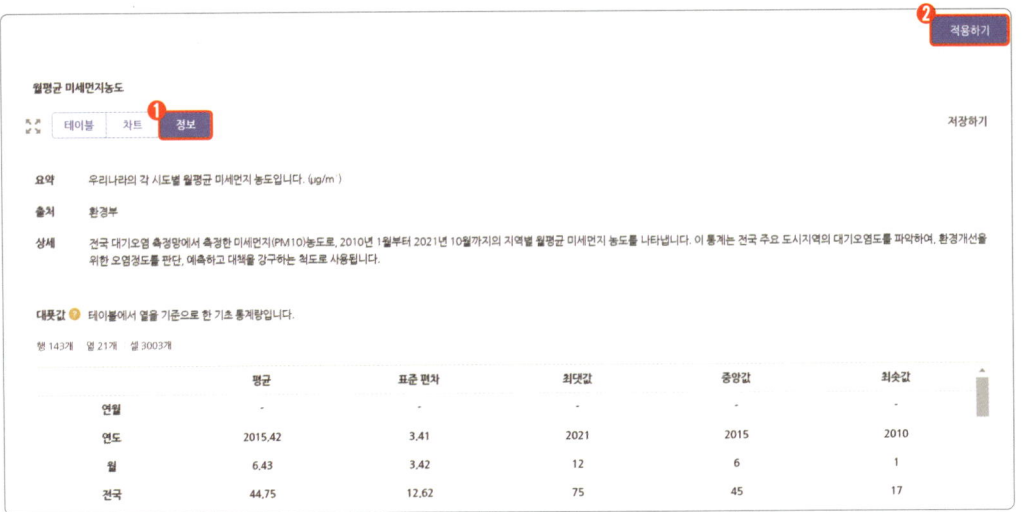

✖ 오브젝트 추가하기

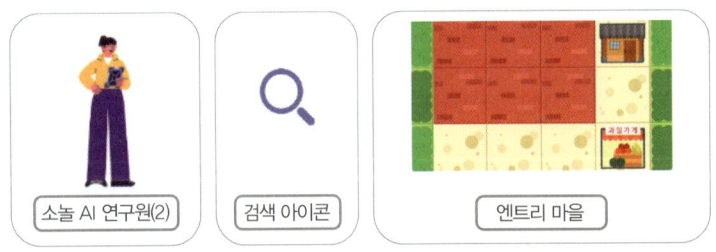를 클릭해 [사람] → [소놀 AI 연구원(2)], [인터페이스] → [검색 아이콘], [배경] → [엔트리 마을] 오브젝트를 추가합니다.

❓ 변수 추가하기

[속성] 탭에서 [변수] → [변수 추가하기]를 클릭한 다음, 추가할 변수 이름을 각각 작성하고 [변수 추가]를 클릭합니다. 추가할 변수는 다음과 같습니다.

변수	기능
지역	검색할 지역을 저장
연월	검색할 연월을 저장
농도	미세 먼지 농도를 저장
행번호	테이블의 행 위치를 저장
열번호	테이블의 열 위치를 저장

신호 추가하기

[속성] 탭에서 [신호] → [신호 추가하기]를 클릭한 다음, 추가할 신호 이름을 각각 작성하고 [신호 추가]를 클릭합니다. 추가할 신호는 다음과 같습니다.

신호	기능
검색하기	미세 먼지 농도를 검색하라는 신호
지역찾기	테이블에서 검색할 지역의 열 위치를 찾으라는 신호
연월찾기	테이블에서 검색할 연월의 행 위치를 찾으라는 신호

코딩하기

챗GPT가 답변한 제작 순서를 참고하여 검색한 지역과 연월에 해당하는 미세 먼지 농도를 알려 주는 작품을 만들어 보겠습니다.

필요한 데이터 검색하기

01 먼저 **검색 아이콘** 오브젝트를 클릭하면 '검색하기' 신호를 보내 사용자가 원하는 데이터를 확인할 수 있도록 다음과 같이 [오브젝트를 클릭했을 때] 와 [검색하기▼ 신호 보내고 기다리기] 를 연결합니다.

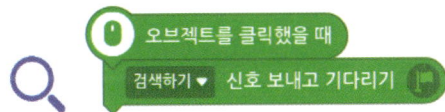

02 **소놀 AI 연구원(2)** 오브젝트를 클릭합니다. 먼저 `시작하기 버튼을 클릭했을 때`, `대답 숨기기`, `변수 열번호▼ 숨기기` 를 다음과 같이 연결해 대답과 변수를 실행 화면에 보이지 않게 합니다.

```
시작하기 버튼을 클릭했을 때
대답 숨기기
변수 연월▼ 숨기기
변수 지역▼ 숨기기
변수 열번호▼ 숨기기
변수 행번호▼ 숨기기
변수 농도▼ 숨기기
```

03 다음으로 '검색하기' 신호를 받으면 사용자로부터 입력받은 지역을 '지역' 변수에, 연월을 '연월' 변수에 저장하도록 `지역▼ 를 10 (으)로 정하기` 와 `대답` 을 결합하고, 다음과 같이 `검색하기▼ 신호를 받았을 때` 와 `안녕! 을(를) 묻고 대답 기다리기` 를 연결합니다.

```
검색하기▼ 신호를 받았을 때
지역? 을(를) 묻고 대답 기다리기
지역▼ 를 대답 (으)로 정하기
연월(2010-01~2021-10)? 을(를) 묻고 대답 기다리기
연월▼ 를 대답 (으)로 정하기
```

04 다음과 같이 `지역찾기▼ 신호 보내고 기다리기` 와 `연월찾기▼ 신호 보내고 기다리기` 를 이어서 연결합니다. 그러면 '지역찾기' 신호를 받아 수행되는 코드는 '지역' 변수에 저장된 지역에 해당하는 열의 위치를 찾아 '열번호' 변수에 저장하게 되고, '연월찾기' 신호를 받아 수행되는 코드는 '연월' 변수에 저장된 연월에 해당하는 행의 위치를 찾아 '행번호' 변수에 저장하게 됩니다.

```
검색하기▼ 신호를 받았을 때
지역? 을(를) 묻고 대답 기다리기
지역▼ 를 대답 (으)로 정하기
연월(2010-01~2021-10)? 을(를) 묻고 대답 기다리기
연월▼ 를 대답 (으)로 정하기
지역찾기▼ 신호 보내고 기다리기
연월찾기▼ 신호 보내고 기다리기
```

05 '월평균 미세먼지농도' 테이블에서 검색한 '지역'의 해당 '연월' 미세먼지농도를 찾아 '농도' 변수에 저장한 뒤, 이를 말하기 위해 다음과 같이 블록을 연결합니다.

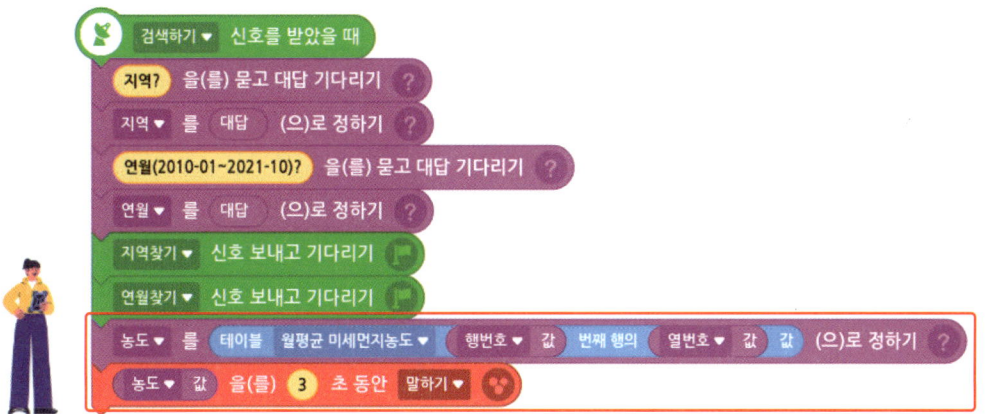

예를 들어 '지역' 변숫값이 서울특별시라면 '열번호'값은 5가 되고 '연월' 변숫값이 2010-05라면 '행번호'값은 6이 됩니다. 그러므로 '월평균 미세먼지농도' 테이블의 6행 5열에 해당하는 값인 56을 말하게 됩니다.

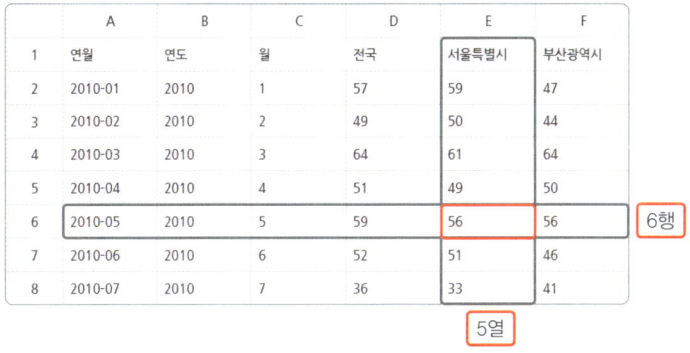

06 이번에는 '지역찾기' 신호를 받으면 '지역' 변수에 저장된 지역의 열 번호를 '열번호' 변수에 저장하도록 다음과 같이 연결합니다.

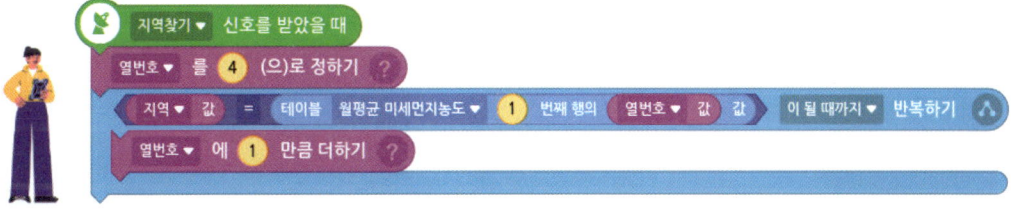

LESSON 08 미세 먼지 농도 검색기 만들기   147

'지역' 변숫값이 '서울특별시'라 가정할 때 동작 과정을 살펴보겠습니다.

'열 번호' 변숫값이 4이므로 '지역' 변숫값인 '서울특별시'가 '월평균 미세먼지농도' 테이블의 1행의 4열값인 '전국'과 같은지 확인합니다. 같지 않으므로 '열번호' 값을 1 증가시켜 5가 되고, 다음 반복을 진행합니다.

'열번호' 변숫값이 5이므로 '지역' 변숫값인 '서울특별시'가 '월평균 미세먼지농도' 테이블의 1행 5열값인 '서울특별시'와 같은지 확인합니다. 같으므로 반복을 종료합니다. 결국 '열번호'에는 5가 저장됩니다.

07 마지막으로 '연월찾기' 신호를 받으면 '연월' 변수에 저장된 시기의 행 위치를 찾아 '행번호' 변수에 저장합니다.

'연월' 변숫값이 '2010-03'이라 가정할 때 동작 과정을 살펴보겠습니다.

'행번호' 변숫값이 2이므로 '연월' 변숫값인 '2010-03'이 '월평균 미세먼지농도' 테이블의 2번째 행의 '연월' 열값인 '2010-01'과 같은지 확인합니다. 같지 않으므로 '행번호' 값을 1 증가시켜 3이 되고, 다음 반복을 진행합니다.

	A	B	C	D	E	F
1	연월	연도	월	전국	서울특별시	부산광역시
2	2010-01	2010	1	57	59	47
3	2010-02	2010	2	49	50	44
4	2010-03	2010	3	64	61	64
5	2010-04	2010	4	51	49	50
6	2010-05	2010	5	59	56	56
7	2010-06	2010	6	52	51	46
8	2010-07	2010	7	36	33	41

'행번호' 변숫값이 3이므로 '연월' 변숫값인 '2010-03'이 '월평균 미세먼지농도' 테이블의 3번째 행 '연월' 열값인 '2010-02'와 같은지 확인합니다. 같지 않으므로 '행번호' 값을 1 증가시켜 4가 되고, 다음 반복을 진행합니다.

	A	B	C	D	E	F
1	연월	연도	월	전국	서울특별시	부산광역시
2	2010-01	2010	1	57	59	47
3	2010-02	2010	2	49	50	44
4	2010-03	2010	3	64	61	64
5	2010-04	2010	4	51	49	50
6	2010-05	2010	5	59	56	56
7	2010-06	2010	6	52	51	46
8	2010-07	2010	7	36	33	41

'행번호' 변숫값이 4이므로 '연월' 변숫값이 '2010-03'이 '월평균 미세먼지농도' 테이블의 4번째 행 '연월' 열값인 '2010-03'과 같은지 확인합니다. 같으므로 반복을 종료합니다. 결국 '행번호'에는 4가 저장됩니다.

	A	B	C	D	E	F
1	연월	연도	월	전국	서울특별시	부산광역시
2	2010-01	2010	1	57	59	47
3	2010-02	2010	2	49	50	44
4	2010-03	2010	3	64	61	64
5	2010-04	2010	4	51	49	50
6	2010-05	2010	5	59	56	56
7	2010-06	2010	6	52	51	46
8	2010-07	2010	7	36	33	41

✓ 전체 코드 확인하기

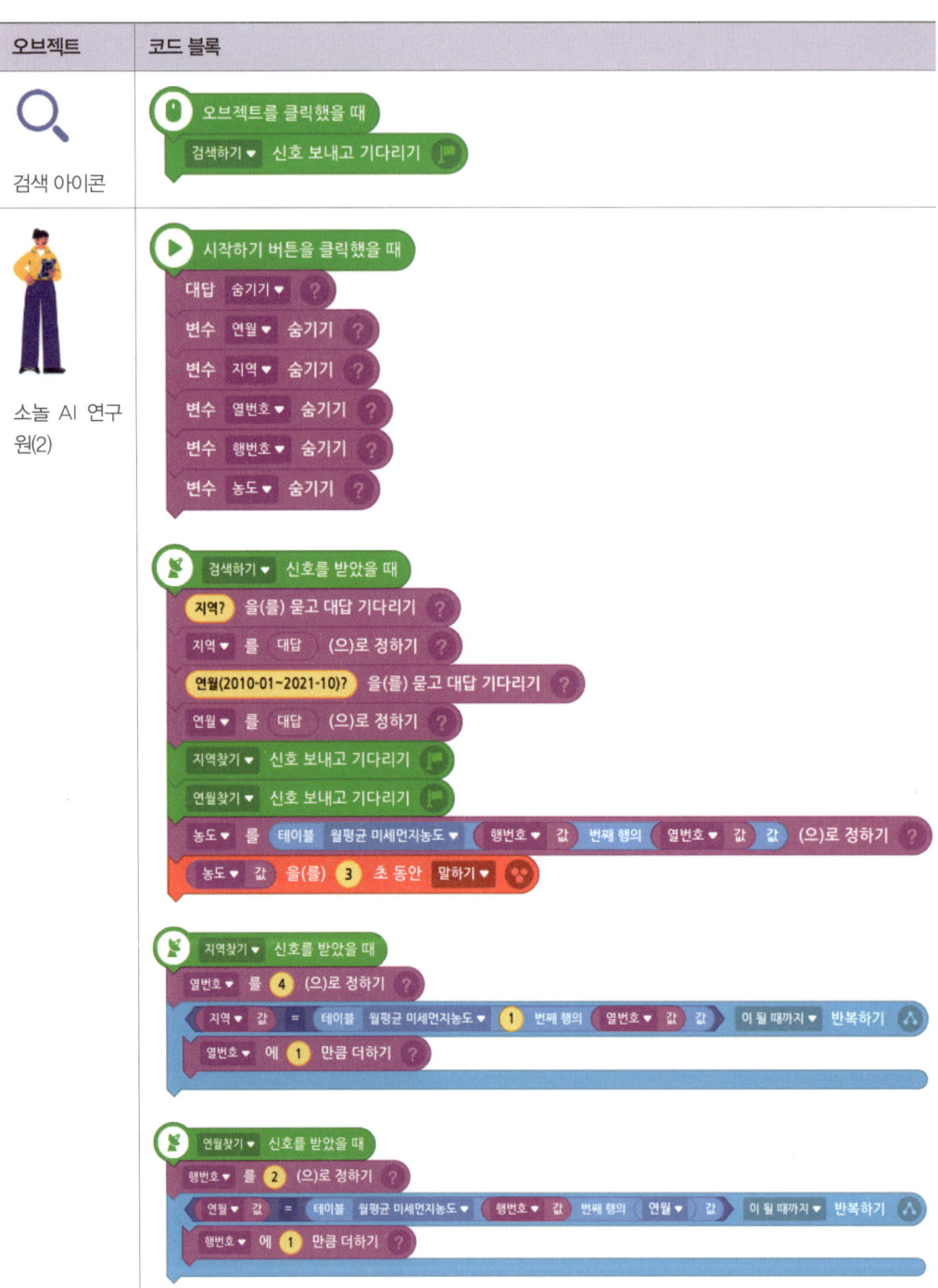

LESSON 09 혈액형 빈도수를 그래프로 표현하기

학습 목표
- 설문 조사를 통해 학생들의 혈액형 정보를 담은 테이블을 만들 수 있습니다.
- 혈액형별 빈도수를 테이블과 막대그래프로 나타내는 작품을 만들 수 있습니다.

설문 조사를 통해 얻은 학생들의 혈액형 정보로 이루어진 테이블을 이용해 혈액형별 빈도수를 테이블과 막대그래프로 나타내는 작품을 만들어 보겠습니다. 이때, 챗GPT에서 제공하는 제작 순서를 참고하여 진행해 봅시다.

QR을 스캔하면 유튜브 동영상을 볼 수 있어요!

https://youtu.be/-in4qFv0HcU?si=h9oqXpa8ATQhbIGv

 작품 실행하기

01 다음 주소 또는 QR 코드로 접속하면 '혈액형 빈도수 그래프로 표현하기' 작품을 확인할 수 있습니다. ▶ 버튼을 클릭하여 작품을 실행해 보세요.

- https://naver.me/GvdjFgqJ

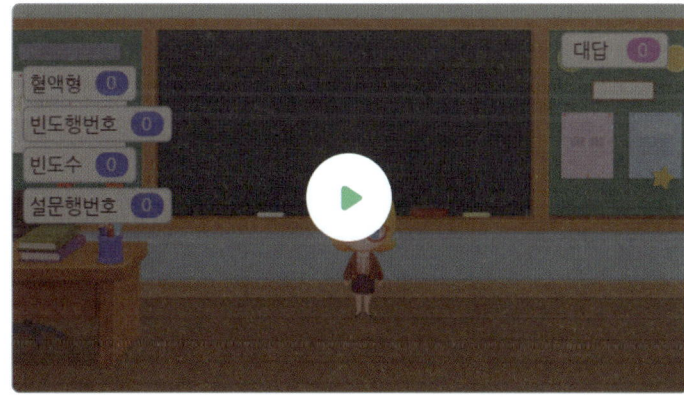

02 혈액형별 빈도수 테이블과 막대그래프가 표시됩니다.

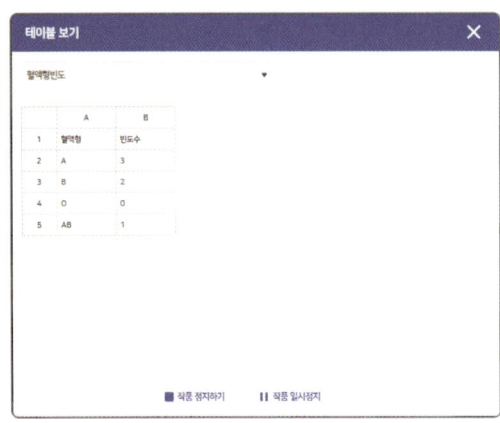
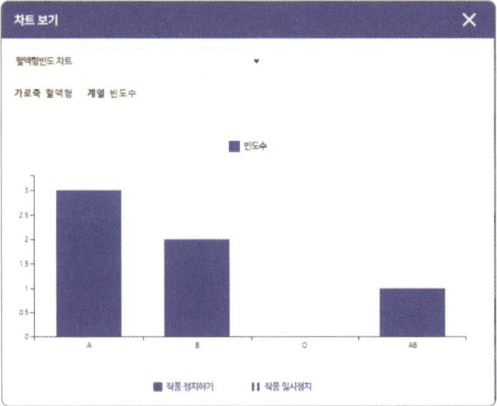

 챗GPT ⓧ 작품 제작 순서 고민하기

챗GPT에게 질문하기

블록 기반 코딩 플랫폼인 엔트리를 사용하여 혈액형별 빈도수를 구하는 프로그램을 작성하고 싶습니다. 학생들의 혈액형 데이터셋을 이용하여 혈액형별 빈도수를 구한 뒤, 테이블에 저장합니다. '선생님' 오브젝트가 혈액형별 빈도수 테이블을 보여준 뒤, 막대그래프를 생성해 표시합니다. 데이터 분석 절차에 따라 프로그램을 단계별로 작성하는 방법을 알려 주세요:

1. 엔트리 '데이터분석' 기능을 이용하여 테이블을 만듭니다.
2. 학생 이름과 혈액형 속성으로 이루어진 데이터셋을 불러와 사용합니다.
3. 혈액형별 빈도수를 정리해 혈액형과 빈도수 속성으로 이루어진 테이블에 저장합니다.
4. 혈액형별 빈도수 테이블에서 빈도수 속성값을 0으로 초기화한 뒤, 해당 혈액형이 나오면 빈도수 속성값을 1씩 증가시키는 방식으로 구현합니다.

챗GPT의 답변 확인하기

엔트리에서 학생들의 혈액형 데이터를 분석합니다. 분석된 데이터를 통해 혈액형별 빈도수 테이블을 만들고, 이를 시각화하는 프로그램을 단계별로 안내해 드리겠습니다.

1단계: 데이터 준비 및 수집

학생 이름과 혈액형 데이터를 포함한 CSV 파일을 준비합니다.

> 예시 데이터셋 (students.csv):
>
> 이름, 혈액형
> 김철수, A
> 이영희, B
> 박민수, O
> 정수연, AB
> ...

2단계: 엔트리에 데이터 입력

1. 엔트리에 로그인하고 새 작품을 만듭니다.

2. '데이터 분석'을 클릭한 뒤, '데이터 불러오기'를 선택합니다.

3. 학생 이름과 혈액형 데이터를 포함한 CSV 파일을 불러옵니다.

4. 데이터를 불러온 뒤, 테이블 이름을 'students'로 설정합니다.

3단계: 테이블 생성 및 초기화

1. '데이터 분석'을 클릭한 후, '데이터 불러오기'를 선택합니다.

2. 'blood_type_count'라는 이름의 테이블을 만들고 혈액형, 빈도수 속성을 추가합니다.

3. 'blood_type_count' 테이블에서 각 혈액형 빈도수를 0으로 초기화합니다.

> 시작하기를 클릭했을 때
>   테이블 (blood_type_count)에 행 추가 {"혈액형": "A", " 빈도수": 0}
>   테이블 (blood_type_count)에 행 추가 {"혈액형": "B", " 빈도수": 0}
>   테이블 (blood_type_count)에 행 추가 {"혈액형": "O", " 빈도수": 0}
>   테이블 (blood_type_count)에 행 추가 {"혈액형": "AB", " 빈도수": 0}

4단계: 테이블 업데이트

1. '반복하기' 블록을 사용하여 students 테이블의 모든 행을 검색합니다.

2. student 테이블에 저장된 학생들의 혈액형을 확인하여 blood_type_count 테이블의 해당 혈액형별 빈도수를 증가시킵니다.

3. 다음 코드를 작성하세요.

시작하기를 클릭했을 때
    테이블 (blood_type_count)에 행 추가 {"혈액형": "A", "빈도수": 0}
    테이블 (blood_type_count)에 행 추가 {"혈액형": "B", "빈도수": 0}
    테이블 (blood_type_count)에 행 추가 {"혈액형": "O", "빈도수": 0}
    테이블 (blood_type_count)에 행 추가 {"혈액형": "AB", "빈도수": 0}

    테이블 (students)의 모든 행 반복하기
        만약 (students.혈액형 = "A")라면
            기존 값 = 테이블 (blood_type_count)에서 행 찾기 {"혈액형": "A"}의 "빈도수"
            새로운 값 = 기존 값 + 1
            테이블 (blood_type_count)에서 행 수정 {"혈액형": "A"}, {"빈도수": 새로운 값}
        만약 (students.혈액형 = "B")라면
            기존 값 = 테이블 (blood_type_count)에서 행 찾기 {"혈액형": "B"}의 " 빈도수"
            새로운 값 = 기존 값 + 1
            테이블 (blood_type_count)에서 행 수정하기 {"혈액형": "B"}, {"빈도수": 새로운 값}
        만약 (students.혈액형 = "O")라면
            기존 값 = 테이블 (blood_type_count)에서 행 찾기 {"혈액형": "O"}의 "빈도수"
            새로운 값 = 기존 값 + 1
            테이블 (blood_type_count)에서 행 수정하기 ({"혈액형": "O"}, {" 빈도수": 새로운 값})
        만약 (students.혈액형 = "AB")라면
            기존 값 = 테이블 (blood_type_count)에서 행 찾기 {"혈액형": "AB"}의 " 빈도수"
            새로운 값 = 기존 값 + 1
            테이블 (blood_type_count)에서 행 수정하기 {"혈액형": "AB"}, {"빈도수": 새로운 값}

5단계: 결과 시각화

1. '오브젝트 추가하기'를 클릭하여 '선생님' 오브젝트를 추가합니다.

2. '선생님' 오브젝트를 선택한 상태에서 다음 코드를 추가해 혈액형별 빈도수 테이블을 보여줍니다.

선생님 오브젝트 ("혈액형별 빈도수 테이블:") 말하기
선생님 오브젝트 (테이블 (blood_type_count) 말하기

3. 막대그래프를 선택한 뒤 blood_type_count 테이블을 이용해 X축은 혈액형, Y축은 빈도수로 설정하여 막대그래프를 생성합니다.

(테이블: blood_type_count, X축: "혈액형", Y축: "빈도수") 막대그래프 그리기

데이터 수집하기

수집할 데이터는 학생들의 혈액형 설문 결과로, 직접 구글 설문을 통해 혈액형 데이터를 수집해 보겠습니다.

01 구글에 로그인한 상태에서 '구글 설문지'에 접속한 뒤 [빈 양식]을 클릭합니다.

- https://docs.google.com/forms/

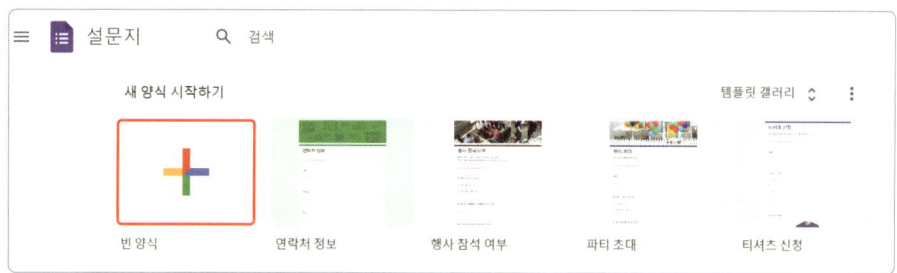

02 설문지 제목으로 ❶ '혈액형 설문'을 입력합니다. 첫 번째 질문에는 ❷ '이름'을 입력하고, 질문 유형은 ❸ '단답형'을 선택합니다. 반드시 답변을 받아야 하므로 ❹ '필수' 항목을 활성화합니다.

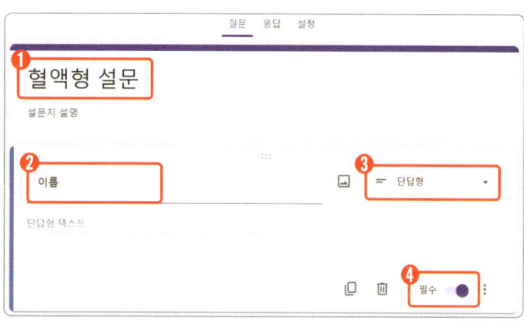

03 ⊕을 클릭해 두 번째 질문을 추가합니다. 두 번째 질문에는 ❶ '혈액형'을 입력하고, 질문 유형은 ❷ '객관식 질문'을 선택합니다. 선택 옵션은 ❸ A, B, O, AB를 입력합니다. 이 질문도 반드시 답변을 받아야 하므로 ❹ '필수' 항목을 활성화합니다.

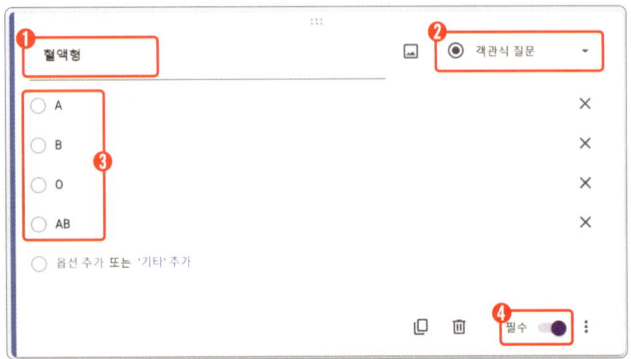

04 설문지를 완성했다면 설문 조사를 하기 위해 [게시]를 클릭합니다.

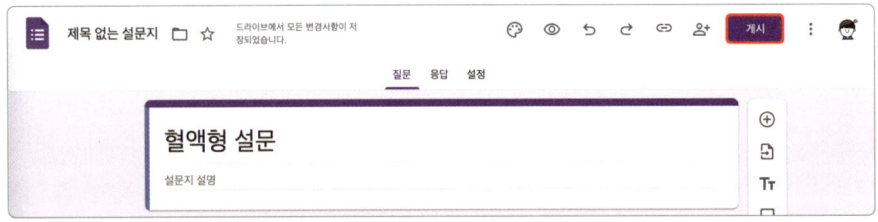

05 '게시 양식' 창이 열리면 '응답자'에서 ❶ [관리]를 눌러 관리 범위를 선택한 다음 ❷ [게시]를 눌러 게시를 마무리합니다.

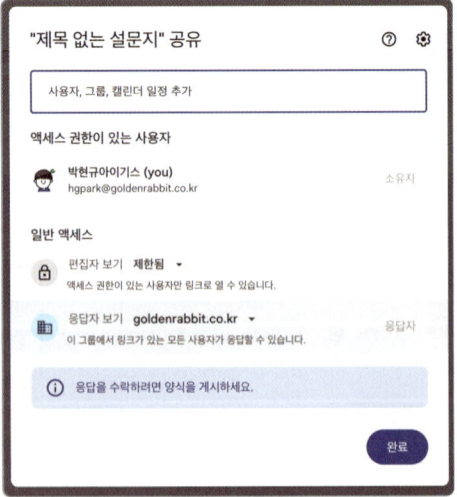

06 복사한 설문지 주소를 학생들에게 배포해서 설문을 진행합니다.

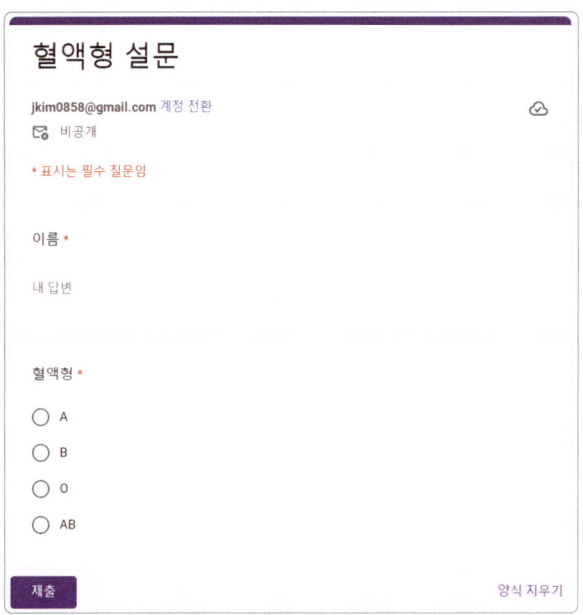

07 설문이 완료되면 ❶ [응답] 탭을 클릭하여 설문 결과를 확인합니다. 이어서 ❷ ⋮ 아이콘을 클릭합니다.

08 드롭다운 메뉴가 열리면 설문 결과를 내려받기 위해 [응답 다운로드]를 클릭합니다.

09 내려받은 파일은 압축된 상태이므로 압축을 풉니다. 압축을 푼 파일은 CSV 파일입니다.

> CSV 파일은 데이터의 값을 콤마(,)로 구분한 텍스트 파일입니다. 이 파일은 대부분의 프로그램에서 열 수 있습니다. 또한 엑셀 파일보다 용량이 작아 프로그래밍할 때 가장 많이 사용되는 파일 형식입니다.

테이블과 차트 만들기

01 설문을 통해 수집한 학생들의 혈액형 데이터를 이용해서 테이블과 차트를 만들어보겠습니다. 　 블록 꾸러미의 ❶ [테이블 불러오기]를 클릭한 다음, ❷ [테이블 추가하기]를 선택합니다.

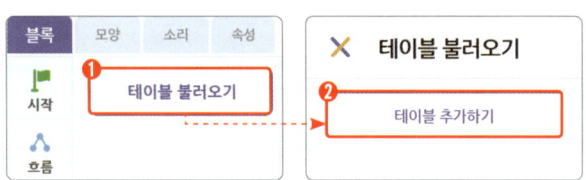

02 ❶ [파일 올리기] → ❷ [파일 선택]을 클릭합니다.

03 설문 결과인 ❶ '혈액형 설문.csv' 파일을 업로드한 뒤 ❷ [추가하기]를 클릭합니다.

04 다음과 같이 '혈액형 설문.csv' 테이블이 추가됩니다. 테이블 이름을 '혈액형 설문'으로 변경한 뒤 [저장하기]를 클릭합니다.

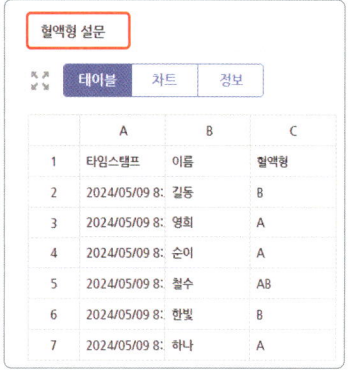

05 혈액형 빈도수를 저장할 테이블을 만들기 위해 다시 [테이블 추가하기]를 클릭합니다. '테이블 추가하기' 창이 열리면 ❶ [새로 만들기]를 클릭한 뒤, ❷ [테이블 새로 만들기]를 누릅니다.

LESSON 09 혈액형 빈도수를 그래프로 표현하기

06 빈 테이블에 ❶과 같이 내용을 입력한 뒤, 테이블 이름을 ❷ '혈액형빈도'로 변경합니다. 이 테이블은 각 혈액형의 빈도수를 저장하는 용도로 사용됩니다.

07 각 혈액형 빈도수를 시각적으로 확인하기 위한 막대그래프를 생성해 봅시다. ❶ [차트]를 클릭한 뒤 ❷ [+]를 눌러 ❸ '막대(바 그래프)'를 선택합니다.

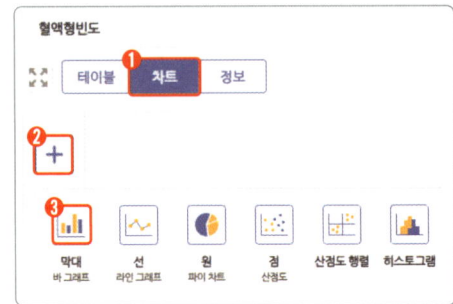

08 가로축은 '혈액형'을 선택하고, 계열은 '빈도수'를 선택합니다. 차트 이름을 '혈액형빈도수 차트'로 변경합니다. 모든 테이블과 차트가 생성됐으므로 화면 오른쪽 위에 있는 [저장하기]를 클릭한 뒤, [적용하기]를 클릭합니다.

✖ 오브젝트 추가하기

`+ 오브젝트 추가하기`를 클릭해 [사람] → [선생님(2)]와 [물건] → [칠판(2)]를 추가합니다.

선생님(2)

칠판(2)

❓ 변수 추가하기

[속성] 탭에서 [변수] → [변수 추가하기]를 클릭한 다음, 추가할 변수 이름을 각각 작성하고 [변수 추가]를 클릭합니다. 추가할 변수는 다음과 같습니다.

변수	기능
설문행번호	혈액형 설문 테이블의 행 위치를 저장
혈액형	혈액형을 저장
빈도행번호	혈액형 빈도 테이블의 행 위치를 저장
기존값	기존 혈액형 빈도수를 저장
새로운값	새로운 혈액형 빈도수를 저장

📡 신호 추가하기

[속성] 탭에서 [신호] → [신호 추가하기]를 클릭한 다음, 추가할 신호 이름을 작성하고 [신호 추가]를 클릭합니다. 추가할 신호는 다음과 같습니다.

신호	기능
초기화	변수를 실행 화면에 보이지 않게 하라는 신호

🧩 코딩하기

챗GPT가 답변한 제작 순서를 참고하여, 테이블과 차트를 이용해 혈액형 빈도수 그래프를 그리는 작품을 만들어 보겠습니다.

혈액형 빈도수 테이블과 막대 그래프 완성하기

01 선생님(2) 오브젝트를 클릭합니다. ▶시작하기 를 클릭하면 '초기화' 신호를 보내고 '설문행번호' 변수에 2를 저장하도록 시작하기 버튼을 클릭했을 때 , 초기화▼ 신호 보내고 기다리기 , 설문행번호▼ 를 2 (으)로 정하기 를 연결합니다. 그 다음, '혈액형 설문' 테이블의 '설문행번호' 행에 해당하는 '혈액형' 속성값을 '혈액형' 변수에 저장하기 위해 혈액형▼ 를 10 (으)로 정하기 , 테이블 혈액형 설문▼ 2 번째 행의 (혈액형▼) 값 , 설문행번호▼ 값 을 다음과 같이 결합해 연결합니다.

여기서 '혈액형 설문' 테이블의 2번째 행에 해당하는 혈액형 속성값이 B이므로 '혈액형' 변수에 B가 저장되는 것을 알 수 있습니다.

02 이번에는 '빈도행번호' 변수에 2를 저장합니다. 그 다음, '빈도행번호' 변숫값이 1씩 증가하면서 '혈액형' 변숫값과 '혈액형빈도' 테이블의 '빈도행번호' 변숫값에 해당하는 행의 '혈액형' 속성값이 같을 때까지 반복하도록 다음과 같이 코드를 연결합니다.

'혈액형빈도' 테이블의 2번째 행에 해당하는 '혈액형' 속성값은 A이므로 '혈액형' 변숫값인 B와 같지 않습니다. 따라서 '빈도행번호' 변숫값을 1 증가시킨 뒤 다음 반복을 수행합니다. 이때 '빈도행번호' 변숫값은 3이 됩니다.

'혈액형빈도' 테이블의 3번째 행에 해당하는 '혈액형' 속성값은 B이므로 '혈액형' 변숫값인 B와 일치하게 됩니다. 이제 반복을 종료하며, 이때 '빈도행번호' 변숫값은 여전히 3입니다.

03 '혈액형빈도' 테이블의 '빈도행번호' 행에 해당하는 '빈도수' 속성값을 '기존값' 변수에 저장하고, '기존값' 변수 값에 1을 더한 값을 '새로운값' 변수에 저장합니다. 그 다음, '혈액형빈도' 테이블의 '빈도행번호' 행에 해당하는 '빈도수' 속성값을 '새로운값' 변숫값으로 변경합니다. 결국 '혈액형빈도' 테이블의 '빈도행번호' 행에 해당하는 '빈도수' 속성값이 1 증가됩니다.

'혈액형빈도' 테이블의 '빈도행번호' 값, 즉 3행의 '빈도수' 속성값인 0을 '기존값' 변수에 저장합니다.

'기존값' 변숫값인 0에 1을 더한 1을 '새로운값' 변수에 저장합니다. 그 다음, '혈액형빈도' 테이블의 '빈도행번호' 값, 즉 3행의 '빈도수' 속성값을 '새로운값' 변숫값인 1로 변경합니다.

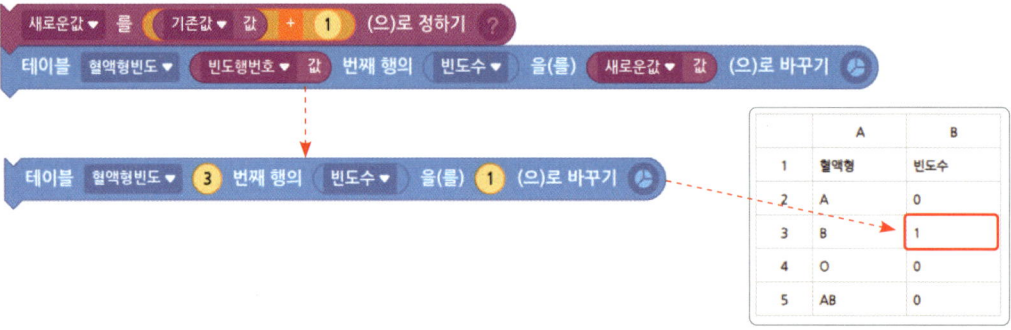

04 '설문행번호' 변숫값을 1 증가시킨 뒤, '혈액형 설문' 테이블의 모든 행을 검색하도록 다음과 같이 블록을 연결해 앞선 과정을 반복합니다.

새로운 반복이 시작되면서 '설문행번호' 변숫값이 3이 됩니다. 두 번째 반복에서는 '혈액형 설문' 테이블의 3번째 행에 해당하는 '혈액형' 속성값이 A이므로, '혈액형' 변숫값은 A가 됩니다.

'빈도행번호' 변수에 다시 2를 저장합니다. 이때 '혈액형빈도' 테이블의 2번째 행에 해당하는 '혈액형' 속성값은 A이므로 '혈액형' 변숫값인 A와 일치하여 반복을 바로 종료합니다. 그리고 '빈도행번호' 변숫값은 2입니다.

'혈액형빈도' 테이블의 '빈도행번호', 즉 2행의 '빈도수' 속성값을 1 증가시킵니다. 설문 테이블 3행에 있던 혈액형이 A이므로, '혈액형빈도' 테이블의 '혈액형' 속성 A인 행의 '빈도수' 속성값이 1 증가됩니다. 이 과정을 '혈액형 설문' 테이블의 모든 행에 대해 반복하여 각 혈액형별 빈도수를 집계합니다.

05 테이블 혈액형빈도▼ 창을 5 초 동안 열기 , 5 초 기다리기 , 테이블 혈액형빈도▼ 의 혈액형빈도 차트▼ 차트 창 열기
를 연결해 '혈액형빈도' 테이블과 '혈액형빈도 차트'를 화면에 표시합니다.

06 끝으로 '초기화' 신호를 받으면 변수를 실행 화면에 보이지 않도록 설정합니다.

✓ 전체 코드 확인하기

오브젝트	코드 블록

선생님(2)	**시작하기 버튼을 클릭했을 때**
	초기화▼ 신호 보내고 기다리기
	설문행번호▼ 을(를) 2 (으)로 정하기
	테이블 혈액형 설문▼ 의 행▼ 개수 - 1 번 반복하기
	  혈액형▼ 을(를) 테이블 혈액형 설문▼ 설문행번호▼ 값 번째 행의 혈액형▼ 값 (으)로 정하기
	  빈도행번호▼ 을(를) 2 (으)로 정하기
	  혈액형▼ 값 = 테이블 혈액형빈도▼ 빈도행번호▼ 값 번째 행의 혈액형▼ 값 이 될 때까지▼ 반복하기
	    빈도행번호▼ 에 1 만큼 더하기
	  기존값▼ 을(를) 테이블 혈액형빈도▼ 빈도행번호▼ 값 번째 행의 빈도수▼ 값 (으)로 정하기
	  새로운값▼ 을(를) 기존값▼ 값 + 1 (으)로 정하기
	  테이블 혈액형빈도▼ 빈도행번호▼ 값 번째 행의 빈도수▼ 을(를) 새로운값▼ 값 (으)로 바꾸기
	  설문행번호▼ 에 1 만큼 더하기
	테이블 혈액형빈도▼ 창을 5 초 동안 열기
	5 초 기다리기
	테이블 혈액형빈도▼ 의 혈액형빈도수 차트▼ 차트 창 열기
	
	초기화▼ 신호를 받았을 때
	대답 숨기기▼
	변수 설문행번호▼ 숨기기
	변수 빈도행번호▼ 숨기기
	변수 혈액형▼ 숨기기
	변수 기존값▼ 숨기기
	변수 새로운값▼ 숨기기

LESSON 09 혈액형 빈도수를 그래프로 표현하기

LESSON 10 스포츠스태킹 가장 빠른 기록 정하기

학습 목표 • 스포츠스태킹 선수의 경기 기록 데이터를 담은 테이블을 생성하고, 최종 기록을 시각화하여 보여주는 작품을 만들 수 있습니다.

스포츠스태킹이란 플라스틱 컵을 다양한 방법으로 쌓고 내리는 시간을 기록해 최소 시간을 경쟁하는 스포츠 경기입니다. 선수들은 세 번의 경기 기록 중 가장 빠른 기록을 최종 기록으로 선정합니다. 스포츠스태킹 선수들의 경기 기록 데이터를 활용해 선수 이름과 3번의 경기 기록으로 구성된 테이블을 만들고, 각 선수의 최종 기록을 테이블에 추가하는 작품을 제작해 보겠습니다. 이 과정에서 챗GPT가 제공하는 제작 순서를 참고하여 진행해 봅시다.

QR을 스캔하면 유튜브 동영상을 볼 수 있어요!

https://youtu.be/vuOUfhrU65I?si=M9x0E3F50XVpCNHl

 작품 실행하기

01 다음 주소 또는 QR 코드로 접속하면 '스포츠스태킹 가장 빠른 기록 정하기' 작품을 확인할 수 있습니다. ▶ 버튼을 클릭하여 작품을 실행해 보세요.

- https://naver.me/5LulOQ5m

02 '기록 정하기' 버튼을 클릭하여 선수 기록을 정합니다. 선수의 기록이 정해지면 '기록 정하기' 버튼은 '기록 보기' 버튼으로 변경됩니다.

03 변경된 '기록 보기' 버튼을 클릭하면 각 선수들의 기록과 최종 기록이 담긴 테이블이 표시됩니다.

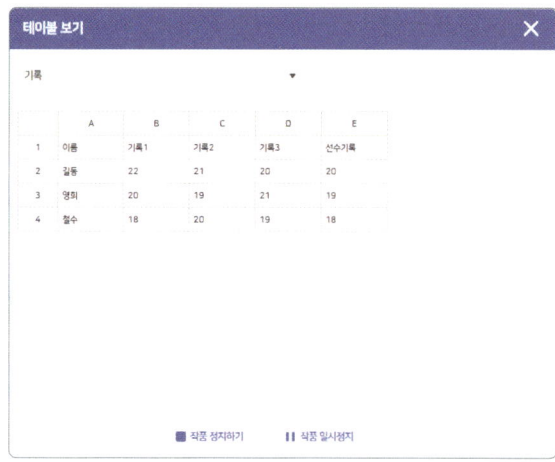

 챗GPT ⓧ 작품 제작 순서 고민하기

챗GPT에게 질문하기

블록 기반 코딩 플랫폼인 엔트리를 사용하여 스포츠스태킹 선수의 최종 기록을 결정하는 프로그램을 작성하고 싶습니다. 스포츠스태킹 선수의 경기 기록 데이터셋을 이용하여 최종 기록을 구한 뒤, 이를 테이블에 추가합니다. 각 선수의 최종 기록이 추가되면 테이블을 화면에 표시합니다. 데이터 분석 절차에 따라 프로그램을 단계별로 작성하는 방법을 알려주세요:

1. 엔트리의 '데이터분석' 기능을 이용하여 테이블을 화면에 표시합니다.
2. 이름, 기록1, 기록2, 기록3으로 구성된 데이터셋을 불러와 '기록' 테이블에 저장합니다.
3. '기록' 테이블에 '선수 기록' 속성을 추가한 뒤, 각 선수의 기록들 중 가장 빠른 기록을 '선수 기록' 속성값으로 정합니다.

챗GPT의 답변 확인하기

엔트리를 사용하여 스포츠스태킹 선수의 최종 기록을 결정하는 프로그램을 단계별로 작성하는 방법을 알려드리겠습니다.

1단계: 데이터 준비 및 수집

1. '이름', '기록1', '기록2', '기록3' 속성을 가진 테이블을 엔트리에 생성합니다.
2. 테이블 이름은 '기록'으로 설정합니다.

2단계: 테이블에 속성 추가

1. 엔트리에서 '데이터분석'을 클릭한 뒤, '기록' 테이블을 선택합니다.
2. '선수 기록' 속성을 추가합니다.

3단계: 최종 기록 계산 및 테이블 업데이트

1. 각 선수별로 보유한 3개의 기록 중 가장 빠른 기록을 찾아 '선수 기록' 속성에 추가합니다.
2. 다음과 같은 절차로 코드를 작성합니다.

```
// 모든 항목을 반복
기록 테이블의 모든 행에 대해 반복하기
    // 선수의 기록을 변수에 저장
    변수 '기록1' = 기록 테이블의 '기록1' 속성값
    변수 '기록2' = 기록 테이블의 '기록2' 속성값
    변수 '기록3' = 기록 테이블의 '기록3' 속성값

    // 가장 빠른 기록 찾기
    변수 '최저 기록' = '기록1'
    만약 '기록2' < '최저 기록'이라면
        변수 '최저 기록' = '기록2'
    만약 '기록3' < '최저 기록'이라면
        변수 '최저 기록' = '기록3'
```

// 최저 기록을 선수 기록 속성에 추가
기록 테이블의 '선수 기록' 속성값 = '최저 기록'으로 설정하기

4단계: 최종 테이블 출력

업데이트된 '기록' 테이블을 화면에 표시하기 위해 '기록' 테이블을 선택한 뒤, '표로 보기'를 선택하여 결과를 확인합니다.

작품 만들기

데이터 수집하기

스포츠스태킹 경기에서 선수들은 세 번의 경기를 진행하며, 이 중 가장 빠른 기록을 최종 기록으로 선정합니다. 수집할 데이터는 선수들의 경기 기록이며, 다음과 같이 임의로 만든 기록 데이터를 활용해 보겠습니다.

이름	기록1	기록2	기록3
길동	22	21	20
영희	20	19	21
철수	18	20	19

01  블록 꾸러미의 ❶ [테이블 불러오기]를 클릭한 다음 ❷ [테이블 추가하기]를 선택합니다.

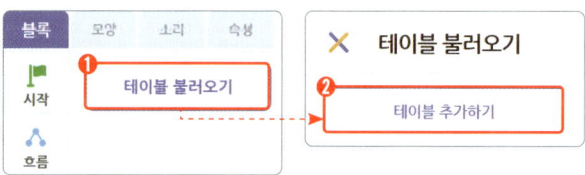

02 ❶ [새로 만들기] → ❷ [테이블 새로 만들기]를 클릭합니다.

03 ❶ 빈 테이블에 선수들의 기록을 입력한 뒤 ❷ 테이블의 이름을 '기록'으로 변경합니다. 그 다음, 화면 오른쪽 위에 있는 [적용하기]를 클릭합니다.

💡 각 선수들의 최종 기록을 담은 '선수 기록' 열은 코딩을 통해 만들어 보겠습니다.

✖ 오브젝트 추가하기

01 [+ 오브젝트 추가하기]를 클릭해 [사람] → [소놀 노트북하고 있는 사람]과 [인터페이스] → [생각 풍선], [배경] → [실내체육관] 오브젝트를 추가합니다.

02 생각 풍선 오브젝트를 '기록정하기'와 '기록보기' 버튼으로 설정하겠습니다. **생각 풍선** 오브젝트를 선택한 뒤 ❶ [모양] 탭을 클릭합니다. ❷ [글상자]를 선택한 뒤 오브젝트 위를 클릭하여 ❸ '기록정하기'라고 입력합니다. 입력이 완료되면 ❹ 모양 이름을 '기록정하기'로 변경합니다.

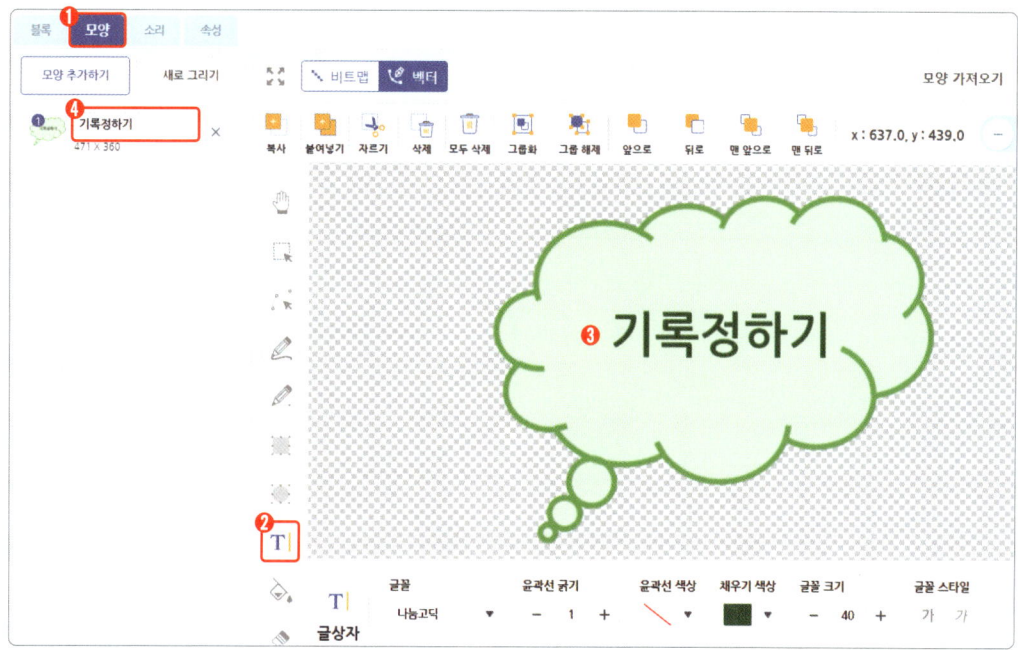

03 '기록정하기' 모양을 선택한 뒤 마우스 오른쪽 버튼을 클릭합니다. [복제하기]를 선택하여 같은 모양을 하나 더 추가합니다.

04 복제된 모양을 선택한 뒤 ❶ [글상자]를 클릭합니다. 오브젝트 위를 클릭해 ❷ '기록보기'를 입력하고 ❸ 모양 이름을 '기록보기'로 변경합니다. 마지막으로 화면 오른쪽 위의 [저장하기]를 클릭합니다.

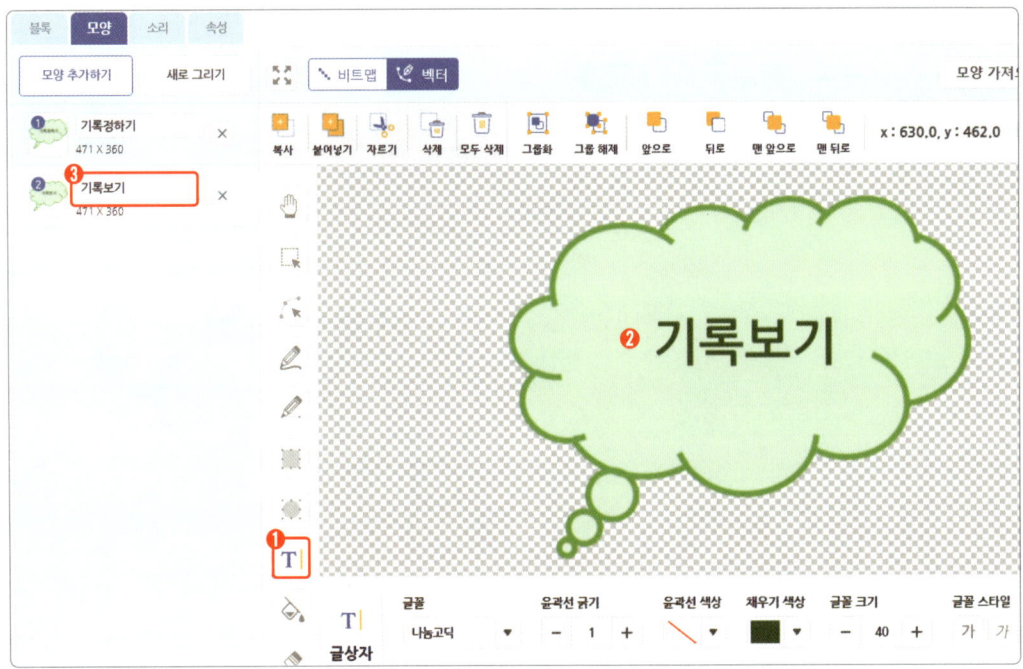

? 변수 추가하기

[속성] 탭에서 [변수] → [변수 추가하기]를 클릭한 다음, 추가할 변수 이름을 각각 작성하고 [변수 추가]를 클릭합니다. 추가할 변수는 다음과 같습니다.

변수	기능
행번호	기록 테이블의 행 위치를 저장
기록1	첫 번째 기록을 저장
기록2	두 번째 기록을 저장
기록3	세 번째 기록을 저장
최저기록	3개의 기록 중 가장 작은 기록을 저장
상태	각 선수의 기록을 정하기 전인지, 후인지를 저장

📡 신호 추가하기

[속성] 탭에서 [신호] → [신호 추가하기]를 클릭한 다음, 추가할 신호 이름을 작성하고 [신호 추가]를 클릭합니다. 추가할 신호는 다음과 같습니다.

신호	기능
기록정하기	각 선수의 기록을 정하라는 신호

🍀 코딩하기

챗GPT가 답변한 제작 순서를 참고하여, 각 선수의 가장 빠른 기록을 테이블에 추가하는 작품을 만들어 보겠습니다.

기존 테이블에 새로운 열 추가하기

01 **소놀 노트북 하고 있는 사람** 오브젝트를 클릭합니다.  를 클릭했을 때 변수를 실행 화면에 보이지 않도록 설정하기 위해 다음과 같이  , 를 연결합니다.

02 '생각 풍선' 오브젝트로부터 '기록정하기' 신호를 받으면 '기록' 테이블에 열이 추가되도록  , 를 연결합니다.

그러면 '기록' 테이블의 오른쪽 끝에 새로운 열이 추가됩니다. 이때, 추가된 열의 제목은 '새로운 열'이며 값은 0으로 설정됩니다.

03  를 이용해 추가된 열의 제목을 '선수기록'으로 변경합니다.

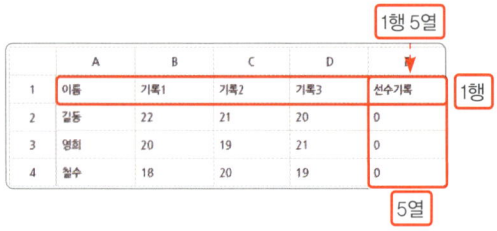

'새로운 열'의 열 위치는 1행 5열입니다.

즉, '기록' 테이블의 열 개수가 5이므로 '기록' 테이블의 1행 5열을 선택해 '선수기록'으로 변경합니다.

04 선수 관련 데이터가 입력되기 시작한 행 번호를 저장하기 위해 `행번호▼ 를 2 (으)로 정하기` 를 이용해 '행번호' 변수에 2를 저장합니다. '기록' 테이블에서 '행번호' 변숫값에 해당하는 행의 '기록1', '기록2', '기록3' 속성값을 각각 '기록1', '기록2', '기록3' 변수에 저장하기 위해 다음과 같이 블록을 연결합니다.

여기서 '행번호' 변숫값으로 2가 저장되어 있으므로 '기록' 테이블의 2번째 행에 해당하는 '기록1' 속성값인 22를 '기록1' 변수에, '기록2' 속성값인 21을 '기록2' 변수에, '기록3' 속성값인 20을 '기록3' 변수에 저장하는 것을 알 수 있습니다.

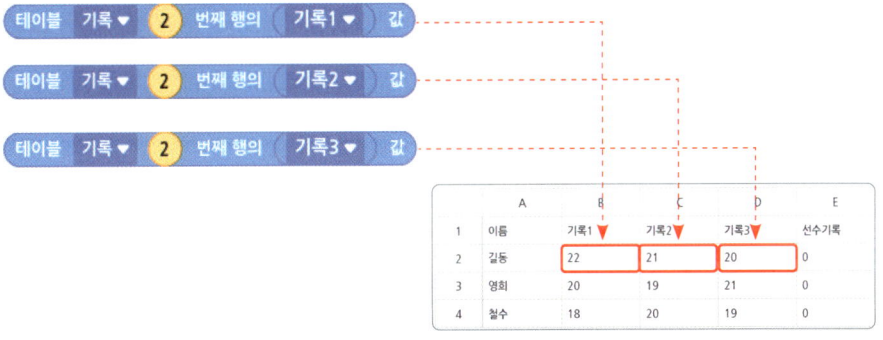

05 선수의 최종 기록을 저장하기 위해 '최저기록' 변숫값에 '기록1' 변숫값을 먼저 저장한 뒤 차례로 '기록2'와 '기록3' 변숫값을 비교하면서 '기록1', '기록2', '기록3' 변숫값 중 가장 작은 값을 찾아 '최저기록' 변수에 저장합니다.

'기록1' 변숫값은 22, '기록2' 변숫값은 21, '기록3' 변숫값은 20이므로 가장 작은 값인 20이 '최저기록' 변수에 저장됩니다.

06 `테이블 기록▼ 2 번째 행의 이름▼ 을(를) 10 (으)로 바꾸기`, `행번호▼ 값`, `테이블 기록▼ 의 열▼ 개수`, `최저기록▼ 값` 을 결합해 다음과 같이 연결하면 '최저기록' 변숫값을 '기록' 테이블의 '행번호' 변숫값만큼에 해당하는 행 즉, 5열에 저장합니다.

결과를 살펴보면, '기록' 테이블의 2행 5열이 '최저기록' 변숫값인 20으로 변경됩니다.

07 '행번호' 변숫값을 1 증가시킨 뒤 '기록' 테이블의 모든 행을 검색하도록 다음과 같이 블록을 연결해 앞선 과정을 반복 수행합니다.

새로운 반복이 시작되면서 '행번호' 변숫값이 3이 됩니다. 두 번째 반복에서는 '기록' 테이블의 3번째 행에서 기록1, 기록2, 기록3 중 가장 작은 값인 19를 '기록' 테이블의 3행 5열에 저장합니다. 이 과정을 '기록' 테이블의 남은 행에 대해 반복 수행하면 '선수기록' 속성에 값이 계속 추가됩니다.

LESSON 10 스포츠스태킹 가장 빠른 기록 정하기

 **코딩 실력 레벨업!**

변경된 테이블을 내 컴퓨터에 저장하자!

작품 실행을 종료하면 테이블이 초기 상태로 돌아갑니다. 작품 실행을 종료해도 변경된 테이블 상태를 유지하려면 다음 블록을 사용하면 됩니다. 이 블록을 이용하면 테이블을 현재 상태로 저장한 뒤 작품 실행을 종료할 수 있습니다.

[테이블 기록▼ 을(를) 현재 상태로 남기기]

그리고 [데이터분석] 블록 꾸러미의 [테이블 불러오기]를 클릭하면 변경된 상태가 유지된 테이블을 확인할 수 있습니다. 테이블을 내 컴퓨터에 저장하려면 테이블 이름을 마우스 오른쪽 버튼으로 클릭한 뒤 목록에서 [PC에 저장]을 선택하면 됩니다.

최종 기록 출력하기

01 **생각 풍선** 오브젝트를 클릭합니다. [▶시작하기]를 클릭하면 '기록정하기' 모양으로 바꾸고 '상태' 변수에 '계산전' 값을 저장하도록 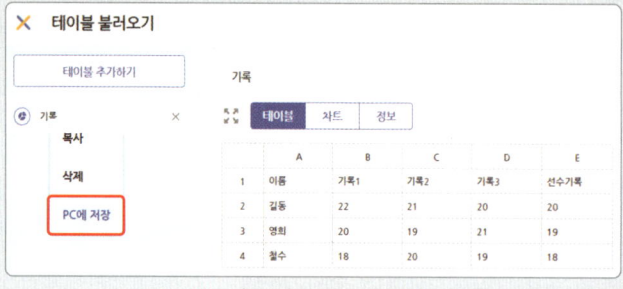를 연결합니다.

02 이번에는 **생각 풍선** 오브젝트를 클릭했을 때 '상태' 변숫값이 '계산전'이라면 '기록정하기' 신호를 보낸 뒤 '기록보기' 모양으로 바꾸고 '상태' 변수에 '계산후'를 저장하도록 다음과 같이 블록을 연결합니다.

처음 '생각 풍선' 오브젝트를 클릭하면 '기록정하기' 신호를 보내어 각 선수의 최종 기록을 계산합니다. 최종 기록이 결정되면 '생각 풍선' 오브젝트가 '기록보기' 모양으로 바뀝니다. 마지막으로 '상태' 변숫값은 '계산후'로 변경되어 이후 다시 클릭했을 때 다른 동작을 수행합니다.

03 '생각 풍선' 오브젝트를 클릭했을 때 '상태' 변숫값이 '계산전'이 아니라면, '기록' 테이블을 보여주기 위해 테이블 기록▼ 창을 5 초 동안 열기 를 다음과 같이 연결합니다.

만약 '생각 풍선' 오브젝트가 '기록보기' 모양인 상태라면 이를 클릭했을 때 '기록' 테이블을 출력합니다.

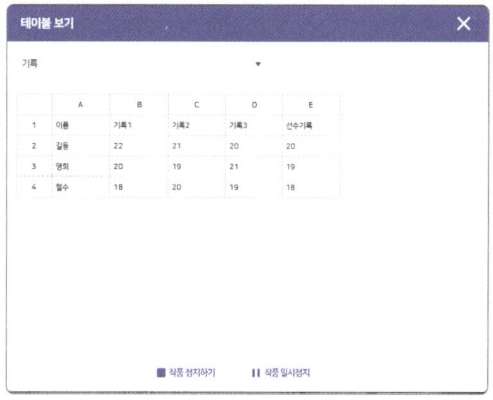

✔ 전체 코드 확인하기

오브젝트	코드 블록
소놀 노트북 하고 있는 사람	▶ 시작하기 버튼을 클릭했을 때 변수 행번호▼ 숨기기 변수 기록1▼ 숨기기 변수 기록2▼ 숨기기 변수 기록3▼ 숨기기 변수 최저기록▼ 숨기기 변수 상태▼ 숨기기 기록정하기▼ 신호를 받았을 때 테이블 기록▼ 에 열▼ 추가하기 테이블 기록▼ 1 번째 행의 테이블 기록▼ 의 열▼ 개수 을(를) 선수기록 (으)로 바꾸기 행번호▼ 를 2 (으)로 정하기 테이블 기록▼ 의 행▼ 개수 - 1 번 반복하기 　기록1▼ 를 테이블 기록▼ 행번호▼ 값 번째 행의 기록1▼ 값 (으)로 정하기 　기록2▼ 를 테이블 기록▼ 행번호▼ 값 번째 행의 기록2▼ 값 (으)로 정하기 　기록3▼ 를 테이블 기록▼ 행번호▼ 값 번째 행의 기록3▼ 값 (으)로 정하기 　최저기록▼ 를 기록1▼ 값 (으)로 정하기 　만일 기록2▼ 값 < 최저기록▼ 값 (이)라면 　　최저기록▼ 를 기록2▼ 값 (으)로 정하기 　만일 기록3▼ 값 < 최저기록▼ 값 (이)라면 　　최저기록▼ 를 기록3▼ 값 (으)로 정하기 　테이블 기록▼ 행번호▼ 값 번째 행의 테이블 기록▼ 의 열▼ 개수 을(를) 최저기록▼ 값 (으)로 바꾸기 　행번호▼ 에 1 만큼 더하기
생각 풍선 (기록정하기)	▶ 시작하기 버튼을 클릭했을 때 기록정하기▼ 모양으로 바꾸기 상태▼ 를 계산전 (으)로 정하기 ● 오브젝트를 클릭했을 때 만일 상태▼ 값 = 계산전 (이)라면 　기록정하기▼ 신호 보내고 기다리기 　기록보기▼ 모양으로 바꾸기 　상태▼ 를 계산후 (으)로 정하기 아니면 　테이블 기록▼ 창을 5 초 동안 열기

LESSON 11 지역별 인구 분석하기

학습 목표 • 지역별 인구수 데이터와 면적 데이터를 이용해서 지역별 인구 밀도를 구하고, 이를 테이블에 추가하는 작품을 만들 수 있습니다.

지역별 인구수 테이블과 지역별 면적 테이블을 활용하여 지역별 인구 밀도를 계산하고, 이를 지역별 인구수 테이블에 추가하는 작품을 만들어 보겠습니다. 이때, 챗GPT에서 제공하는 제작 순서를 참고해 보겠습니다.

QR을 스캔하면 유튜브 동영상을 볼 수 있어요!

https://youtu.be/u8pNjojXarU?si=egMndgEGE7RHYjoo

작품 실행하기

01 다음 주소 또는 QR 코드로 접속하면 '지역별 인구 분석하기' 작품을 확인할 수 있습니다. ▶ 버튼을 클릭하여 작품을 실행해 보세요.

- https://naver.me/5ipGfWGg

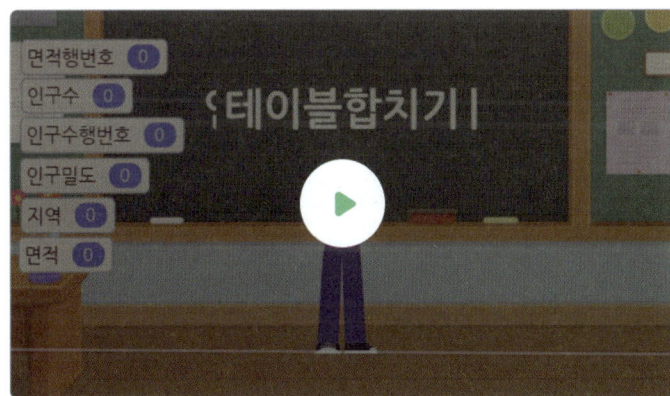

02 '연구원' 오브젝트가 '테이블 합치기' 버튼을 클릭하라고 안내합니다.

03 '테이블 합치기' 버튼을 클릭하여 '지역별 인구수' 테이블과 '지역별 면적' 테이블을 합칩니다. 테이블이 합쳐지면 '테이블 합치기' 버튼이 '인구 밀도 구하기' 버튼으로 바뀌고, '연구원' 오브젝트가 이를 클릭하라고 안내합니다.

04 '인구 밀도 구하기' 버튼을 클릭하면 인구 밀도가 계산됩니다. 인구 밀도가 계산되면 버튼이 '테이블'로 변경되고, 이 '테이블' 버튼을 누르라는 안내가 표시됩니다.

05 '인구 밀도 구하기' 버튼을 클릭하면 인구 밀도가 추가된 테이블이 다음과 같이 표시됩니다.

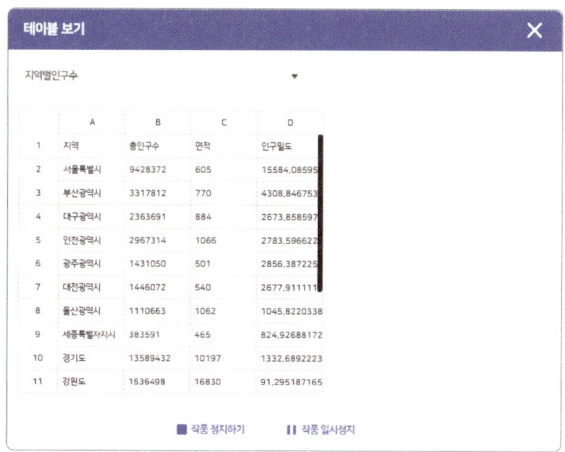

챗GPT에게 질문하기

블록 기반 코딩 플랫폼인 엔트리를 사용하여 지역별 인구 밀도를 구하는 프로그램을 작성하고 싶습니다. 지역과 총 인구수 속성으로 이루어진 데이터셋과 지역, 면적 속성으로 이루어진 데이터셋을 이용하여 각 지역별 인구 밀도를 구하고, 이를 '지역별 인구수' 테이블에 추가합니다. 인구 밀도가 추가되면 '지역별 인구수' 테이블을 화면에 출력합니다. 데이터 분석 절차에 따라 프로그램을 단계별로 작성하는 방법을 알려 주세요:

1. 엔트리의 '데이터분석' 기능을 이용하여 테이블을 만듭니다.
2. 지역, 총 인구수 속성으로 이루어진 데이터셋을 불러와 '지역별 인구수' 테이블에 저장하고, 지역, 면적 속성으로 이루어진 데이터셋을 불러와 '지역별 면적' 테이블에 저장합니다.
3. '지역별 인구수' 테이블에 면적 속성을 추가한 뒤, '지역별 면적' 테이블에서 각 지역의 면적을 찾아 '지역별 인구수' 테이블의 면적 속성값으로 추가합니다.
4. '지역별 인구수' 테이블에 인구 밀도 속성을 추가한 뒤, 지역별 인구 밀도를 계산해 인구 밀도 속성값으로 추가합니다.

챗GPT의 답변 확인하기

엔트리를 사용하여 지역별 인구 밀도를 구하는 프로그램을 단계별로 작성하는 방법을 알려드리겠습니다.

1단계: 데이터 준비 및 수집

1. 엔트리에서 '지역', '총 인구수' 속성을 가진 데이터셋을 '지역별 인구수' 테이블로 생성합니다.
2. 엔트리에서 '지역', '면적' 속성을 가진 데이터셋을 '지역별 면적' 테이블로 생성합니다.

2단계: '지역별 인구수' 테이블에 '면적' 속성 추가

1. '지역별 인구수' 테이블에 새로운 속성으로 '면적' 속성을 추가합니다.
2. '지역별 면적' 테이블에서 지역별 면적을 찾아 '면적' 속성값으로 추가합니다.
3. 다음과 같은 절차로 코드를 작성합니다.

```
// 모든 항목을 반복
지역별 인구수 테이블의 모든 행에 대해 반복하기
    변수 '현재지역' = 지역별 인구수 테이블의 '지역' 속성값

    지역별 면적 테이블의 모든 행에 대해 반복하기
        만약 지역별 면적 테이블의 '지역' 속성값 = 변수 '현재 지역'이라면
            // 지역별 인구수 테이블의 면적 속성값으로 추가
            지역별 인구수 테이블의 '면적' 속성값 = 지역별 면적 테이블의 '면적' 속성값
            동작 멈추기 // 해당 지역을 찾았으므로 반복 종료
```

3단계: '지역별 인구수' 테이블에 '인구 밀도' 속성 추가

1. '지역별 인구수' 테이블에 새로운 속성으로 '인구 밀도' 속성을 추가합니다.
2. 인구 밀도를 계산해 '인구 밀도' 속성값으로 추가합니다.

인구 밀도 = 총 인구수 / 면적

3. 다음과 같은 절차로 코드를 작성합니다.

```
// 모든 항목을 반복
지역별 인구수 테이블의 모든 행에 대해 반복하기
```

변수 '총 인구수' = 지역별 인구수 테이블의 '총 인구수' 속성값
변수 '면적' = 지역별 인구수 테이블의 '면적' 속성값

// 인구 밀도 계산
변수 '인구 밀도' = '총 인구수' 속성값 / '면적' 속성값

// 인구 밀도 속성값으로 추가
지역별 인구수 테이블의 '인구 밀도' 속성값 = 변수 '인구 밀도'

💡 '/'는 나눗셈 연산자입니다.

4단계: 최종 테이블 출력

업데이트된 '지역별 인구수' 테이블을 화면에 표시하기 위해 '지역별 인구수' 테이블을 선택한 뒤, '표로 보기'를 선택하여 결과를 확인합니다.

데이터 수집하기

수집할 데이터는 지역별 인구수와 지역별 면적으로, 다음 두 표와 같습니다. 이 표는 '국가통계포털'에서 제공하고 있는 데이터를 수집하여 정리한 것으로, 지역별 인구수와 지역별 면적 데이터를 활용해 보겠습니다.

💡 두 데이터는 '지역별인구수.xlsx'와 '지역별면적.xlsx' 파일 형태로 자료실에서 제공합니다.

2022년 지역별 인구수 데이터 (단위: 명)

지역	총 인구수	지역	총 인구수	지역	총 인구수
서울특별시	9428372	울산광역시	1110663	전라북도	1769607
부산광역시	3317812	세종특별자치시	383591	전라남도	1817697
대구광역시	2363691	경기도	13589432	경상북도	2600492
인천광역시	2967314	강원도	1536498	경상남도	3280493

광주광역시	1431050	충청북도	1595058	제주특별자치도	678159
대전광역시	1446072	충청남도	2123037		

출처: 국가통계포털

2021년 지역별 면적(가나다 순) (단위: km²)

지역	면적	지역	면적	지역	면적
강원도	16830	대전광역시	540	전라남도	12359
경기도	10197	부산광역시	770	전라북도	8072
경상남도	10542	서울특별시	605	제주특별자치도	1850
경상북도	19035	세종특별자치시	465	충청남도	8247
광주광역시	501	울산광역시	1062	충청북도	7407
대구광역시	884	인천광역시	1066		

출처: 국가통계포털

테이블 만들기

01 　 블록 꾸러미의 ❶ [테이블 불러오기]를 클릭한 다음, 이어서 ❷ [테이블 추가하기]를 누릅니다.

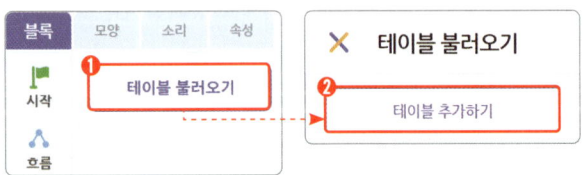

02 ❶ [파일 올리기] → ❷ [파일 선택]을 클릭합니다.

03 자료실에서 제공하는 ❶ '지역별인구수.xlsx'와 '지역별면적.xlsx' 파일을 업로드한 뒤 ❷ [추가하기]를 클릭합니다.

04 다음과 같이 '지역별인구수.xlsx' 테이블과 '지역별면적.xlsx' 테이블이 추가됩니다. 테이블 이름을 각각 '지역별인구수'와 '지역별면적'으로 변경한 뒤, 화면 오른쪽 위에 있는 [적용하기]를 클릭합니다.

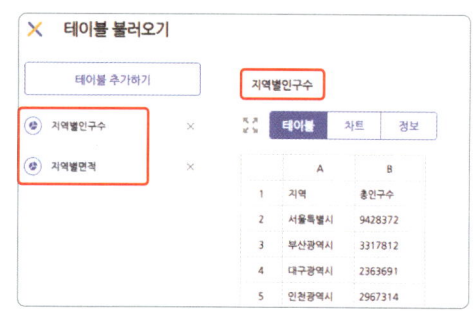

✕ 오브젝트 추가하기

01 [+ 오브젝트 추가하기]를 클릭해 [사람] → [소놀 AI 연구원(2)]와 [물건] → [칠판(2)]를 추가합니다.

02 '오브젝트 추가하기' 창에서 [글상자]를 선택하고 '테이블합치기', '인구밀도구하기', '테이블' 버튼을 각각 생성합니다.

'글상자' 오브젝트는 다음과 같이 설정합니다.

LESSON 11 지역별 인구 분석하기 189

글상자의 내용으로 '테이블합치기', '인구밀도구하기', '테이블'을 각각 입력합니다. 글자 색상은 흰색(빨강: 255, 녹색: 255, 파랑: 255)으로, 채우기 색상은 '칠판(2)' 오브젝트와 같게 빨강: 37, 녹색: 100, 파랑: 86으로 설정합니다.

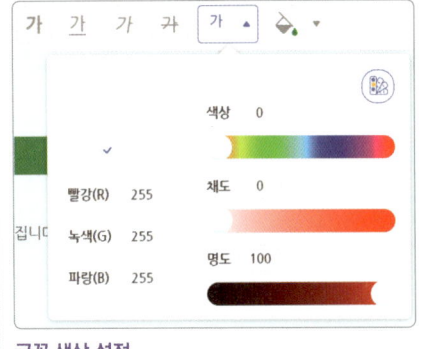
글꼴 색상 설정

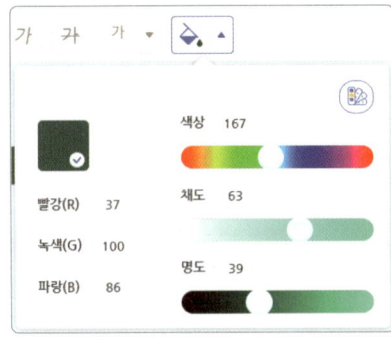
채우기 색상 설정

❓ 변수 추가하기

[속성] 탭에서 [변수] → [변수 추가하기]를 클릭한 다음, 추가할 변수 이름을 각각 작성하고 [변수 추가]를 클릭합니다. 추가할 변수는 다음과 같습니다.

변수	기능
면적행번호	지역별면적 테이블의 행 위치를 저장
인구수행번호	지역별인구수 테이블의 행 위치를 저장
지역	지역을 저장
면적	면적을 저장
인구수	인구수를 저장
인구밀도	인구 밀도를 저장

📡 신호 추가하기

[속성] 탭에서 [신호] → [신호 추가하기]를 클릭한 다음, 추가할 신호 이름을 각각 작성하고 [신호 추가]를 클릭합니다. 추가할 신호는 다음과 같습니다.

신호	기능
면적찾기	지역별면적 테이블에서 '지역' 변수에 저장된 지역의 면적을 찾으라는 신호
테이블합치기종료	지역별인구수 테이블에 지역별면적 테이블의 면적 속성을 추가했다는 신호

| 인구밀도구하기종료 | 각 지역의 인구 밀도 구하는 동작을 완료했다는 신호 |

🧩 코딩하기

챗GPT가 답변한 제작 순서를 참고하여, 테이블을 이용해 지역별 인구 밀도를 구하는 작품을 만들어 보겠습니다.

작품 내용 안내하기

01 먼저, 이 작품으로 무엇을 할 수 있는지 안내하기 위해 **소놀 AI 연구원(2)** 오브젝트를 클릭하고 다음과 같이 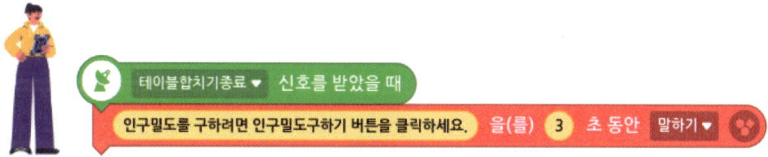 를 연결합니다.

02 '테이블합치기종료' 신호를 받으면 '인구밀도구하기' 버튼을 클릭하라고 안내합니다.

03 '인구밀도구하기종료' 신호를 받으면 테이블 버튼을 클릭하라고 안내합니다.

두 테이블 합치기

01 테이블 합치기 오브젝트를 클릭하면 '지역별인구수' 테이블에 새로운 열을 추가하도록 다음과 같이 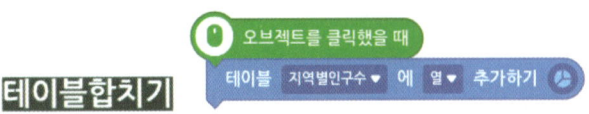 를 연결합니다.

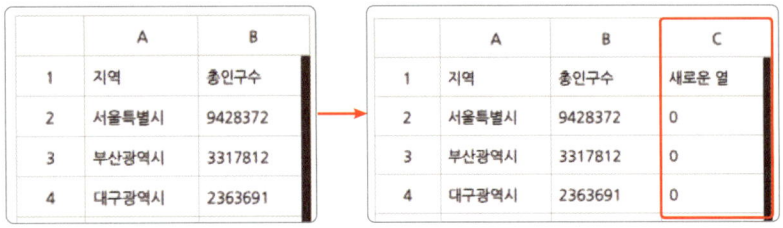

그러면 '지역별인구수' 테이블의 오른쪽 끝에 새로운 열이 추가됩니다. 이때 추가된 열의 제목은 '새로운 열'이 되고 기본값은 0입니다.

02  를 이용해 추가된 열의 제목을 '면적'으로 바꿉니다.

'새로운 열'의 위치는 1행 3열입니다.

'지역별인구수' 테이블의 열 개수가 3이므로, '지역별인구수' 테이블의 1행 3열을 선택해 '면적'으로 바꾸게 됩니다.

03 '지역별면적' 테이블에서 '면적' 속성을 찾아 '지역별인구수' 테이블의 '면적' 속성값으로 추가하기 위해 먼저 인구수행번호 ▼ 를 ② (으)로 정하기 ? 를 이용해 '인구수행번호' 변수에 2를 저장합니다. 그 다음, '지역별인구수' 테이블에서 '인구수행번호' 변숫값에 해당하는 행의 '지역' 속성값을 '지역' 변수에 저장합니다.

테이블합치기

'기록' 테이블의 2번째 행 '지역' 속성값인 서울특별시를 '지역' 변수에 저장합니다.

04 다음과 같이 코드를 연결해 '면적찾기' 신호를 보내고, '지역별인구수' 테이블에서 '인구수행번호'에 해당하는 행, '지역별인구수' 테이블의 열을 '면적' 변숫값으로 바꿉니다. 즉,

'면적찾기' 신호를 받으면 수행되는 코드는 '지역별면적' 테이블에서 '지역' 변수에 저장된 지역의 면적을 찾아 '면적' 변수에 저장하게 됩니다.

테이블합치기

여기서 '지역' 변숫값인 서울특별시의 면적인 605를 '면적' 변수에 저장하고, '지역별인구수' 테이블의 2행 3열을 '면적' 변숫값인 605로 바꾸는 것을 알 수 있습니다.

05 '인구수행번호' 변숫값을 1 증가시킨 뒤 '지역별인구수' 테이블의 모든 행을 검색하도록 다음과 같이 블록을 연결해 앞선 과정을 반복합니다.

테이블합치기

새로 반복이 시작되는 과정을 살펴봅시다. '인구수행번호' 변숫값이 3이 되면, 두 번째 반복에서는 '지역별인구수' 테이블의 3번째 행 '지역' 속성값인 부산광역시가 '지역' 변수에 저장됩니다.

그리고 '면적찾기' 신호를 보내 '지역별면적' 테이블에서 '지역' 변숫값인 부산광역시의 면적인 770을 찾아 '면적' 변수에 저장합니다. 그런 다음, '지역별인구수' 테이블의 3행 3열을 '면적' 변숫값인 770으로 바꿉니다.

이런 과정을 '지역별인구수' 테이블의 남은 행에 대해 반복하면 '지역별면적' 테이블에서 지역별 면적을 찾아 '지역별인구수' 테이블의 '면적' 속성값으로 추가하게 됩니다.

06 '면적찾기' 신호를 받으면 '지역' 변숫값에 저장된 지역의 면적을 '지역별면적' 테이블에서 찾아 '면적' 변수에 저장하기 위해 다음과 같이 코드를 연결합니다.

예를 들어 '지역' 변수에 저장된 값이 경기도라 가정하고 동작 과정을 살펴보면, '면적행번호' 변수에 2가 저장되어 있습니다. '지역' 변숫값인 경기도와 '지역별면적' 테이블에서 2번째 행의 '지역' 속성값인 강원도를 비교하면 서로 같지 않습니다.

그러므로 '면적행번호' 변숫값이 1 증가되어 3이 되고 다음 반복을 실행합니다. 다음 반복에서는 '지역' 변숫값인 경기도와 '지역별면적' 테이블의 3행 '지역' 속성 값인 경기도가 서로 같습니다.

그러면 '지역별면적' 테이블의 3번째 행 '면적' 속성값인 10197을 '면적' 변수에 저장합니다. 저장 후에는 이 코드 실행을 멈춥니다.

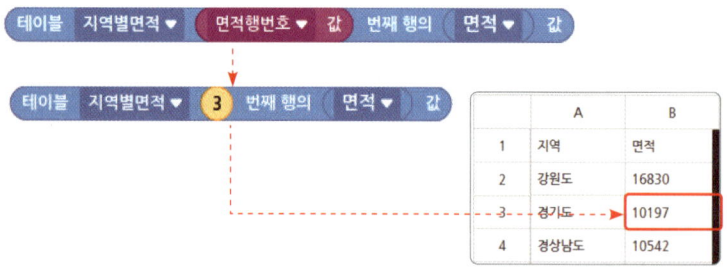

새로운 열에 인구 밀도 입력하기

01 **인구밀도구하기** 오브젝트를 클릭합니다. ▶시작하기 를 클릭하면 **테이블합치기** 오브젝트만 보이고 **인구밀도구하기** 오브젝트는 숨기기 위해 다음과 같이 블록을 연결합니다.

02 '테이블합치기종료' 신호를 받으면 **인구밀도구하기** 오브젝트가 보이도록 다음과 같이 블록을 연결합니다. 이 버튼을 누르면 '인구밀도' 속성값으로 인구수와 면적으로 계산된 인구 밀도가 저장됩니다.

03 '인구밀도' 속성값을 저장하기 위해 먼저 '지역별인구수' 테이블에 새로운 열을 추가하고 추가된 열의 제목을 '인구밀도'로 바꿉니다.

'지역별인구수' 테이블의 열 개수는 4이므로 '지역별인구수' 테이블의 1행 4열인 '새로운 열'의 이름이 '인구밀도'로 바뀌게 됩니다.

04 '인구수행번호' 변수에 2를 저장하고, '지역별인구수' 테이블에서 '인구수행번호' 변숫값에 해당하는 행의 '총인구수' 속성값을 '인구수' 변수에 저장합니다. 그리고 '지역별 인구수' 테이블에서 '인구수행번호' 변숫값에 해당하는 행과 테이블 끝에서 두 번째 열, 즉 '면적' 속성값을 '면적' 변수에 저장합니다.

인구밀도구하기

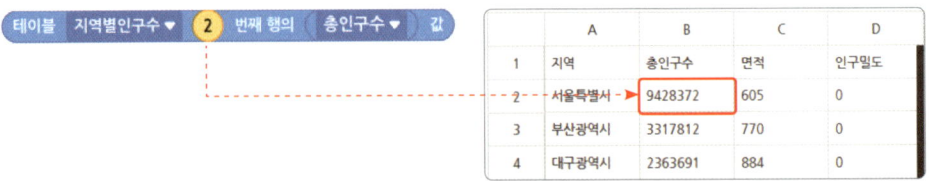

'지역별인구수' 테이블의 2번째 행 '총인구수' 속성값인 9428372를 '인구수' 변수에 저장합니다.

'지역별인구수' 테이블의 2행 3열 값인 605를 '면적' 변수에 저장합니다.

04 인구 밀도를 계산해 '인구밀도' 변수에 저장하고, '지역별인구수' 테이블의 '인구수행번호' 행 마지막 열에 해당하는 '인구밀도' 속성값을 '인구밀도' 변숫값으로 바꿉니다. 인구 밀도를 구하는 식은 다음과 같습니다.

$$인구\ 밀도 = \frac{인구수}{면적}$$

인구밀도 구하기

'인구수' 변숫값 9428372와 '면적' 변숫값 605를 이용해서 구한 인구 밀도는 15584.08595입니다. '인구수행번호' 변숫값이 2이고 '지역별인구수' 테이블의 열 개수가 4이므로, '지역별인구수' 테이블의 2행 4열 값을 15584.08595로 바꿉니다.

05 '인구수행번호' 변숫값을 1 증가시킨 뒤 '지역별인구수' 테이블의 모든 행을 검색하도록 다음과 같이 블록을 연결해 앞선 과정을 반복합니다.

인구밀도 구하기

LESSON 11 지역별 인구 분석하기

새로 반복이 시작되는 과정을 살펴봅시다. '인구수행번호' 변숫값이 3이 되고, 두 번째 반복에서는 '지역별인구수' 테이블의 3번째 행 '총인구수' 속성값인 3317812를 '인구수' 변수에, 면적값인 770을 '면적' 변수에 저장합니다. 이 두 변숫값을 이용해서 구한 '인구밀도' 변숫값은 4308.846753이 됩니다. '인구수행번호' 변숫값이 3이고 '지역별인구수' 테이블의 열 개수가 4이므로 '지역별인구수' 테이블의 3행 4열 값을 4308.846753으로 바꿉니다.

이런 과정을 '지역별인구수' 테이블의 남은 행에 대해 반복하면 인구 밀도를 계산해 '인구밀도' 속성에 값도 계속 추가됩니다.

06 마지막으로 '테이블' 오브젝트가 보이도록 '인구밀도구하기종료' 신호를 보내고 오브젝트 모양을 숨깁니다.

최종 데이터 출력하기

01 **테이블** 오브젝트를 클릭합니다. 먼저  를 클릭하면 **테이블** 오브젝트 모양을 숨기도록 다음과 같이 코드를 연결합니다.

02 '인구밀도구하기종료' 신호를 받으면 **테이블** 오브젝트 모양이 보이도록 다음과 같이 코드를 연결합니다.

03 **테이블** 오브젝트를 클릭하면 최종 '지역별인구수' 테이블을 출력합니다.

✓ 전체 코드 확인하기

인구밀도구하기
인구 밀도 구하기

▶ 시작하기 버튼을 클릭했을 때
모양 숨기기

📡 테이블합치기종료 ▼ 신호를 받았을 때
모양 보이기

오브젝트를 클릭했을 때
테이블 지역별인구수 ▼ 에 열 ▼ 추가하기
테이블 지역별인구수 ▼ 1 번째 행의 테이블 지역별인구수 ▼ 의 열 ▼ 개수 을(를) 인구밀도 (으)로 바꾸기
인구수행번호 ▼ 를 2 (으)로 정하기
테이블 지역별인구수 ▼ 의 행 ▼ 개수 - 1 번 반복하기
  인구수 ▼ 를 테이블 지역별인구수 ▼ 인구수행번호 ▼ 값 번째 행의 총인구수 ▼ (으)로 정하기
  면적 ▼ 를 테이블 지역별인구수 ▼ 인구수행번호 ▼ 값 번째 행의 테이블 지역별인구수 ▼ 의 열 ▼ 개수 - 1 값 (으)로 정하기
  인구밀도 ▼ 를 인구수 ▼ 값 / 면적 ▼ 값 (으)로 정하기
  테이블 지역별인구수 ▼ 인구수행번호 ▼ 값 번째 행의 테이블 지역별인구수 ▼ 의 열 ▼ 개수 을(를) 인구밀도 ▼ 값 (으)로 바꾸기
  인구수행번호 ▼ 에 1 만큼 더하기
인구밀도구하기종료 ▼ 신호 보내기
모양 숨기기

테이블
테이블

▶ 시작하기 버튼을 클릭했을 때
모양 숨기기

📡 인구밀도구하기종료 ▼ 신호를 받았을 때
모양 보이기

오브젝트를 클릭했을 때
테이블 지역별인구수 ▼ 창을 5 초 동안 열기

PART 03

나 대신 일하는 인공지능

PART 03에서는 컴퓨터가 데이터를 학습하여 스스로 문제를 해결하는 인공지능의 전반적인 내용을 배우기 위해 6가지 작품을 따라 만들며 학습합니다. 이 과정에서 인공지능의 개념과 함께 분류 모델과 회귀 모델을 생성하는 방법을 익힐 수 있습니다.

LESSON 12 주문 받는 AI 챗봇 만들기
LESSON 13 건축 양식 분류하기
LESSON 14 붓꽃 품종 분류하기
LESSON 15 당뇨병 발병 여부 예측하기
LESSON 16 자동차 연비 예측하기
LESSON 17 키로 몸무게 예측하기

LESSON 12. 주문 받는 AI 챗봇 만들기

학습 목표
- 인공지능의 개념을 설명할 수 있습니다.
- 텍스트 분류 인공지능 모델을 만들 수 있습니다.
- 텍스트 분류 인공지능 모델을 이용하여 음료를 주문 받는 AI 챗봇 작품을 만들 수 있습니다.

인공지능 개념을 이해하고 텍스트를 분류하는 인공지능 모델을 만드는 방법을 알아봅시다. 텍스트 분류 인공지능 모델을 이용하여 고객으로부터 음료를 주문 받는 AI 챗봇 작품을 챗GPT에서 제공하는 제작 순서를 참고하여 만들어 보겠습니다.

💡 챗봇은 문자나 음성으로 사용자와 대화를 나눌 수 있도록 구현된 프로그램을 말합니다.

▶ https://youtu.be/8kaGup7zBtM?si=lnz3Ffl1xeJWB_nh

작품 실행하기

01 다음 주소 또는 QR 코드로 접속하면 '주문 받는 AI 챗봇 만들기' 작품을 확인할 수 있습니다. ▶ 버튼을 클릭하여 작품을 실행해 보세요.

- https://naver.me/GMW9ShYx

02 챗봇이 사용자로부터 음료를 주문 받고 차가운 음료로 받을지, 따뜻한 음료로 받을지 묻습니다.

03 챗봇이 주문할 음료 개수를 묻고, 사용자가 답하면 지불할 가격을 말합니다.

핵심 개념과 블록 살펴보기

인공지능 개념 이해하기

인공지능 기술이 발전하면서 일상부터 전문 분야까지 사회 전반에 커다란 변화를 일으키고 있습니다. 교육, 의료, 예술을 비롯한 모든 분야에 인공지능이 핵심 기술로 자리잡고 있습니다. 그렇다면 인공지능이란 무엇일까요?

인공지능$^{Artificial\ Intelligence,\ AI}$은 인간이 지닌 지능을 컴퓨터에 구현하는 기술로 인간의 사고, 학습, 행동과 같은 기능을 컴퓨터가 수행할 수 있도록 하는 것을 목표로 합니다. 다양한 인공지능 기술 중 가장 대표적인 머신러닝$^{machine\ learning}$은 컴퓨터가 데이터를 학습하여 스스로 문제를 해결하는 기술을 의미합니다. 이런 머신러닝을 가능하게 하는 다양한 방법 중 평균적으로 좋은 결과를 나타내는 기술이 바로 딥러닝입니다. 딥러닝$^{deep\ learning}$은 뇌의 신경망과 유사한 구조를 가진 인공 신경망을 사용하여 학습하는 기술입니다.

인공지능, 머신러닝, 딥러닝의 관계는 다음과 같습니다.

인공지능	머신러닝	딥러닝
인간이 지닌 지능을 컴퓨터에 구현하는 기술	컴퓨터가 데이터를 학습하여 스스로 문제를 해결하는 기술	뇌의 신경망과 유사한 구조를 가진 인공 신경망으로 학습하는 기술

이 중 머신러닝은 1959년 미국 IBM의 컴퓨터 공학자인 아서 사무엘[A. L. Samuel]이 처음 사용한 용어로, 다음과 같이 정의하였습니다.

> "머신러닝이란 컴퓨터가 명시적인 프로그램이 없어도
> 스스로 학습할 수 있는 능력을 연구하는 학문이다."

머신러닝의 동작 과정을 한번 살펴보겠습니다. 다양한 특징을 가진 훈련 데이터를 사용해 머신러닝 모델을 학습하면, 데이터의 규칙이 생성되어 모델이 완성됩니다. 이렇게 완성된 모델에 새로운 데이터를 입력하면, 학습한 규칙을 기반으로 결과를 예측할 수 있습니다.

다음은 고양이와 개 이미지를 분류하는 예입니다. 고양이와 개 이미지 데이터를 사용해 머신러닝 모델을 학습시키면, 데이터를 기반으로 분류 규칙이 생성되어 모델이 완성됩니다. 이렇게 학습된 모델에 새로운 이미지를 입력하면 컴퓨터가 스스로 고양이인지 개인지 분류할 수 있습니다. 모델이 데이터를 잘 학습하여 정확도가 높으면 고양이 사진을 입력했을 때 이를 정확히 고양이로 예측할 가능성이 큽니다. 그러나 모델의 정확도가 낮으면 학습이 부족하여 고양이 사진을 개로 잘못 예측하는 등의 오류가 발생할 수 있습니다.

> 엔트리에서는 인공지능, 머신러닝, 딥러닝을 구분하지 않고 모두 인공지능으로 통일합니다.

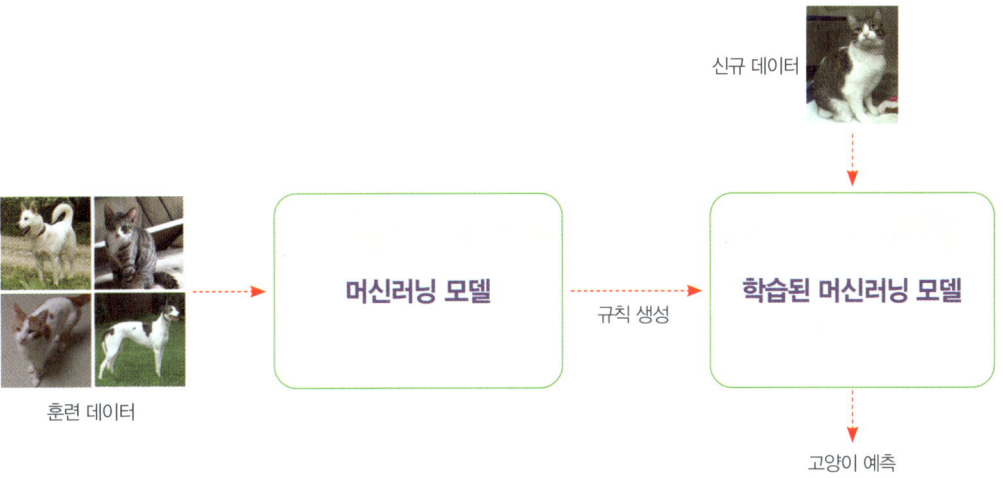

텍스트 분류 인공지능 모델 만들기

인공지능 모델을 만들기 위해서는 먼저 문제를 해결하기 위한 데이터를 수집해야 합니다. 그런 다음, 다양한 인공지능 모델 중에서 문제 해결에 가장 적합한 모델을 선택하고, 수집한 데이터를 활용해 선택한 모델을 학습시키면 학습된 모델이 완성되어 문제를 해결할 수 있게 됩니다.

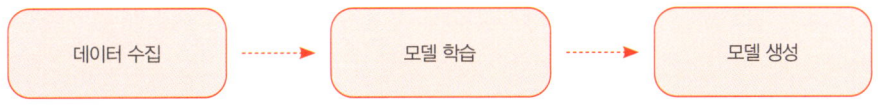

인공지능 모델 생성 과정

텍스트 분류 인공지능 모델은 주어진 텍스트 데이터를 분석해 특정 카테고리로 분류하는 모델입니다. 예를 들어, 이메일을 스팸과 일반 메일로 분류하거나, 문장을 기쁨과 슬픔으로 나누는 데 사용됩니다.

우리는 엔트리에서 제공하는 다양한 인공지능 모델 중 텍스트를 분류하는 모델을 활용해 '기쁨'과 '슬픔' 2가지 텍스트를 분류하는 모델을 만들어 보겠습니다.

01 블록 꾸러미에서 [인공지능 모델 학습하기]를 클릭합니다.

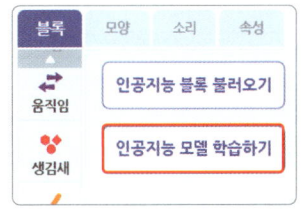

02 텍스트를 분류하는 모델을 만들 것이므로 '학습할 모델 선택하기' 창이 열리면 여러 모델 중 ❶ [분류: 텍스트]를 선택한 뒤 ❷ [학습하기]를 클릭합니다.

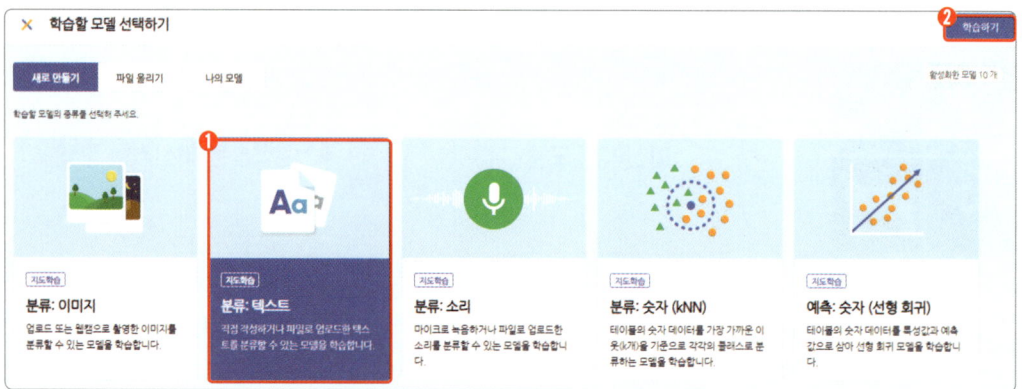

03 '분류: 텍스트 모델 학습하기' 창이 열리면 ❶ 새로운 모델의 이름으로 '기쁨과 슬픔'을 입력하고 ❷ '클래스 1'과 '클래스 2'에 각각 '기쁨'과 '슬픔'을 입력합니다. 여기서 클래스란 데이터를 분류하는 기준이 되는 데이터 묶음을 말합니다. 우리는 '기쁨', '슬픔' 두 가지 텍스트를 분류해야 하므로 클래스가 2개이지만, '기쁨', '슬픔', '분노'와 같이 세 가지로 분류한다면 클래스는 3개가 되어야 합니다.

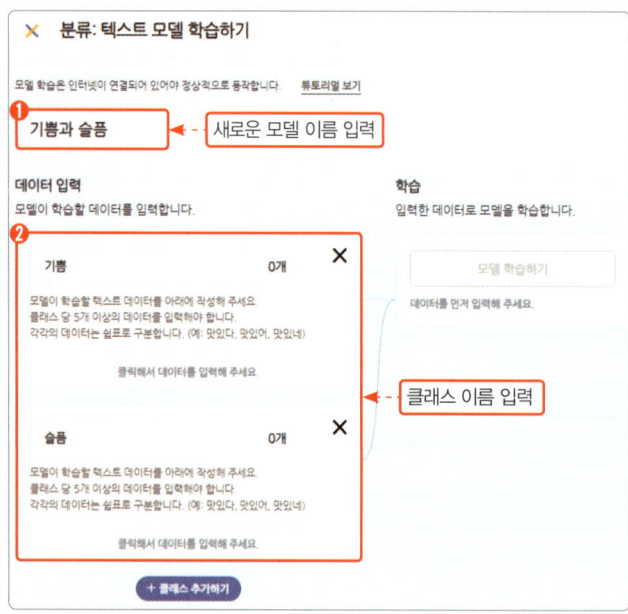

04 각 클래스에는 모델이 학습할 훈련 데이터를 단어 또는 문장으로 입력해야 합니다. '기쁨' 클래스에는 다음과 같이 기쁨과 관련된 단어 또는 문장을 쉼표(,)로 구분하여 입력합니다. 그리고 '슬픔' 클래스에도 마찬가지로 슬픔과 관련된 단어 또는 문장을 입력합니다. 이때 각 클래스에는 최소 5개 이상의 텍스트를 입력해야 하며, 많은 데이터를 입력할수록 텍스트 분류의 정확도가 높아집니다.

💡 단어나 문장을 입력하려면 클래스 제목 부분을 클릭해 보세요.

기쁨
좋다, 기쁘다, 웃다, 행복하다, 즐겁다, 기분 좋다, 흐뭇하다, 뿌듯하다, 감사하다, 상쾌하다, 만족하다, 믿는다, 방긋, 사랑, 칭찬, 최고, 감동

슬픔
슬프다, 속상하다, 불쌍하다, 울다, 서럽다, 가슴 아프다, 침통하다, 애처롭다, 애석하다, 처량하다, 실망하다, 눈물, 후회, 걱정, 고독, 상처, 이별

❶ 텍스트 입력을 완료한 뒤, ❷ [학습하기]를 클릭하여 모델을 학습시킵니다.

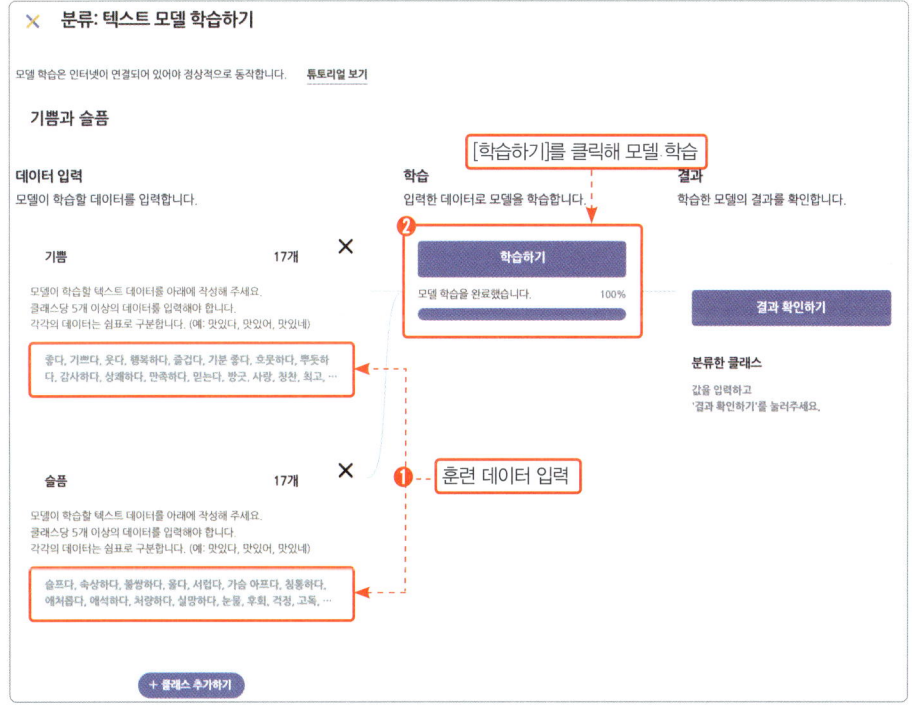

LESSON 12 주문 받는 AI 챗봇 만들기

05 학습이 완료되면 모델이 만들어집니다.
❶ '결과'에 다음과 같이 문장을 입력하고 ❷ [결과 확인하기]를 클릭하면 모델이 ❸ 분류한 결과를 알려줍니다. 결과를 확인한 뒤, 화면 오른쪽 위에 있는 [적용하기]를 클릭해 인공지능 모델을 완성합니다.

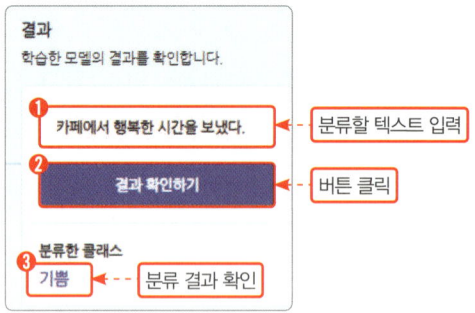

06 그러면 다음과 같이 블록 꾸러미에 인공지능 모델과 관련된 블록들이 새롭게 생성됩니다.

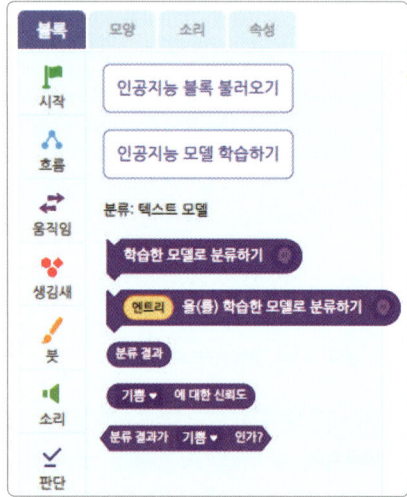

텍스트 분류 인공지능 모델과 관련된 명령어 블록이 어떤 기능을 하는지 다음 표를 통해 알아봅시다.

블록	기능
학습한 모델로 분류하기	입력한 데이터를 학습한 모델로 분류합니다.
엔트리 을(를) 학습한 모델로 분류하기	설정한 데이터를 학습한 모델로 분류합니다.
분류 결과	입력한 데이터를 모델에서 인식한 결괏값입니다.
기쁨 ▼ 에 대한 신뢰도	입력한 데이터의 클래스에 대한 신뢰도입니다.
분류 결과가 기쁨 ▼ 인가?	입력한 데이터의 분류 결과가 설정한 클래스인 경우 '참'으로 판단합니다.

챗GPT에게 질문하기

블록 기반 코딩 플랫폼인 엔트리를 사용해 사용자로부터 음료 종류(커피 또는 차), 음료 온도(따뜻한 음료 또는 차가운 음료), 주문 수량 순으로 입력받아 음료 가격을 계산해서 알려 주는 프로그램을 만들고 싶습니다. 텍스트 분류 인공지능 모델을 사용해 사용자가 주문한 음료를 분류하려고 하는데, 인공지능 모델을 생성하고 활용하는 방법을 포함해 단계별로 설명해 주세요:

1. 커피, 차, 아이스(따뜻한 음료), 핫(뜨거운 음료)을 분류하는 모델을 만들기 위해 필요한 훈련 데이터도 만들어 주세요. '커피', '차', '아이스', '핫' 클래스에 각각 필요한 훈련 데이터 15개씩 만들어 주세요.
2. 사용자가 음료를 입력받으면 선택 구조로 작성된 코드에 의해 '커피' 또는 '차' 신뢰도를 비교해 주문한 음료를 분류합니다. 그리고 사용자로부터 음료의 온도를 입력받으면 '아이스' 또는 '핫' 신뢰도를 비교해 따뜻한 음료인지 차가운 음료인지를 분류합니다. 끝으로 주문 수량을 입력받아 주문한 음료의 가격을 계산합니다.
3. 차가운 커피의 가격은 5000원, 따뜻한 커피의 가격은 4000원, 차가운 차의 가격은 4500원, 따뜻한 차의 가격은 3500원으로 설정합니다.

챗GPT의 답변 확인하기

엔트리 블록 코딩 플랫폼을 사용하여 음료 종류와 온도를 텍스트 분류 인공지능 모델을 사용해 분류하고, 사용자가 입력한 수량에 따라 음료 가격을 계산하는 프로그램을 단계별로 작성해 보겠습니다.

1단계: 훈련 데이터 준비
인공지능 모델을 학습시키기 위해 각 클래스별로 훈련 데이터를 준비합니다.

'커피' 데이터
커피 한 잔 주세요, 아이스 아메리카노 하나요, 따뜻한 카푸치노 부탁해요, 뜨거운 라떼 한 잔 부탁드립니다. 에스프레소 하나 주세요, 아이스 카페라떼 하나 주세요, 뜨거운 아메리카노 부탁드려요, 커피 두 잔 주세요, 따뜻한 모카 하나 주세요, 카페모카 한 잔 부탁해요, 아이스 아메리카노 두 잔 주세요, 아이스 라떼 하나요, 에스프레소 두 잔 주세요, 따뜻한 카푸치노 하나 주세요, 커피 한 잔 더 부탁해요

'차' 데이터
녹차 한 잔 주세요, 아이스 티 하나요, 따뜻한 홍차 부탁해요, 뜨거운 우롱차 한 잔 부탁드립니다. 아이스 루이보스차 하나 주세요, 따뜻한 말차 라떼 하나 주세요, 뜨거운 녹차 부탁드려요, 차 두 잔 주세요, 따뜻한 허브차 하나 주세요, 캐모마일 티 한 잔 부탁해요, 아이스 레몬티 두 잔 주세요, 아이스 블랙티 하나요, 홍차 두 잔 주세요, 따뜻한 루이보스차 하나 주세요, 차 한 잔 더 부탁해요

'아이스' 데이터
아이스 아메리카노 하나요, 아이스 라떼 하나 주세요, 아이스 티 한 잔 부탁해요, 차가운 커피 부탁드립니다. 차가운 차 하나 주세요, 아이스 루이보스차 주세요, 아이스 레몬티 하나 주세요, 차가운 홍차 부탁드려요, 아이스 블랙티 부탁합니다, 아이스 카페라떼 한 잔 주세요, 아이스 커피 두 잔 부탁해요, 차가운 녹차 주세요, 아이스 말차 라떼 하나 주세요, 아이스 모카 한 잔 부탁해요, 차가운 허브차 부탁드립니다

핫 데이터
따뜻한 아메리카노 한 잔 주세요, 뜨거운 라떼 하나요, 뜨거운 티 한 잔 부탁해요, 따뜻한 커피 부탁드립니다. 따뜻한 차 하나 주세요, 뜨거운 루이보스차 주세요, 뜨거운 레몬티 하나 주세요, 따뜻한 홍차 부탁드려요, 뜨거운 블랙티 부탁합니다, 따뜻한 카페라떼 한 잔 주세요, 따뜻한 커피 두 잔 부탁해요, 뜨거운 녹차 주세요, 뜨거운 말차 라떼 하나 주세요, 따뜻한 모카 한 잔 부탁해요, 뜨거운 허브차 부탁드립니다

2단계: 인공지능 모델 생성 및 학습

엔트리 블록 코딩으로 인공지능 모델을 생성하고 학습시킵니다.

```
// Step 1: 훈련 데이터 준비
변수 " 훈련 데이터"를 ( )로 정하기
변수 "라벨"을 ( )로 정하기

// 커피 데이터
훈련 데이터 "커피 한 잔 주세요." 라벨 "커피" 추가하기
훈련 데이터 "아이스 아메리카노 하나요." 라벨 "커피" 추가하기
```

... // 나머지 커피 데이터 추가

// 차 데이터
훈련 데이터 "녹차 한 잔 주세요." 라벨 "차" 추가하기
훈련 데이터 "아이스 티 하나요." 라벨 "차" 추가하기
... // 나머지 차 데이터 추가

// 아이스 데이터
훈련 데이터 "아이스 아메리카노 하나요." 라벨 "아이스" 추가하기
훈련 데이터 "아이스 라떼 하나 주세요." 라벨 "아이스" 추가하기
... // 나머지 아이스 데이터 추가

// 핫 데이터
훈련 데이터 "따뜻한 아메리카노 한 잔 주세요." 라벨 "핫" 추가하기
훈련 데이터 "뜨거운 라떼 하나요." 라벨 "핫" 추가하기
... // 나머지 핫 데이터 추가

// Step 2: 모델 학습
모델 "훈련 데이터" 라벨 "라벨" 학습하기

3단계: 인공지능 모델 활용 및 코드 작성

1. 사용자로부터 음료의 종류를 입력받아 텍스트를 분류하는 코드를 다음과 같이 작성하세요.

변수 "음료 종류"를 ( )로 정하기
변수 "음료 온도"를 ( )로 정하기
변수 "수량"을 ( )로 정하기
변수 "가격"을 ( )로 정하기
변수 "총 가격"을 ( )로 정하기

음료 종류 신뢰도 = 음료 종류 예측 신뢰도(음료 종류 입력받기)
커피 신뢰도 = 음료 종류 신뢰도 "커피"
차 신뢰도 = 음료 종류 신뢰도 "차"

만약 (커피 신뢰도 > 차 신뢰도)라면
    음료 종류를 "커피"로 정하기
아니면
    음료 종류를 "차"로 정하기

2. 사용자로부터 음료의 온도를 입력받아 텍스트를 분류하는 코드를 다음과 같이 작성하세요.

```
음료 온도 신뢰도 = 음료 온도 예측 신뢰도(음료 온도 입력받기)
아이스 신뢰도 = 음료 온도 신뢰도 "아이스"
핫 신뢰도 = 음료 온도 신뢰도 "핫"

만약 (아이스 신뢰도 > 핫 신뢰도)라면
    음료 온도를 "차가운 음료"로 정하기
아니면
    음료 온도를 "따뜻한 음료"로 정하기
```

3. 사용자로부터 음료의 수량을 입력받아 가격을 계산하는 코드를 다음과 같이 작성하세요.

```
만약 (음료 종류 == "커피") 그리고 (음료 온도 == "차가운 음료")라면
    가격을 5000으로 정하기
아니면
    만약 (음료 종류 == "커피") 그리고 (음료 온도 == "따뜻한 음료")라면
        가격을 4000으로 정하기
    아니면
        만약 (음료 종류 == "차") 그리고 (음료 온도 == "차가운 음료")라면
            가격을 4500으로 정하기
        아니면
            만약 (음료 종류 == "차") 그리고 (음료 온도 == "따뜻한 음료")라면
                가격을 3500으로 정하기

총 가격을 (가격 * 수량)으로 정하기
"총 가격은 " + 총 가격 + "원입니다" 출력하기
```

작품 만들기

데이터 수집하기

'커피', '차', '아이스', '핫'으로 텍스트를 분류하는 인공지능 모델을 만들기 위해 모델 학습에 필요한 훈련 데이터로 챗GPT가 제공한 다음 데이터를 사용하겠습니다.

커피	차
커피 한 잔 주세요, 아이스 아메리카노 하나요, 따뜻한 카푸치노 부탁해요, 뜨거운 라떼 한 잔 부탁드립니다, 에스프레소 하나 주세요, 아이스 카페라떼 하나 주세요, 뜨거운 아메리카노 부탁드려요, 커피 두 잔 주세요, 따뜻한 모카 하나 주세요, 카페모카 한 잔 부탁해요, 아이스 아메리카노 두 잔 주세요, 아이스 라떼 하나요, 에스프레소 두 잔 주세요, 따뜻한 카푸치노 하나 주세요, 커피 한 잔 더 부탁해요	녹차 한 잔 주세요, 아이스 티 하나요, 따뜻한 홍차 부탁해요, 뜨거운 우롱차 한 잔 부탁드립니다, 아이스 루이보스차 하나 주세요, 따뜻한 말차 라떼 하나 주세요, 뜨거운 녹차 부탁드려요, 차 두 잔 주세요, 따뜻한 허브차 하나 주세요, 캐모마일 티 한 잔 부탁해요, 아이스 레몬티 두 잔 주세요, 아이스 블랙티 하나요, 홍차 두 잔 주세요, 따뜻한 루이보스차 하나 주세요, 차 한 잔 더 부탁해요

아이스	핫
아이스 아메리카노 하나요, 아이스 라떼 하나 주세요, 아이스 티 한 잔 부탁해요, 차가운 커피 부탁드립니다, 차가운 차 하나 주세요, 아이스 루이보스차 주세요, 아이스 레몬티 하나 주세요, 차가운 홍차 부탁드려요, 아이스 블랙티 부탁합니다, 아이스 카페라떼 한 잔 주세요, 아이스 커피 두 잔 부탁해요, 차가운 녹차 주세요, 아이스 말차 라떼 하나 주세요, 아이스 모카 한 잔 부탁해요, 차가운 허브차 부탁드립니다	따뜻한 아메리카노 한 잔 주세요, 뜨거운 라떼 하나요, 뜨거운 티 한 잔 부탁해요, 따뜻한 커피 부탁드립니다, 따뜻한 차 하나 주세요, 뜨거운 루이보스차 주세요, 뜨거운 레몬티 하나 주세요, 따뜻한 홍차 부탁드려요, 뜨거운 블랙티 부탁합니다, 따뜻한 카페라떼 한 잔 주세요, 따뜻한 커피 두 잔 부탁해요, 뜨거운 녹차 주세요, 뜨거운 말차 라떼 하나 주세요, 따뜻한 모카 한 잔 부탁해요, 뜨거운 허브차 부탁드립니다

인공지능 모델 만들기

01 주문하는 내용을 커피, 차, 아이스, 핫으로 분류하는 인공지능 모델을 생성해 보겠습니다. 블록 꾸러미에서 [인공지능 모델 학습하기]를 클릭합니다.

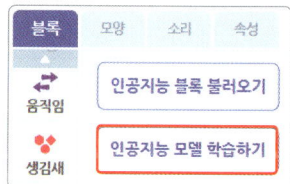

02 텍스트를 분류할 것이므로 '학습할 모델 선택하기' 창이 열리면 ❶ [분류: 텍스트]를 선택한 뒤 ❷ [학습하기]를 클릭합니다.

03 '분류: 텍스트 모델 학습하기' 창이 열리면 ❶ 모델 이름을 '카페 챗봇'으로, ❷ 클래스의 이름을 각각 '커피', '차', '아이스', '핫'으로 설정합니다.

> 💡 [+ 클래스 추가하기]를 클릭하면 클래스가 추가됩니다.

04 각 클래스에는 수집한 데이터를 입력합니다. 이때 각 데이터는 쉼표(,)로 구분해 작성합니다.

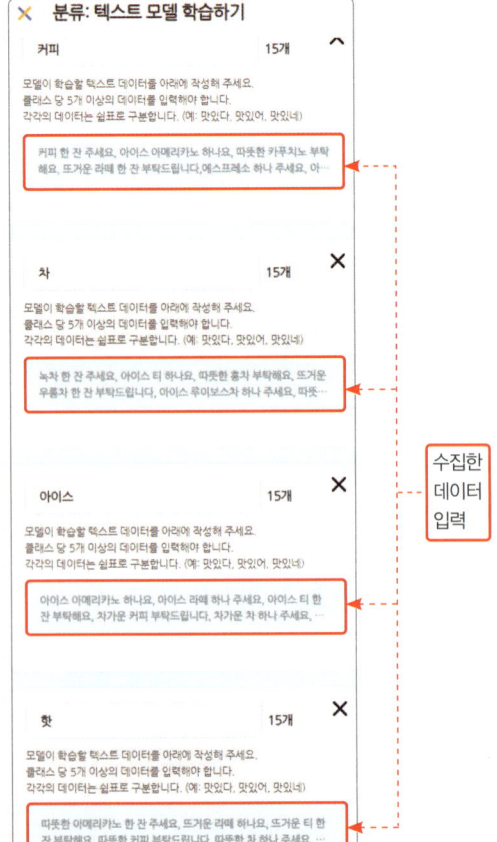

05 각 클래스에 데이터 입력을 완료한 뒤, [학습하기]를 클릭하여 모델을 학습시킵니다. 학습이 완료되면 화면 오른쪽 위에 있는 [적용하기]를 클릭해 모델을 완성합니다.

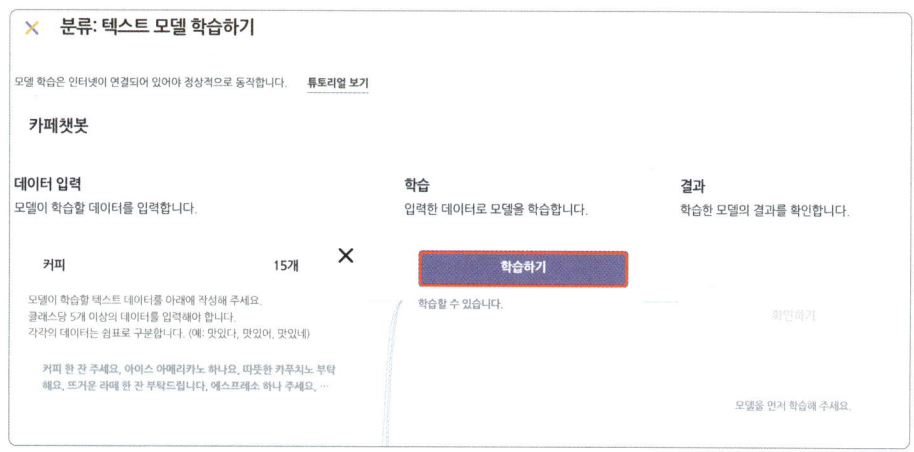

✗ 오브젝트 추가하기

01 [+ 오브젝트 추가하기]를 클릭해 [물건] → [소놀 AI 로봇]과 [배경] → [놀이동산(2)] 오브젝트를 선택한 뒤 [추가하기]를 클릭합니다.

? 변수 추가하기

[속성] 탭에서 [변수] → [변수 추가하기]를 클릭한 다음, 추가할 변수 이름을 각각 작성하고 [변수 추가]를 클릭합니다. 추가할 변수는 다음과 같습니다.

변수	기능
음료 종류	주문한 음료의 종류(커피 또는 차)를 저장
음료 온도	주문한 음료의 온도(차가운 음료 또는 따뜻한 음료)를 저장
수량	주문한 음료의 수량을 저장
가격	주문한 음료의 가격을 저장
총 가격	주문한 음료에 대한 총 금액을 저장

신호 추가하기

[속성] 탭에서 [신호] → [신호 추가하기]를 클릭한 다음, 추가할 신호 이름을 각각 작성하고 [신호 추가]를 클릭합니다. 추가할 신호는 다음과 같습니다.

신호	기능
초기화	변수를 실행 화면에 보이지 않게 하라는 신호
음료 종류 분류하기	음료 종류를 입력받아 분류하라는 신호
음료 온도 분류하기	음료 온도를 입력받아 분류하라는 신호
수량입력 가격계산	수량을 입력받아 주문한 음료의 총 가격을 계산하라는 신호

코딩하기

챗GPT가 답변한 제작 순서를 참고하여 인공지능 모델을 이용해 음료 주문을 받는 AI 챗봇 만들기 작품을 만들어 보겠습니다.

텍스트 분류 인공지능 모델 활용하기

01 **소놀 AI 로봇** 오브젝트를 클릭합니다. 작품을 실행할 때 '초기화' 신호를 받으면 대답과 변수가 실행 화면에 보이지 않도록 다음과 같이 `대답 숨기기`, `변수 음료 종류▼ 숨기기` 와 `초기화▼ 신호를 받았을 때`를 연결합니다.

02 챗봇이 음료의 종류를 주문 받을 수 있도록 다음과 같이 코드를 연결해 봅시다. 작품을 실행할 때 '음료 종류 분류하기' 신호를 받으면 챗봇이 '음료를 주문하세요.'라고 말하고, 사용자는 주문할 음료를 입력합니다. 이때 주문 음료는 대답 에 저장됩니다. 대답 에 저장된 내용은 '카페 챗봇' 인공지능 모델로 분류합니다.

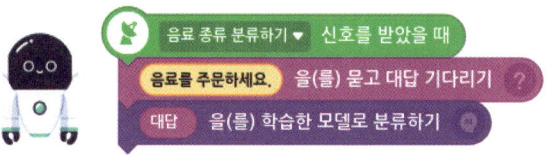

03 대답 에 대해 모델이 예측한 결과 중 '커피' 클래스와 '차' 클래스의 신뢰도를 비교하여 신뢰도가 더 높은 클래스를 선택합니다. 신뢰도란 모델이 해당 클래스를 예측한 확률로, 예측 결과의 정확성을 나타냅니다. 만약 '커피' 클래스에 대한 신뢰도가 '차' 클래스에 대한 신뢰도보다 크다면, '음료 종류' 변수에 '커피'를 저장합니다. 반대로 '차' 클래스에 대한 신뢰도가 더 크다면 '음료 종류' 변수에 '차'를 저장합니다. 이렇게 신뢰도를 비교하는 이유는 모델이 더 높은 확신을 가진 클래스를 선택하여 예측의 신뢰성을 높이기 위함입니다.

04 이번에는 챗봇이 음료의 온도를 물을 수 있도록 다음과 같이 코드를 연결해 봅시다. 작품을 실행할 때 '음료 온도 분류하기' 신호를 받으면 챗봇이 '차가운 음료로 드릴까요? 따뜻한 음료로 드릴까요?'를 묻고, 사용자는 이에 대한 대답을 입력합니다. 이때 사용자가 주문한 내용은 대답 에 저장되고 '카페 챗봇' 인공지능 모델로 분류합니다. 대답 에 대해 모델이 예측한 결과 중 '핫' 클래스에 대한 신뢰도보다 '아이스' 클래스에 대한 신뢰도가 크

면 '음료 온도' 변수에 '차가운 음료'를 저장하고, 그렇지 않으면 '음료 온도' 변수에 '따뜻한 음료'를 저장합니다.

최종 결과 출력하기

01 이번에는 챗봇이 주문 수량을 물을 수 있도록 다음과 같이 코드를 연결해 봅시다. 작품을 실행할 때 '수량입력 가격계산' 신호를 받으면 챗봇이 '음료 몇 잔 드릴까요?'를 묻고, 사용자는 이에 대한 대답을 입력합니다. 이때 주문 수량은 '수량' 변수에 저장됩니다.

02 음료 가격을 정하기 위해 다음과 같이 코드를 연결해 봅시다. 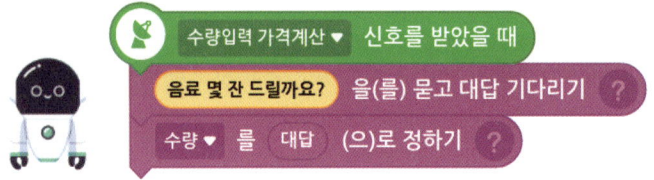을 활용해 만약 '음료 종류' 변숫값이 '커피'이고 '음료 온도' 변숫값이 '차가운 음료'이면 '가격' 변수에 5000을 저장하고, '음료 종류' 변숫값이 '커피'이고 '음료 온도' 변숫값이 '따뜻한 음료'이면 '가격' 변수에 4000을 저장하도록 합니다. 이어서 '음료 종류' 변숫값이 '차'이고 '음료 온도' 변숫값이 '차가운 음료'면 '가격' 변수에 4500을 저장하고, 그렇지 않으면 '가격' 변수에 3500을 저장하도록 합니다.

코딩 실력 레벨업!

실행 시간의 효율성을 고려한 코딩을 해 보자!

음료 가격을 매기기 위해 챗GPT가 제안한 코드는 다음과 같습니다.

```
만약 (음료 종류 == "커피") 그리고 (음료 온도 == "차가운 음료")라면
    가격을 5000으로 정하기
아니면
    만약 (음료 종류 == "커피") 그리고 (음료 온도 == "따뜻한 음료")라면
        가격을 4000으로 정하기
    아니면
        만약 (음료 종류 == "차") 그리고 (음료 온도 == "차가운 음료")라면
            가격을 4500으로 정하기
        아니면
            만약 (음료 종류 == "차") 그리고 (음료 온도 == "따뜻한 음료")라면
                가격을 3500으로 정하기
```

여기서 선택 구조의 첫 번째부터 세 번째 조건까지 모두 거짓이면 음료 종류는 '차'이고 음료 온도는 '따뜻한 음료'가 됩니다. 그러므로 다음과 같이 마지막 조건인 '만약 (음료 종류 == "차") 그리고 (음료 온도 == "따뜻한 음료")라면'은 생략해도 우리가 원하는 결과를 얻을 수 있습니다. 앞서 엔트리에서 코딩한 것처럼 마지막 조건 없이 코드를 작성하는 것이 실행 시간의 효율성 측면에서 더 좋은 방법입니다.

LESSON 12 주문 받는 AI 챗봇 만들기

03 주문한 음료 가격을 출력하기 위해 다음과 같이 '가격' 변숫값과 '수량' 변숫값을 곱해 '총 가격' 변수에 저장합니다.

04 ▶시작하기 를 클릭하면 '초기화', '음료 종류 분류하기', '음료 온도 분류하기', '수량입력 가격계산' 신호를 순차적으로 보내고 주문한 음료의 총 가격을 말하도록 다음과 같이 ▶시작하기 버튼을 클릭했을 때, 초기화▼ 신호 보내고 기다리기, 안녕! 을(를) 말하기▼ 를 연결합니다.

✔ 전체 코드 확인하기

오브젝트	코드 블록
소놀 AI 로봇	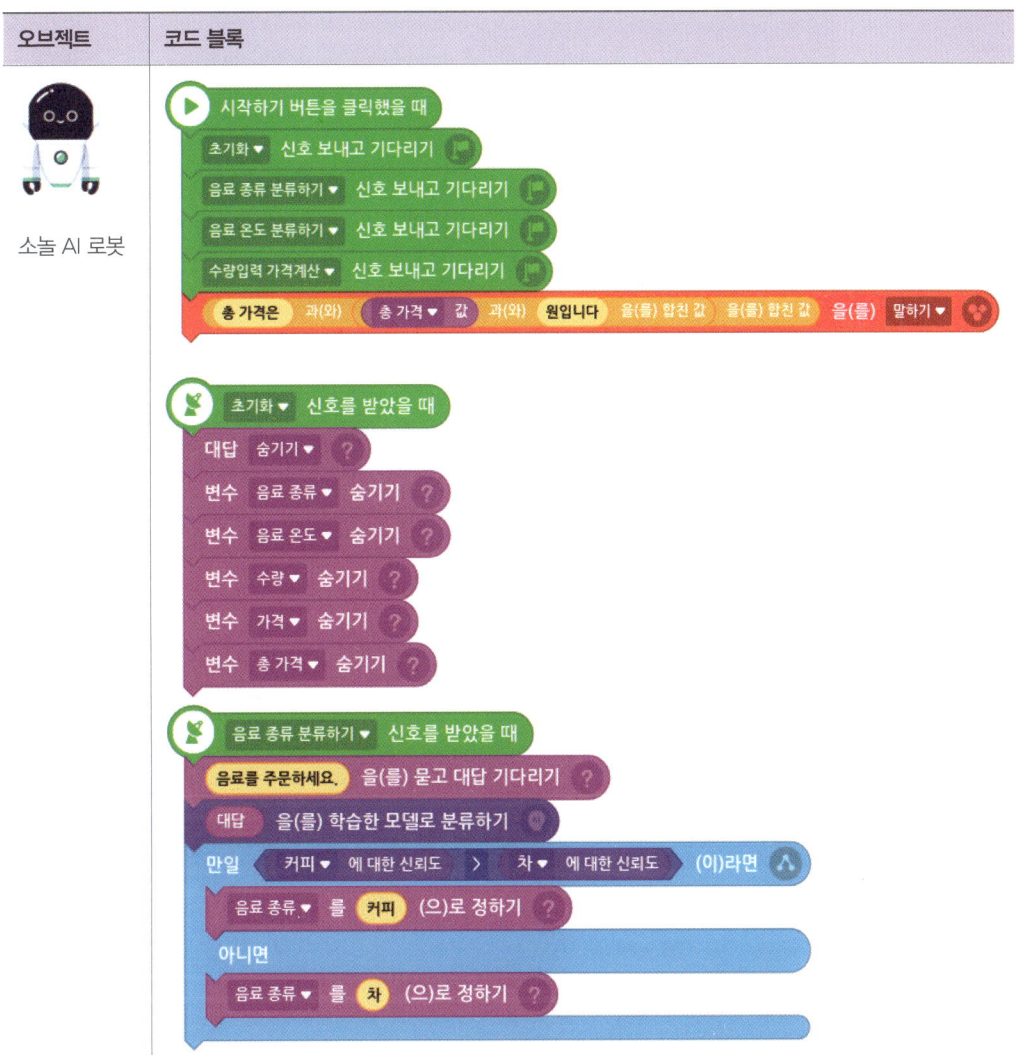

음료 온도 분류하기 신호를 받았을 때

- 차가운 음료로 드릴까요? 따뜻한 음료로 드릴까요? 을(를) 묻고 대답 기다리기
- 대답 을(를) 학습한 모델로 분류하기
- 만일 〈 아이스▼ 에 대한 신뢰도 > 핫▼ 에 대한 신뢰도 〉 (이)라면
  - 음료 온도▼ 를 차가운 음료 (으)로 정하기
- 아니면
  - 음료 온도▼ 를 따뜻한 음료 (으)로 정하기

수량입력 가격계산 신호를 받았을 때

- 음료 몇 잔 드릴까요? 을(를) 묻고 대답 기다리기
- 수량▼ 를 대답 (으)로 정하기
- 만일 〈 음료 종류▼ 값 = 커피 그리고▼ 음료 온도▼ 값 = 차가운 음료 〉 (이)라면
  - 가격▼ 를 5000 (으)로 정하기
- 아니면
  - 만일 〈 음료 종류▼ 값 = 커피 그리고▼ 음료 온도▼ 값 = 따뜻한 음료 〉 (이)라면
    - 가격▼ 를 4000 (으)로 정하기
  - 아니면
    - 만일 〈 음료 종류▼ 값 = 차 그리고▼ 음료 온도▼ 값 = 차가운 음료 〉 (이)라면
      - 가격▼ 를 4500 (으)로 정하기
    - 아니면
      - 가격▼ 를 3500 (으)로 정하기
- 총 가격▼ 에 (가격▼ 값 x 수량▼ 값) 만큼 더하기

LESSON 13 건축 양식 분류하기

학습 목표
- 이미지 분류 인공지능 모델을 만들 수 있습니다.
- 이미지 분류 인공지능 모델을 이용하여 건축물 이미지를 건축 양식에 따라 분류하는 작품을 만들 수 있습니다.

이미지를 분류하는 인공지능 모델을 만드는 방법을 알아봅시다. 이미지 분류 인공지능 모델을 이용하여 사용자가 업로드한 건축물 이미지를 건축 양식에 따라 분류하는 작품을 챗GPT에서 제공하는 제작 순서를 참고하여 만들어 보겠습니다.

QR을 스캔하면 유튜브 동영상을 볼 수 있어요!

https://youtu.be/YJgI_VbHp1Y?si=z5ip9-m4qBPR89ki

작품 실행하기

01 다음 주소 또는 QR 코드로 접속하면 '건축 양식 분류하기' 작품을 확인할 수 있습니다. ▶ 버튼을 클릭하여 작품을 실행해 보세요.

- https://naver.me/Fr7n9LjR

02 오브젝트가 건축물 이미지를 업로드하라고 안내합니다.

03 테스트 이미지 중 하나를 선택해 올리고 [적용하기]를 클릭합니다. 여기서는 아르누보 양식의 건축물 이미지를 업로드했습니다.

💡 건축물 이미지는 자료실에서 제공합니다.

04 아르누보 양식의 건축물 이미지가 등장하고, 오브젝트는 아르누보 양식의 특징을 말합니다.

 **핵심 블록 살펴보기**

이미지 분류 인공지능 모델 만들기

인공지능 모델을 학습시켜 내가 올린 이미지 데이터를 분석하고, 그 이미지가 어느 카테고리에 속하는지 판단할 수 있도록 이미지 분류 인공지능 모델을 만들어 봅시다. 텍스트 분류 인공지능 모델을 만들 때와 마찬가지로 엔트리에서 이미지를 분류하는 모델을 활용해 축구공과 농구공 이미지를 분류하는 모델을 만드는 방법을 알아보겠습니다.

01 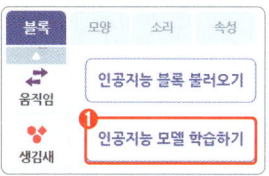 블록 꾸러미에서 ❶ [인공지능 모델 학습하기]를 클릭합니다. '학습할 모델 선택하기' 창이 열리면 ❷ [분류: 이미지]를 선택한 뒤, ❸ [학습하기]를 클릭합니다.

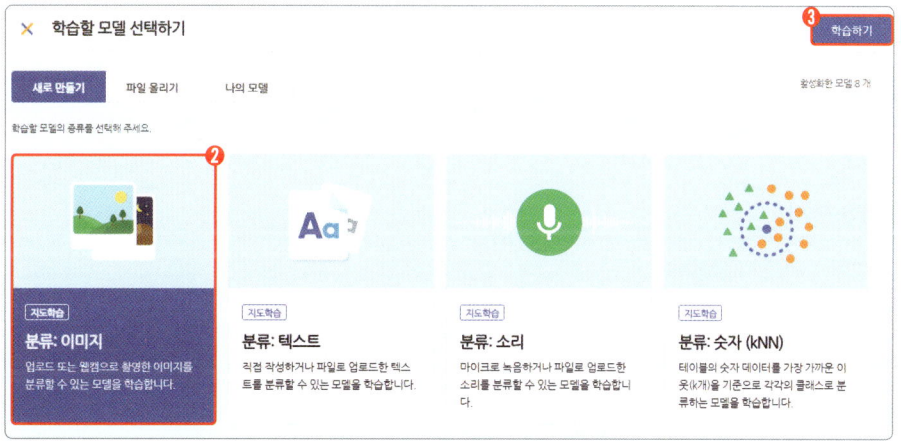

LESSON 13 건축 양식 분류하기 **229**

02 '분류: 이미지 모델 학습하기' 창이 열리면 모델 이름을 '축구공과 농구공'으로, 클래스 이름을 각각 '축구공'과 '농구공'으로 설정합니다.

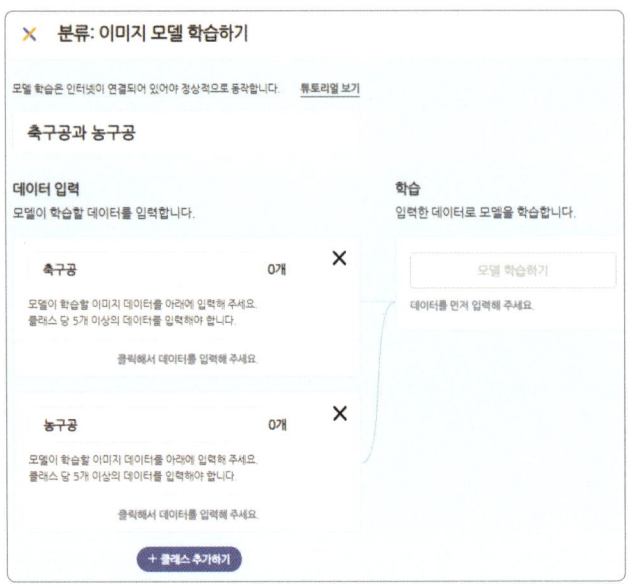

03 모델이 학습할 이미지 데이터를 입력하기 위해 먼저 자료실에서 제공하는 '축구공 농구공.zip' 파일을 내려받아 압축을 풉니다. '축구공' 클래스에는 축구공 이미지(축구공1.jpg, 축구공2.jpg, …, 축구공7.jpg) 7개를 올리고, '농구공' 클래스에는 농구공 이미지(농구공1.jpg, 농구공2.jpg, …, 농구공7.jpg) 7개를 올립니다.

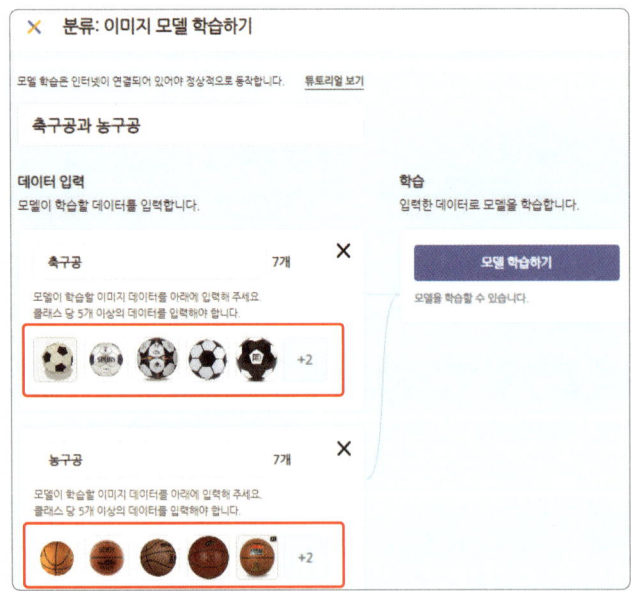

04 이미지 데이터를 모두 업로드했다면 [학습하기]를 클릭하여 모델을 학습시킵니다. 학습이 완료되면 모델이 만들어집니다. 화면 오른쪽 위에 있는 [적용하기]를 클릭해 인공지능 모델을 완성합니다.

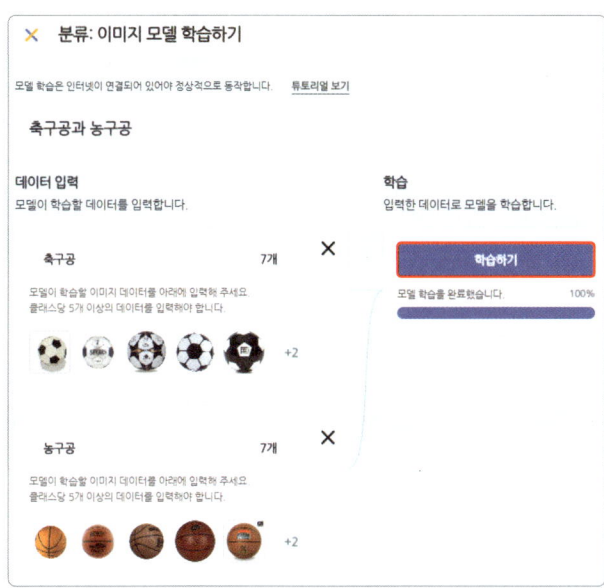

05 다음과 같이 블록 꾸러미에 만들어진 인공지능 모델과 관련된 블록들이 새롭게 생성됩니다.

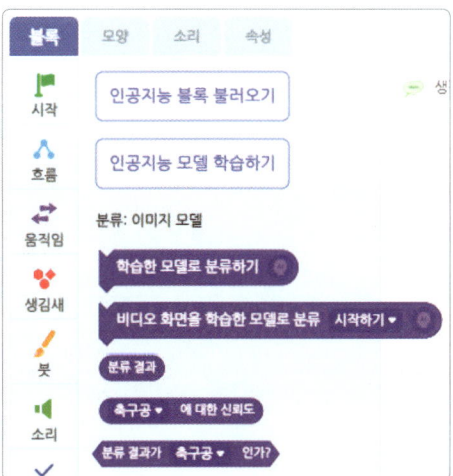

이미지 분류 인공지능 모델과 관련된 명령어 블록이 어떤 기능을 하는지 다음 표를 통해 알아봅시다.

블록	기능
학습한 모델로 분류하기	입력한 데이터를 학습한 모델로 분류합니다.
비디오 화면을 학습한 모델로 분류 시작하기▼	카메라로 촬영한 이미지 데이터를 학습한 모델로 분류합니다.
분류 결과	입력한 데이터를 모델에서 인식한 결괏값입니다.
축구공▼ 에 대한 신뢰도	입력한 데이터의 클래스에 대한 신뢰도입니다.
분류 결과가 축구공▼ 인가?	입력한 데이터의 분류 결과가 설정한 클래스인 경우 '참'으로 판단합니다.

챗GPT ⓧ 작품 제작 순서 고민하기

챗GPT에게 질문하기

블록 기반 코딩 플랫폼인 엔트리를 사용해 건축물 인식기 프로그램을 만들고 싶습니다. 이미지 분류 인공지능 모델을 사용해 사용자가 입력한 건축물 이미지를 건축 양식에 따라 분류합니다. 데이터 수집과 인공지능 모델을 생성하고 활용하는 방법을 포함해 단계별로 설명해 주세요:

1. 건축물 이미지를 고딕 양식, 아르누보 양식, 바로크 양식으로 분류합니다. 이미지를 수집하는 방법을 구체적으로 알려주세요.
2. 신뢰도를 비교해 이미지를 분류하고, 분류 결과에 따라 '소년' 오브젝트가 해당 건축 양식의 특징을 말합니다.

챗GPT의 답변 확인하기

엔트리 블록 코딩 플랫폼을 사용하여 사용자가 입력한 건축물 이미지를 이미지 분류 인공지능 모델을 사용해 고딕, 아르누보, 바로크 양식으로 분류하고, 분류 결과에 따라 '소년' 오브젝트가 해당 건축 양식의 특징을 말하는 프로그램을 단계별로 작성해 보겠습니다.

1단계: 데이터 수집

1. 고딕 양식, 아르누보 양식, 바로크 양식으로 이미지를 분류할 건축물의 종류를 정합니다.

2. 훈련 데이터로 사용할 이미지를 다음과 같은 방법으로 수집합니다.

- 인터넷 검색: 네이버나 구글 등의 웹사이트에서 이미지를 검색하고 수집합니다.

- 공공 데이터베이스 활용: Open Access 이미지 데이터베이스나 박물관 웹 사이트에서 이미지를 수집합니다.

- 직접 촬영: 내 주변의 건축물을 직접 촬영해 이미지를 수집합니다.

3. 각 건축 양식마다 최소 50장 이상의 이미지를 수집합니다.

2단계: 데이터 전처리

수집한 이미지 데이터를 인공지능 모델이 학습할 수 있도록 다음과 같은 과정으로 전처리합니다.

- 이미지 크기 조정: 모든 이미지를 동일한 크기로 조정합니다.

- 회전 및 자르기: 이미지를 회전하거나 자르기 작업을 통해 이미지 형식으로 통일합니다.

- 색상 변환: 필요에 따라 흑백으로 변환하거나 해상도를 올리는 등의 과정을 수행합니다.

💡 데이터 전처리는 인공지능 모델이 잘 학습할 수 있도록 데이터를 정리하고 가공하는 과정입니다. 하지만 모든 전처리 과정을 반드시 거칠 필요는 없으며, 문제에 따라 필요한 부분만 선택적으로 진행할 수 있습니다.

3단계: 인공지능 모델 생성 및 학습

엔트리 블록 코딩으로 인공지능 모델을 생성하고 학습시킵니다.

```
변수 "학습 데이터" 를 ( )로 정하기
변수 "라벨"을 ( )로 정하기

// 고딕 양식 이미지 데이터
학습 데이터 "고딕 양식 이미지 1" 라벨 "고딕" 추가하기
학습 데이터 "고딕 양식 이미지 2" 라벨 "고딕" 추가하기
... // 나머지 고딕 이미지 추가
```

```
// 아르누보 양식 이미지 데이터
학습 데이터 "아르누보 양식 이미지 1" 라벨 "아르누보" 추가하기
학습 데이터 "아르누보 양식 이미지 2" 라벨 "아르누보" 추가하기
... // 나머지 아르누보 이미지 추가

// 바로크 양식 이미지 데이터
학습 데이터 "바로크 양식 이미지 1" 라벨 "바로크" 추가하기
학습 데이터 "바로크 양식 이미지 2" 라벨 "바로크" 추가하기
... // 나머지 바로크 이미지 추가

모델 "학습 데이터" 라벨 "라벨" 학습하기
```

4단계: 인공지능 모델 활용 및 코드 작성

1. 사용자가 입력한 건축물 이미지를 건축 양식에 따라 분류하는 코드를 다음과 같이 작성합니다.

```
변수 "이미지"를 ( )로 정하기
변수 "결과"를 ( )로 정하기
변수 "신뢰도"를 ( )로 정하기

결과 = 모델로 분류하기(이미지 입력받기)
신뢰도 = 결과 예측 신뢰도(결과)
```

2. 분류 결과에 따라 '소년' 오브젝트가 반응하고 신호를 보내도록 다음과 같이 코드를 작성합니다.

```
만약 (신뢰도 >= 0.5)라면
    소년 오브젝트가 (결과 + " 양식입니다. 신뢰도: " + 신뢰도)를 말하기
    (결과) 신호 보내기
```

3. '건축물' 오브젝트가 신호에 따라 건축 양식 정보를 출력하도록 다음과 같이 코드를 작성합니다.

```
만약 "고딕" 신호를 받았다면
    모양을 "고딕 양식 이미지"로 바꾸기
    소년 오브젝트가 "고딕 양식은 높은 첨탑과 스테인드글라스 창문이 특징입니다."를 말하기
```

만약 "아르누보" 신호를 받았다면
    모양을 "아르누보 양식 이미지" 로 바꾸기
    소년 오브젝트가 "아르누보 양식은 곡선형 디자인과 자연 모티브가 특징입니다."를 말하기

만약 "바로크" 신호를 받았다면
    모양을 "바로크 양식 이미지" 로 바꾸기
    소년 오브젝트가 "바로크 양식은 화려한 장식과 극적인 표현이 특징입니다."를 말하기

작품 만들기

데이터 수집하기

건축 양식을 분류하는 인공지능 모델을 만들기 위해서는 모델 학습에 필요한 훈련 데이터로 건축물 이미지 데이터가 필요합니다. 여기서는 캐글(Kaggle)에서 제공하고 있는 건축 양식 이미지 데이터를 사용합니다. 이 이미지 데이터는 다음 URL을 통해 수집할 수 있습니다.

- 캐글 : https://www.kaggle.com/datasets/dumitrux/architectural-styles-dataset

실습에는 캐글에서 제공하는 데이터 중 일부를 사용하며, 자료실에서도 이 책에서 필요한 이미지를 제공하고 있습니다. 훈련 데이터로 사용하는 이미지는 건축 양식별로 각 100장씩 제공됩니다. 다음은 훈련 데이터 중 일부입니다.

고딕 양식 이미지

아르누보 양식 이미지

바로크 양식 이미지

인공지능 모델 만들기

01 건축물 이미지를 고딕, 아르누보, 바로크 양식으로 분류하는 인공지능 모델을 생성해 보겠습니다. 블록 꾸러미의 [인공지능 모델 학습하기]를 클릭합니다.

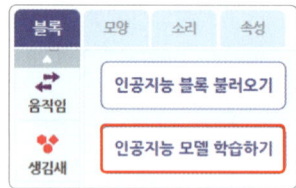

02 이미지를 분류할 것이므로 '학습할 모델 선택하기' 창이 열리면 ❶ [분류: 이미지]를 선택한 뒤 ❷ [학습하기]를 클릭합니다.

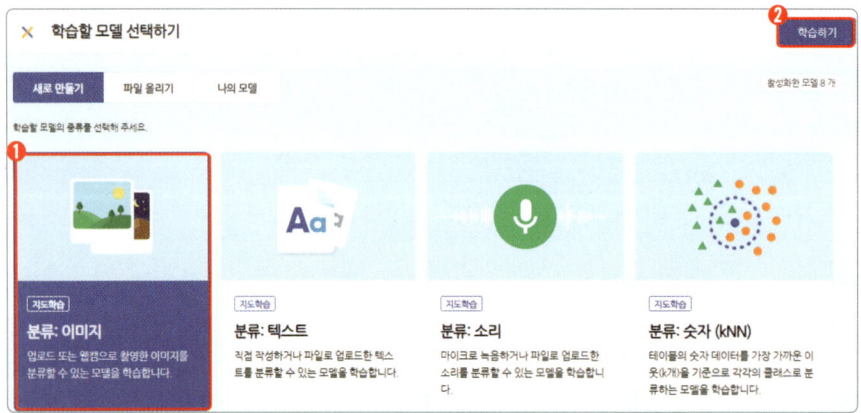

03 '분류: 이미지 모델 학습하기' 창이 열리면 모델 이름을 '건축 양식'으로, 클래스 이름을 각각 '고딕 양식', '아르누보 양식', '바로크 양식'으로 설정합니다.

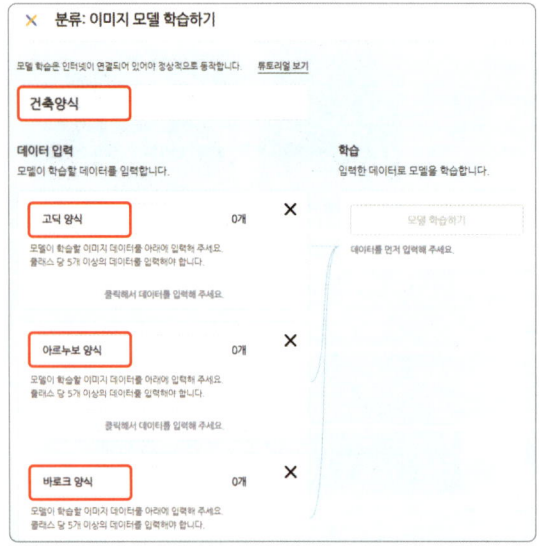

04 캐글 또는 자료실에서 이미지 데이터를 내려받아 각 클래스별로 이미지 데이터를 100개씩 올립니다.

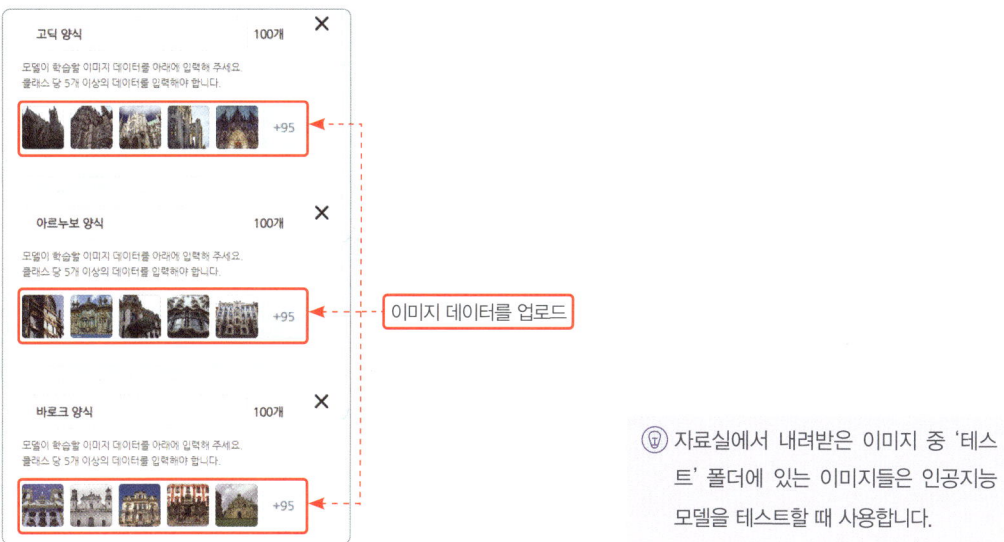

이미지 데이터를 업로드

💡 자료실에서 내려받은 이미지 중 '테스트' 폴더에 있는 이미지들은 인공지능 모델을 테스트할 때 사용합니다.

05 이미지 데이터의 업로드가 완료되면 [학습하기]를 클릭하여 모델을 학습시킵니다. 학습이 완료되면 화면 오른쪽 위에 있는 [적용하기]를 클릭합니다.

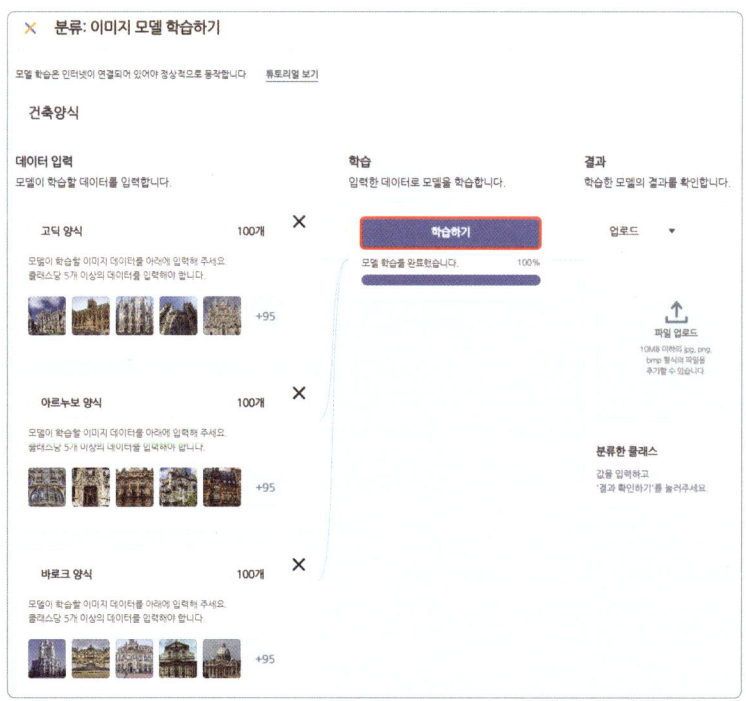

LESSON 13 건축 양식 분류하기 237

✖ 오브젝트 추가하기

01 `+ 오브젝트 추가하기` 를 클릭해 [사람] → [소년(2)]와 [배경] → [들판(2)] 오브젝트를 추가합니다.

02 엔트리가 제공하는 오브젝트 외에 '건축물' 오브젝트를 직접 만들어 추가해 봅시다. `+ 오브젝트 추가하기` 를 클릭한 뒤 '오브젝트 추가하기' 창에서 ❶ [파일 올리기] → ❷ [파일 올리기]를 누릅니다.

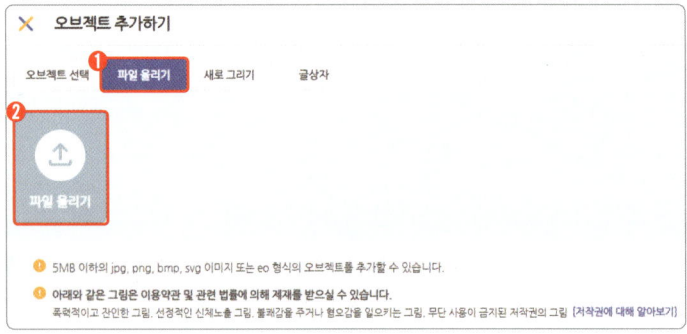

03 오브젝트로 사용할 이미지로 자료실에서 제공하고 있는 ❶ '고딕양식.webp' 파일을 선택하고 ❷ [추가하기] 를 클릭합니다.

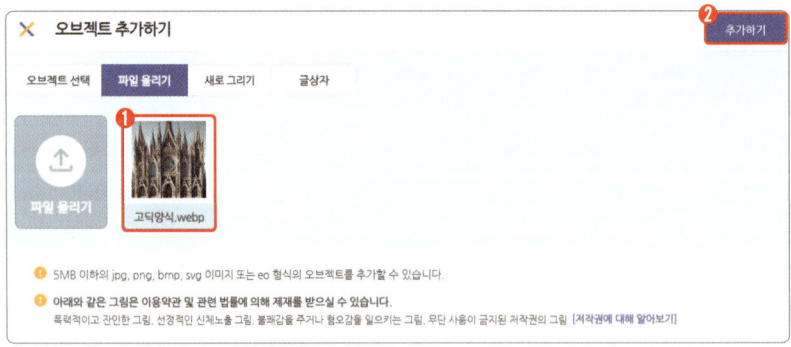

04 ❶ [모양] 탭 → ❷ [모양 추가하기]를 차례로 클릭합니다.

05 다시 ❶ [파일 올리기] 탭을 클릭해 '아르누보양식.webp'와 '바로크양식.webp' 파일을 선택하고 ❷ [추가하기]를 클릭합니다.

06 추가된 오브젝트 모양의 이름을 각각 '고딕양식', '아르누보양식', '바로크양식'으로 변경합니다.

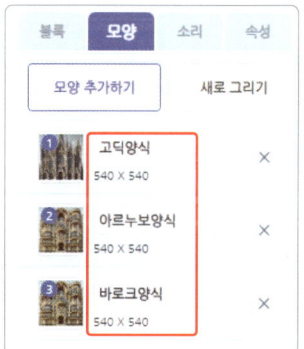

07 끝으로 오브젝트 이름을 '건축물'로 변경합니다.

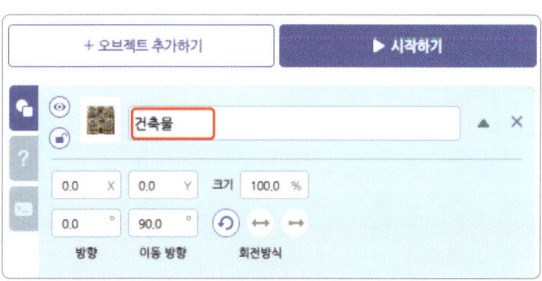

LESSON 13 건축 양식 분류하기

🛰 신호 추가하기

[속성] 탭에서 [신호] → [신호 추가하기]를 클릭한 다음, 추가할 신호 이름을 각각 작성하고 [신호 추가]를 클릭합니다. 추가할 신호는 다음과 같습니다.

신호	기능
고딕	'건축물' 오브젝트의 모양을 고딕 양식으로 바꾸라는 신호
아르누보	'건축물' 오브젝트의 모양을 아르누보 양식으로 바꾸라는 신호
바로크	'건축물' 오브젝트의 모양을 바로크 양식으로 바꾸라는 신호

🧩 코딩하기

챗GPT가 답변한 제작 순서를 참고하여, 인공지능 모델을 이용해서 입력된 건축물 이미지를 건축 양식에 따라 분류하는 작품을 만들어 보겠습니다.

이미지 분류 인공지능 모델 활용하기

01 소년(2) 오브젝트를 클릭합니다. 이미지 업로드를 안내하고 업로드한 이미지를 학습한 모델로 분류하기 위해 다음과 같이 `시작하기 버튼을 클릭했을 때`, `안녕! 을(를) 4 초 동안 말하기`, `학습한 모델로 분류하기` 를 연결합니다.

02 이미지 분류 결과가 '고딕 양식'이고 '고딕 양식'에 대한 신뢰도가 0.5 이상이면 '고딕' 신호를 보내고, 고딕 양식에 대한 특징을 오브젝트가 말하도록 다음과 같이 코드를 연결합니다. 신뢰도란 모델이 해당 클래스를 예측한 확률로, 예측 결과의 정확성을 나타냅니다.

> 💡 챗GPT 코드에서는 신호를 받았을 때 건축 양식의 특징을 말하지만, 엔트리에서는 신호와 별개로 특징을 말하도록 코딩합니다.

03 이미지 분류 결과가 '아르누보양식'이고 아르누보 양식에 대한 신뢰도가 0.5 이상이면 '아르누보' 신호를 보내고 아르누보 양식에 대한 특징을 말합니다. 그렇지 않고 분류 결과가 '바로크양식'이고 바로크 양식에 대한 신뢰도가 0.5 이상이면 '바로크' 신호를 보내고 바로크 양식에 대한 특징을 말하도록 다음과 같이 코드를 연결합니다. 만약 세 조건 중 하나도 만족하지 못하면 '잘 모르겠어요.'를 말합니다.

LESSON 13 건축 양식 분류하기   241

분류 결과 출력하기

01 **건축물** 오브젝트를 클릭합니다. 작품이 실행될 때 이 오브젝트가 보이지 않도록 를 연결합니다.

02 업로드한 이미지가 어떤 건축 양식을 가지고 있는지 실행 화면을 통해 출력해 봅시다. 먼저 '고딕' 신호를 받으면 오브젝트를 '고딕양식' 모양으로 바꾸고 실행 화면에 보이도록 다음과 같이 코드를 연결합니다.

03 마찬가지로 '아르누보' 신호를 받으면 '아르누보양식' 모양으로 바꾸고 실행 화면에 보이게 하고, '바로크' 신호를 받으면 '바로크양식' 모양으로 바꾸고 실행 화면에 보이도록 다음과 같이 코드를 연결합니다.

✔ 전체 코드 확인하기

오브젝트	코드 블록
소년(2)	시작하기 버튼을 클릭했을 때 건축물 이미지를 업로드하세요! 을(를) 3 초 동안 말하기 학습한 모델로 분류하기 만일 〈분류 결과가 고딕 양식 인가?〉 그리고 〈고딕 양식 에 대한 신뢰도 ≥ 0.5〉 (이)라면 　고딕 신호 보내기 　고딕 양식은 높은 첨탑과 스테인드 글라스 창문이 특징입니다. 을(를) 5 초 동안 말하기 아니면 　만일 〈분류 결과가 아르누보 양식 인가?〉 그리고 〈아르누보 양식 에 대한 신뢰도 ≥ 0.5〉 (이)라면 　　아르누보 신호 보내기 　　아르누보 양식은 곡선형 디자인과 자연 모티브가 특징입니다. 을(를) 5 초 동안 말하기 　아니면 　　만일 〈분류 결과가 바로크 양식 인가?〉 그리고 〈바로크 양식 에 대한 신뢰도 ≥ 0.5〉 (이)라면 　　　바로크 신호 보내기 　　　바로크 양식은 화려한 장식과 극적인 표현이 특징입니다. 을(를) 5 초 동안 말하기 　　아니면 　　　잘 모르겠어요. 을(를) 3 초 동안 말하기
건축물	시작하기 버튼을 클릭했을 때 모양 숨기기 고딕 신호를 받았을 때 고딕양식 모양으로 바꾸기 모양 보이기 아르누보 신호를 받았을 때 아르누보양식 모양으로 바꾸기 모양 보이기 바로크 신호를 받았을 때 바로크양식 모양으로 바꾸기 모양 보이기

LESSON 14 붓꽃 품종 분류하기

학습 목표
- kNN 알고리즘을 이용하여 숫자 분류 인공지능 모델을 만들 수 있습니다.
- 숫자 분류 인공지능 모델을 이용하여 붓꽃 품종을 분류하는 작품을 만들 수 있습니다.

kNN 알고리즘을 이용해서 숫자를 분류하는 인공지능 모델을 만드는 방법을 알아봅시다. 숫자 분류 인공지능 모델을 이용하여 사용자가 입력한 붓꽃의 꽃잎 길이와 꽃잎 너비로 붓꽃 품종을 분류하는 작품을 챗GPT에서 제공하는 제작 순서를 참고하여 만들어 보겠습니다.

QR을 스캔하면 유튜브 동영상을 볼 수 있어요!

▶ https://youtu.be/yed1Azo0Mvw?si=RtnoRGpzYUh5Lsw5

작품 실행하기

01 다음 주소 또는 QR 코드로 접속하면 '붓꽃 품종 분류하기' 작품을 확인할 수 있습니다. ▶ 버튼을 클릭하여 작품을 실행해 보세요.

- http://naver.me/5Z0b67hs

02 오브젝트가 붓꽃 품종을 예측하고 싶다면 물음표 버튼을 누르라는 안내를 합니다.

03 물음표 버튼을 누르면 알고 싶은 붓꽃 품종의 꽃잎 길이와 꽃잎 너비를 차례로 묻습니다. 사용자가 꽃잎 길이와 꽃잎 너비를 입력합니다.

04 오브젝트가 사용자가 입력한 꽃잎 길이와 꽃잎 너비를 통해 예측한 붓꽃 품종을 말합니다.

핵심 블록 살펴보기

kNN 알고리즘 이해하기

kNN$^{\text{k-Nearest Neighbors}}$(k-최근접 이웃)은 거리가 가까운 데이터가 유사한 속성을 가지고 있을 것이라는 가정을 기반으로 한 알고리즘으로, 주로 숫자를 분류할 때 사용합니다. 기존 데이터 중 거리가 가까운 k개의 이웃 데이터를 이용해 새로운 데이터를 분류합니다.

오른쪽 그림을 살펴봅시다. 초록색 원으로 표시된 새로운 데이터를 파란색 사각형이나 빨간색 삼각형으로 분류해야 한다고 하겠습니다. 이때, kNN 알고리즘을 이용해 초록색 원과 가까운 거리의 데이터가 어떤 색인지 확인하여 문제를 해결할 수 있습니다.

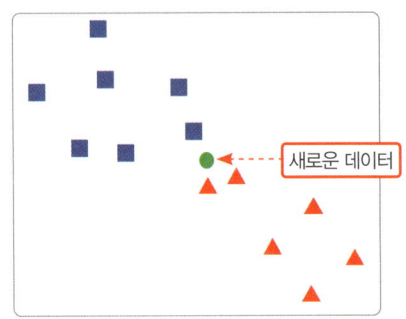

여기서 k는 데이터 분류나 예측을 수행할 때 고려하는 가장 가까운 이웃의 수를 의미하는데, k 값이 짝수이면 동률인 상황이 나올 수 있기 때문에 k 값은 홀수로 설정해야 합니다.

만약 k가 3이면 초록색 원과 가까운 거리에 있는 3개의 데이터를 확인합니다. 3개의 데이터 중에서 빨간색 삼각형이 더 많으므로 초록색 원은 빨간색 삼각형으로 분류합니다.

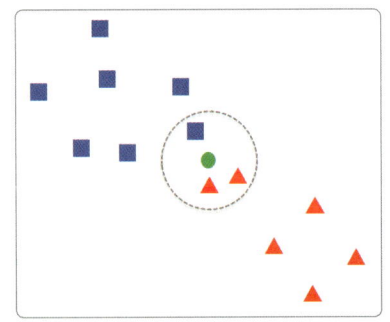

반면 k가 5면 초록색 원과 가까운 거리에 있는 5개의 데이터 중 가장 많은 데이터인 파란색 사각형으로 초록색 원을 분류합니다.

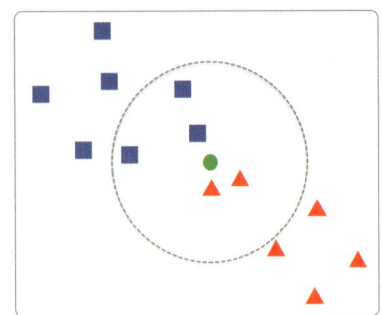

숫자 분류(kNN) 인공지능 모델 만들기

kNN 알고리즘을 이용해 생선의 길이와 무게를 입력받아 생선을 분류하는 모델을 만드는 방법을 알아보겠습니다.

01 생선을 분류하는 인공지능 모델을 만들기 위해 도미와 강꼬치고기의 길이와 무게가 담긴 훈련 데이터가 필요합니다. 여기서는 캐글에서 제공하고 있는 생선 데이터를 사용합니다. 이 데이터는 다음 URL을 통해 수집할 수 있습니다.

- **캐글** : https://www.kaggle.com/datasets/vipullrathod/fish-market

캐글에서 제공하는 데이터 중 일부를 사용하며, 자료실에서도 이 책에서 필요한 데이터를 제공하고 있습니다.

다음은 도미와 강꼬치고기의 길이와 무게가 적힌 훈련 데이터의 일부입니다.

종	길이	무게
도미	25.4	242
도미	26.3	290
도미	26.5	340
⋮	⋮	
강꼬치고기	32.3	200
강꼬치고기	34	300
강꼬치고기	35	300
⋮	⋮	

02 숫자 분류 인공지능 모델을 생성하려면 엔트리에 수집한 데이터를 입력해야 합니다. [데이터분석] 블록 꾸러미의 [테이블 불러오기]를 클릭한 다음 수집한 데이터를 업로드합니다. 이때 테이블의 이름을 '생선'으로 변경한 뒤, [적용하기]를 클릭합니다.

03 훈련 데이터가 준비되었으므로 숫자 데이터를 분류하는 인공지능 모델을 생성해 보겠습니다. 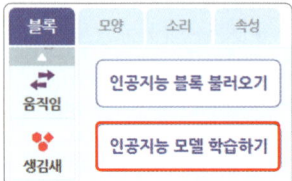 블록 꾸러미의 [인공지능 모델 학습하기]를 클릭합니다.

04 kNN 알고리즘으로 숫자 데이터를 분류하는 모델을 만들 것이므로 '학습할 모델 선택하기' 창이 열리면 ❶ [분류: 숫자 (kNN)]를 선택한 뒤 ❷ [학습하기]를 클릭합니다.

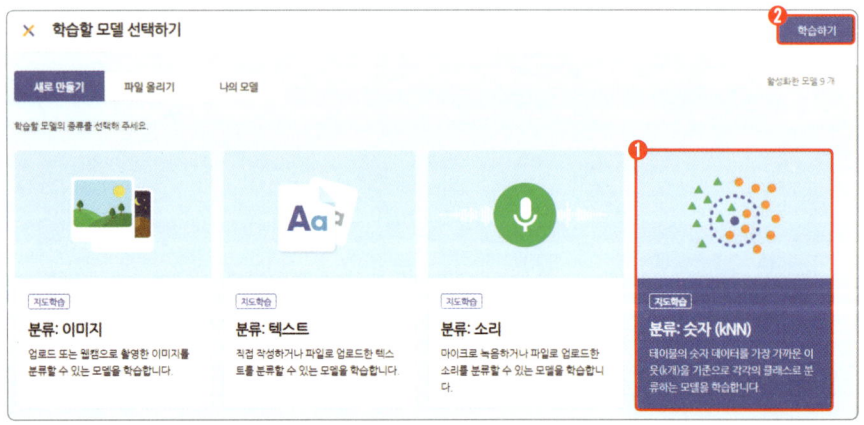

05 '분류: 숫자 (kNN) 모델 학습하기' 창이 열리면 학습 데이터로 '생선' 테이블을 선택합니다.

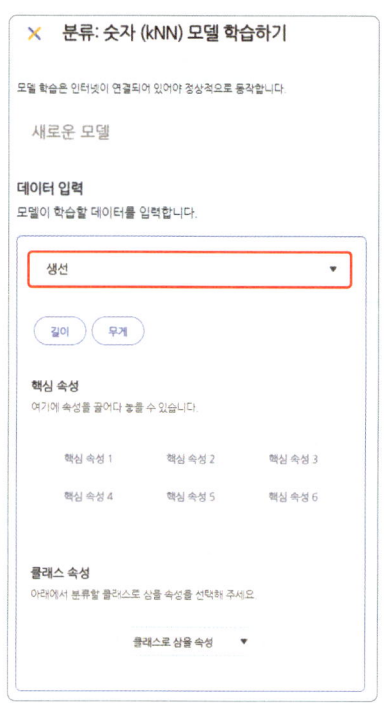

06 모델 이름을 '생선 분류'로 입력하고 핵심 속성으로 '길이'와 '무게'를, 예측 속성(클래스로 삼을 속성)으로 '종'을 설정합니다. 학습 조건으로 이웃 개수를 5로 정합니다.

💡 속성 블록을 드래그해 핵심 속성으로 옮깁니다.

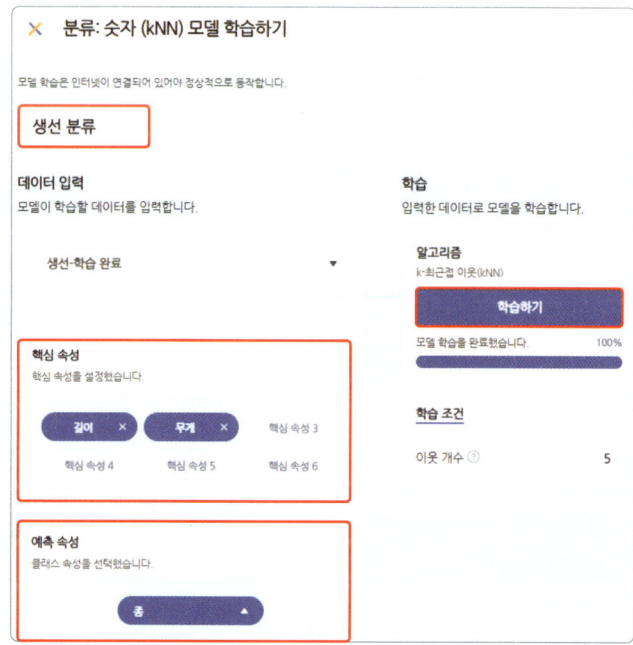

LESSON 14 붓꽃 품종 분류하기 249

07 [학습하기]를 클릭해 모델을 학습시킵니다. 학습이 완료되면 모델이 만들어집니다. 화면 오른쪽 위에 있는 [적용하기]를 클릭해 인공지능 모델을 완성합니다.

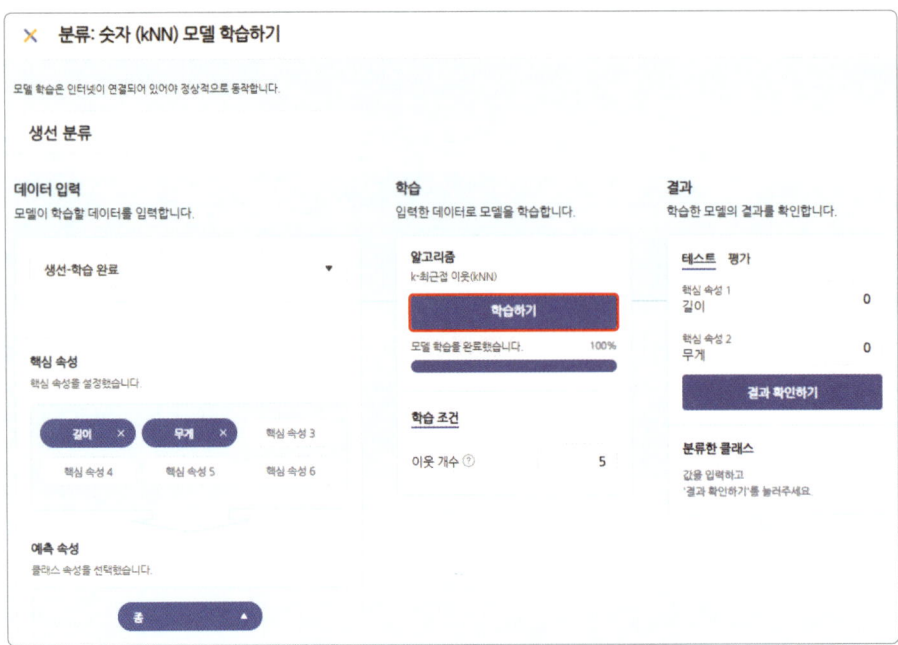

08 다음과 같이 ![인공지능] 블록 꾸러미에 만들어진 인공지능 모델과 관련된 블록들이 새롭게 생성됩니다.

kNN으로 숫자를 분류하는 인공지능 모델과 관련된 명령어 블록이 어떤 기능을 하는지 다음 표를 통해 알아봅시다.

블록	기능
모델 다시 학습하기	모델을 다시 학습합니다.
모델이 학습되었는가?	모델이 학습되었다면 '참'으로, 학습 중이거나 학습되지 않았다면 '거짓'으로 판단합니다.
모델 보이기 ▼	모델의 상태를 실행 화면에 보이게 하거나 숨깁니다.
이웃을 10 개로 바꾸기	이웃 개수를 입력한 값으로 설정합니다.
길이 10 무게 10 의 분류 결과	입력한 데이터를 모델에서 분류한 값입니다.
길이 10 무게 10 의 강꼬치고기 ▼ 에 대한 이웃 개수 ▼	입력한 데이터의 이웃 중 선택한 클래스에 속하는 이웃 개수입니다.
길이 10 무게 10 의 분류 결과가 강꼬치고기 ▼ 인가?	입력한 데이터의 분류 결과가 설정한 클래스인 경우 '참'으로 판단합니다.

챗GPT ⊗ 작품 제작 순서 고민하기

챗GPT에게 질문하기

블록 기반 코딩 플랫폼인 엔트리를 사용해 붓꽃 품종을 분류하는 프로그램을 만들고 싶습니다. kNN 알고리즘을 이용한 숫자 분류 인공지능 모델을 사용해 사용자가 입력한 꽃잎 길이와 꽃잎 너비를 이용해서 붓꽃 품종을 분류합니다. 데이터 수집과 인공지능 모델을 생성하고 활용하는 방법을 포함해 단계별로 설명해 주세요:

1. 세토사, 베르시칼라, 버지니카 세 가지 품종으로 붓꽃을 분류합니다.
2. '물음표 버튼' 오브젝트를 클릭하면 '예측하기' 신호를 보내고, '예측하기' 신호를 받은 '소녀' 오브젝트가 사용자로부터 입력받은 꽃잎 길이와 꽃잎 너비를 이용해서 붓꽃 품종을 분류합니다.

챗GPT의 답변 확인하기

엔트리 블록 기반 코딩 플랫폼을 사용하여 붓꽃 품종을 분류하는 프로그램을 만드는 방법을 단계별로 설명해 드리겠습니다. 이 프로그램은 kNN 알고리즘을 이용한 숫자 분류 인공지능 모델을 사용해 사용자가 입력한 꽃잎 길이와 꽃잎 너비에 따라 붓꽃 품종을 세토사, 베르시칼라, 버지니카로 분류합니다.

1단계: 데이터 수집

1. 붓꽃 품종은 세토사$^{Iris-setosa}$, 베르시칼라$^{Iris-versicolor}$, 버지니카$^{Iris-virginica}$로 분류합니다.
2. 붓꽃 데이터셋은 UCI Machine Learning Repository에서 내려받을 수 있습니다. 이 데이터셋은 각 품종의 꽃잎 길이와 꽃잎 너비 등의 정보를 포함하고 있습니다.

2단계: 데이터 전처리

1. 수집한 데이터를 인공지능 모델이 학습할 수 있도록 전처리합니다.
2. 필요한 열(꽃잎 길이와 꽃잎 너비)을 추출해 데이터를 정리합니다.
3. 인공지능 모델의 성능을 높이기 위해 데이터 정규화를 수행할 수 있습니다.

> 데이터 정규화는 값의 범위를 일정하게 조정해 데이터의 크기 차이가 너무 크거나 작은 경우를 없애는 과정입니다.

3단계: 인공지능 모델 생성 및 학습

엔트리 블록 코딩으로 인공지능 모델을 생성하고 학습시킵니다.

```
변수 "학습 데이터"를 ( )로 정하기
변수 "라벨"을 ( )로 정하기

// 세토사 데이터
학습 데이터 [꽃잎 길이, 꽃잎 너비] 라벨 "세토사" 추가하기
… // 나머지 세토사 데이터 추가

// 베르시칼라 데이터
학습 데이터 [꽃잎 길이, 꽃잎 너비] 라벨 "베르시칼라" 추가하기
… // 나머지 베르시칼라 데이터 추가

// 버지니카 데이터
학습 데이터 [꽃잎 길이, 꽃잎 너비] 라벨 "버지니카" 추가하기
… // 나머지 버지니카 데이터 추가

모델 "학습 데이터" 라벨 "라벨" 학습하기
```

4단계: 인공지능 모델 활용 및 코드 작성

1. '물음표 버튼' 오브젝트를 클릭하면 '예측하기' 신호를 보냅니다.

    물음표 버튼 클릭했을 때
        "예측하기" 신호 보내기

2. '소녀' 오브젝트가 '예측하기' 신호를 받으면 사용자로부터 꽃잎 길이와 꽃잎 너비를 입력받아 붓꽃 품종을 분류합니다.

    소녀 오브젝트가 "예측하기" 신호를 받으면
        꽃잎 길이 입력받기
        꽃잎 너비 입력받기

        변수 "결과"를 ( )로 정하기
        변수 "신뢰도"를 ( )로 정하기

        결과 = 모델로 분류하기([꽃잎 길이, 꽃잎 너비])
        신뢰도 = 결과 예측 신뢰도 (결과)

        만약 (신뢰도 >= 0.5) 면
            소녀 오브젝트가 ("예측 결과: " + 결과 + " 신뢰도: " + 신뢰도)를 말하기
        아니면
            소녀 오브젝트가 ("신뢰도가 낮아 예측할 수 없습니다.")를 말하기

데이터 수집하기

붓꽃 품종을 분류하는 인공지능 모델을 만들기 위해 모델 학습에 필요한 훈련 데이터로 다음과 같이 엔트리에서 제공하는 붓꽃 측정 데이터를 사용하겠습니다.

다음은 데이터의 일부입니다.

	A	B	C	D	E	F
1	번호	꽃받침 길이	꽃받침 너비	꽃잎 길이	꽃잎 너비	품종
2	1	5.1	3.5	1.4	0.2	setosa
3	2	4.9	3	1.4	0.2	setosa
4	3	4.7	3.2	1.3	0.2	setosa
5	4	4.6	3.1	1.5	0.2	setosa
6	5	5	3.6	1.4	0.2	setosa
7	6	5.4	3.9	1.7	0.4	setosa

붓꽃 측정 데이터를 간단히 설명하면, 붓꽃은 세토사^{setosa}, 베르시칼라^{versicolor}, 버지니카^{virginica} 품종으로 분류할 수 있습니다.

세토사 베르시칼라 버지니카

영국의 통계학자 로널드 피셔$^{Ronald\ Fisher}$ 교수가 1936년 논문을 통해 이 붓꽃 데이터셋을 소개한 이후에 데이터 분석과 인공지능 분야에서 자주 사용되고 있습니다. 이 데이터셋은 실제 측정한 숫자 데이터로 각 붓꽃의 꽃받침 길이, 꽃받침 너비, 꽃잎 길이, 꽃잎 너비, 품종으로 구성되어 있습니다.

테이블과 차트 만들기

01 블록 꾸러미의 [테이블 불러오기]를 클릭한 다음, 이어서 [테이블 추가하기]를 누릅니다. 엔트리에서 제공하는 데이터 테이블 중 [붓꽃 예시 데이터] → [추가하기]를 클릭해 테이블을 추가합니다.

> **붓꽃 예시 데이터**
>
> 붓꽃의 꽃받침 길이, 꽃받침 너비, 꽃잎 길이, 꽃잎 너비, 품종을 정리한 예시 데이터입니다.
>
> 번호, 꽃받침 길이, 꽃받침 너비 외 3개의 속성
>
> 자세히 보기

02 다음과 같이 붓꽃 예시 데이터가 추가됩니다.

03 붓꽃 품종에 따른 꽃잎 길이와 꽃잎 너비의 차이가 있는지 확인하기 위한 산점도를 만들어 봅시다. ❶ [차트]를 클릭한 뒤 ❷ ➕를 눌러 ❸ '점(산점도)'을 선택합니다.

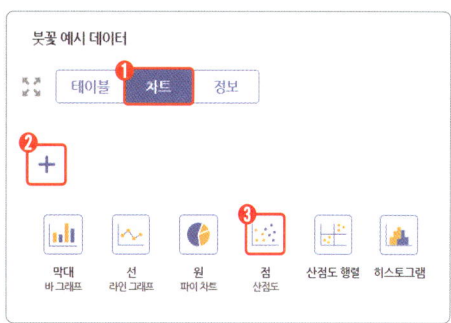

04 가로축은 '꽃잎 길이'를, 세로축은 '꽃잎 너비'를, 계열은 '품종'을 선택합니다. 산점도를 확인해 보면 붓꽃 품종에 따라 꽃잎 길이와 너비가 차이가 있는 것을 확인할 수 있습니다. 그러므로 꽃잎 길이와 꽃잎 너비를 이용해 붓꽃의 품종을 분류하는 인공지능 모델을 만들어 보겠습니다.

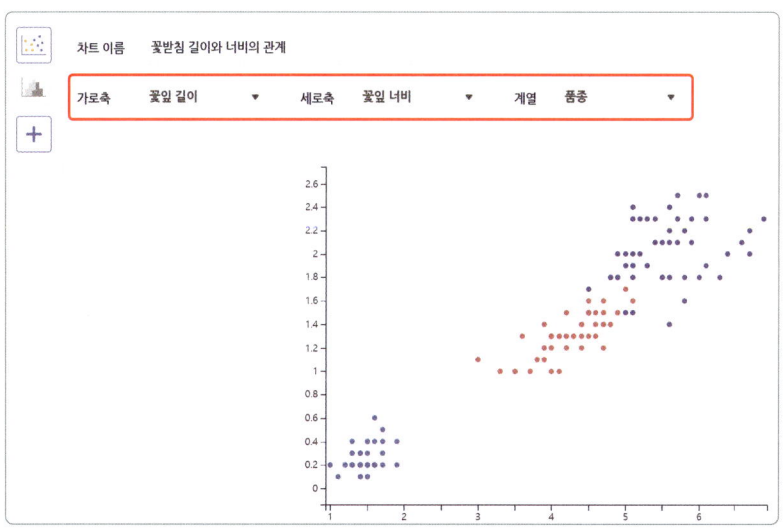

인공지능 모델 만들기

01 꽃잎 길이와 꽃잎 너비를 이용해 붓꽃의 품종을 분류하는 인공지능 모델을 생성해 보겠습니다. 블록 꾸러미의 ❶ [인공지능 모델 학습하기]를 클릭한 뒤, '학습할 모델 선택하기' 창이 열리면 모델 중 ❷ [분류: 숫자 (kNN)]를 선택하고 ❸ [학습하기]를 클릭합니다.

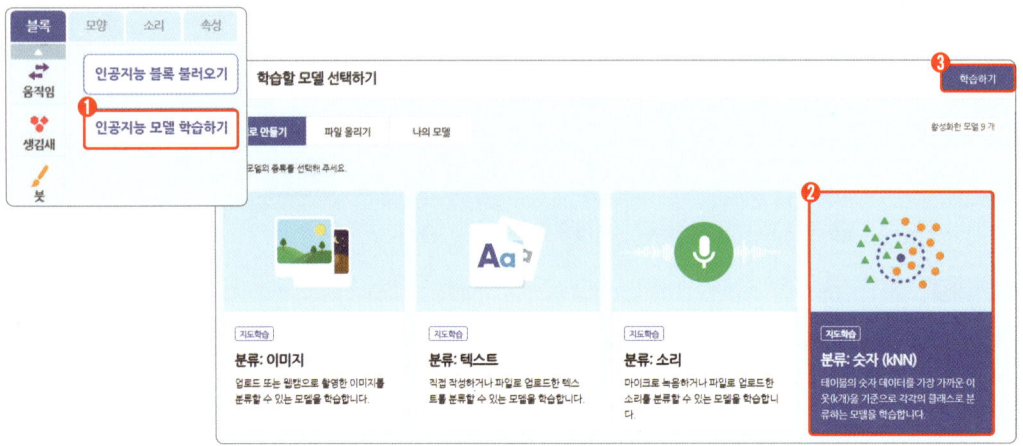

02 '분류: 숫자 (kNN) 모델 학습하기' 창이 열리면 학습 데이터로 '붓꽃 예시 데이터' 테이블을 선택합니다. 모델 이름을 '붓꽃 품종 분류'로 입력합니다. 그 다음, 핵심 속성으로 '꽃잎 길이'와 '꽃잎 너비'를, 클래스 속성으로 '품종'을 설정합니다. 학습 조건으로 이웃 개수를 5로 정합니다.

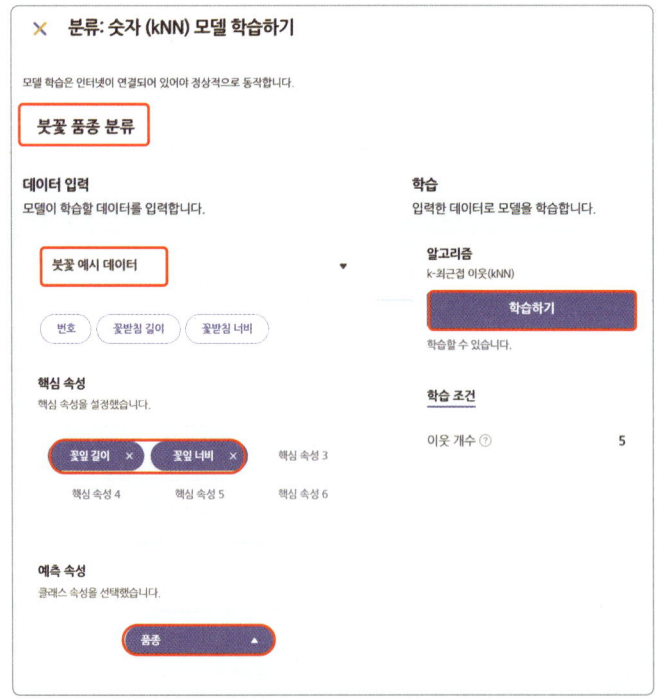

03 설정이 완료되면 [학습하기]를 클릭하여 모델을 학습시킵니다. 학습이 완료되면 화면 오른쪽 위에 있는 [적용하기]를 클릭합니다.

✕ 오브젝트 추가하기

01 [+ 오브젝트 추가하기]를 클릭해 [사람] → [소녀(5)]와 [인터페이스] → [물음표 버튼], [배경] → [꽃밭(1)] 오브젝트를 추가합니다.

? 변수 추가하기

[속성] 탭에서 [변수] → [변수 추가하기]를 클릭한 다음, 추가할 변수 이름을 각각 작성하고 [변수 추가]를 클릭합니다. 추가할 변수는 다음과 같습니다.

변수	기능
꽃잎길이	꽃잎의 길이를 저장
꽃잎너비	꽃잎의 너비를 저장
결과	예측한 붓꽃 품종을 저장

LESSON 14 붓꽃 품종 분류하기

신호 추가하기

[속성] 탭에서 [신호] → [신호 추가하기]를 클릭한 다음, 추가할 신호 이름을 작성하고 [신호 추가]를 클릭합니다. 추가할 신호는 다음과 같습니다.

신호	기능
예측하기	붓꽃 품종 분류 모델로 붓꽃 품종을 예측하라는 신호

코딩하기

챗GPT가 답변한 제작 순서를 참고하여 인공지능 모델을 이용해 붓꽃 품종을 분류하는 작품을 만들어 보겠습니다.

숫자 분류(kNN) 인공지능 모델 활용하기

01 소녀(5) 오브젝트를 클릭합니다. 작품을 실행할 때 모델, 대답, 변수가 실행 화면에서 보이지 않도록 하기 위해 다음과 같이 `모델 보이기`, `대답 숨기기`, `변수 결과 숨기기` 를 연결합니다. 그리고 붓꽃 품종을 예측하는 물음표 버튼을 누를 것을 안내하기 위해 `안녕! 을(를) 4 초 동안 말하기`를 연결합니다.

02 '물음표 버튼' 오브젝트로부터 '예측하기' 신호를 받으면 사용자로부터 꽃잎 길이와 꽃잎 너비를 차례로 입력받아 각각 '꽃잎길이' 변수와 '꽃잎너비' 변수에 저장합니다.

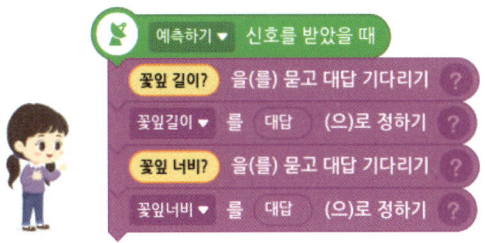

03 `꽃잎 길이` `꽃잎길이▼` `값` `꽃잎 너비` `꽃잎너비▼` `값` `의 분류 결과`를 활용해 각 변수에 저장된 값으로 붓꽃 품종을 분류한 결괏값을 '결과' 변수에 저장합니다. 그리고 `안녕! 을(를) 4 초 동안 말하기▼`을 활용해 '결과' 변수에 저장된 품종 예측 결과를 말합니다.

> 💡 챗GPT에서는 예측 신뢰도를 활용한 반면, 엔트리의 숫자 분류 인공지능 모델에서는 신뢰도를 사용할 수 없어 다음과 같이 코딩합니다.

04 다음으로 **물음표 버튼** 오브젝트를 클릭하면 '예측하기' 신호를 보내도록 다음과 같이 코드를 연결합니다.

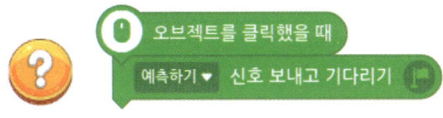

✓ 전체 코드 확인하기

LESSON 15 당뇨병 발병 여부 예측하기

학습 목표
- 결정 트리 알고리즘을 이용하여 숫자 분류 인공지능 모델을 만들 수 있습니다.
- 숫자 분류 인공지능 모델을 이용하여 당뇨병 발병 여부를 예측하는 작품을 만들 수 있습니다.

결정 트리 알고리즘을 이용해서 숫자를 분류하는 인공지능 모델을 만드는 방법을 알아봅시다. 숫자 분류 인공지능 모델을 이용하여 사용자가 입력한 혈당 수치, 혈압, 피부 두께, 인슐린 수치, BMI로 당뇨병 발병 여부를 예측하는 작품을 챗GPT에서 제공하는 제작 순서를 참고하여 만들어 보겠습니다.

QR을 스캔하면 유튜브 동영상을 볼 수 있어요!

https://youtu.be/aE4b2yX76xY?si=aM5A1d_IsUYIhjDQ

작품 실행하기

01 다음 주소 또는 QR 코드로 접속하면 '당뇨병 발병 여부 예측하기' 작품을 확인할 수 있습니다. ▶ 버튼을 클릭하여 작품을 실행해 보세요.

- https://naver.me/F8bkj9BB

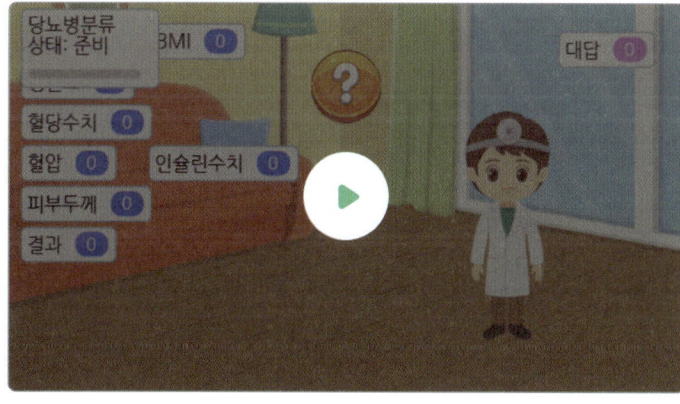

02 당뇨병 발병 여부를 예측하기 위해 오브젝트가 인공지능 모델의 정확도를 먼저 말하고 물음표 버튼을 클릭하라는 안내를 합니다.

03 사용자가 혈당 수치, 혈압, 피부 두께, 인슐린 수치, BMI를 입력하면 오브젝트가 당뇨병 발병 가능성 여부를 말합니다.

 핵심 개념과 블록 살펴보기

결정 트리 알고리즘 이해하기

결정 트리$^{\text{decision tree}}$는 주어진 조건에 따라 참, 거짓을 구분해 데이터를 분류하는 알고리즘입니다.

다음은 결정 트리 알고리즘으로 티셔츠 크기를 S, M, L로 분류하는 과정을 그린 순서도입니다. 몸무게와 키 데이터를 주어진 조건에 따라 참과 거짓으로 나누며, 최종적으로 티셔츠 크기를 분류합니다.

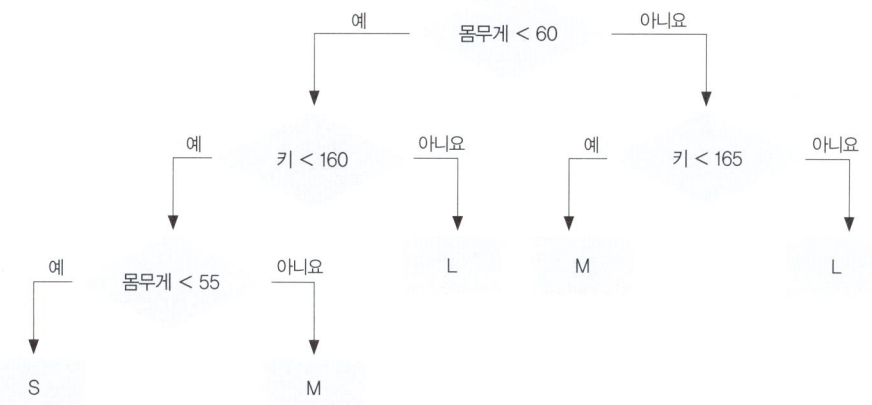

결정 트리 알고리즘 순서도

숫자 분류(결정 트리) 인공지능 모델 만들기

결정 트리 알고리즘을 이용해 키와 몸무게를 입력받아 티셔츠 크기를 분류하는 인공지능 모델을 만드는 방법을 알아보겠습니다.

01 티셔츠 크기를 분류하는 인공지능 모델을 만들기 위해 키, 몸무게, 티셔츠 크기가 담긴 훈련 데이터가 필요합니다. 여기서는 엔트리에서 제공하고 있는 티셔츠 사이즈 예시 데이터를 사용합니다.

다음은 훈련 데이터의 데이터 일부입니다.

	A	B	C
1	키	몸무게	사이즈
2	142.1	35.7	XS
3	182.5	77.4	XL
4	149.6	54.5	S
5	141	37.7	XS
6	164.1	55.6	M
7	174.1	62.7	M

티셔츠 사이즈 데이터

02 숫자 분류 인공지능 모델을 생성하려면 먼저 티셔츠 사이즈 예시 데이터를 불러와야 합니다. 그러기 위해 [데이터분석] 블록 꾸러미의 [테이블 불러오기]를 클릭한 다음, 엔트리에서 제공하는 '티셔츠 사이즈 예시 데이터' 테이블을 추가합니다.

03 훈련 데이터가 준비되었으므로 숫자 데이터를 분류하는 인공지능 모델을 생성해 보겠습니다. 블록 꾸러미의 [인공지능 모델 학습하기]를 클릭합니다.

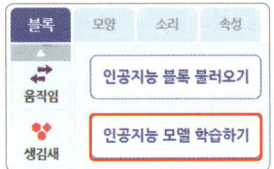

04 결정 트리 알고리즘으로 숫자 데이터를 분류하는 모델을 만들 것이므로, '학습할 모델 선택하기' 창이 열리면 다양한 모델 중 ❶ [분류: 숫자 (결정 트리)]를 선택한 뒤 ❷ [학습하기]를 클릭합니다.

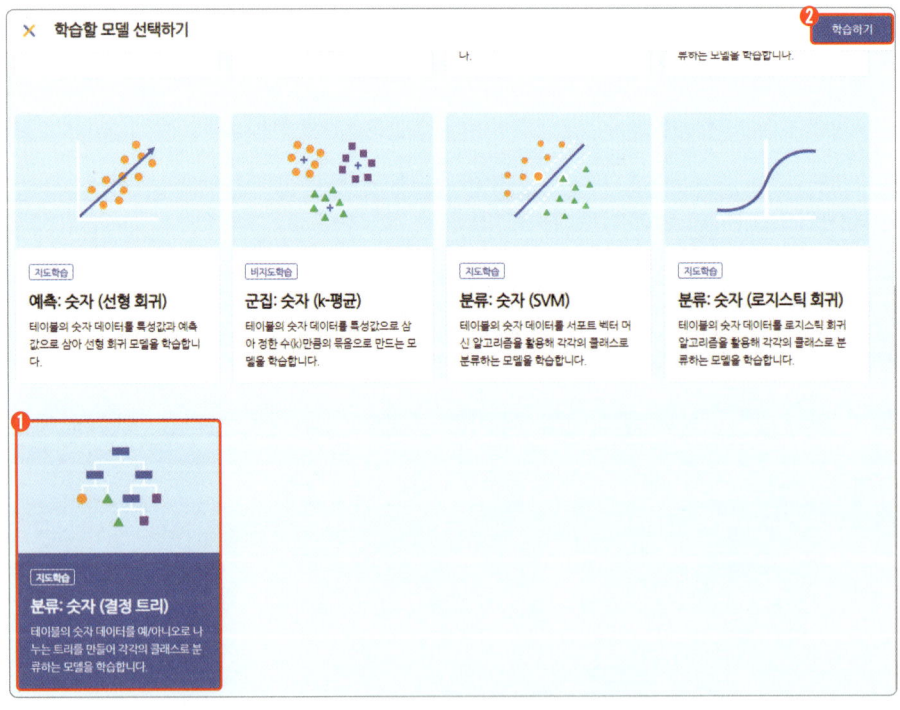

05 '분류: 숫자 (결정 트리) 모델 학습하기' 창이 열리면 학습 데이터로 '티셔츠 사이즈 예시 데이터'를 선택합니다.

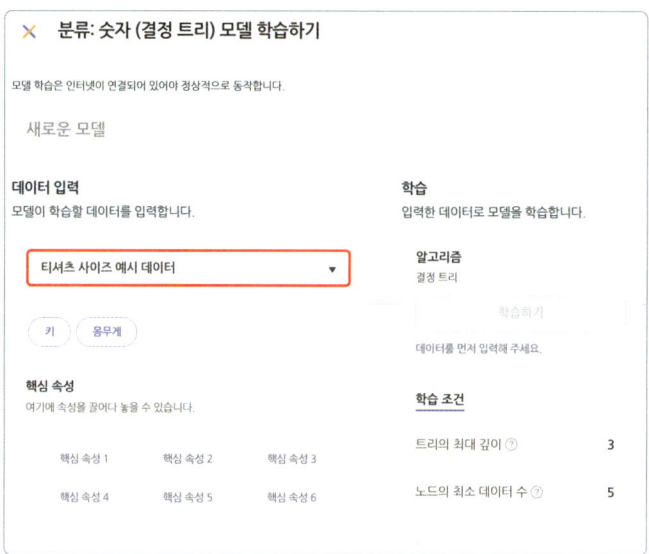

06 모델 이름을 '티셔츠 크기 분류'로 입력합니다. 그 다음 핵심 속성으로 '키'와 '몸무게' 블록을, 예측 속성(클래스로 삼을 속성)으로 '사이즈'를 설정합니다. 이때 학습 조건은 수정하지 않습니다.

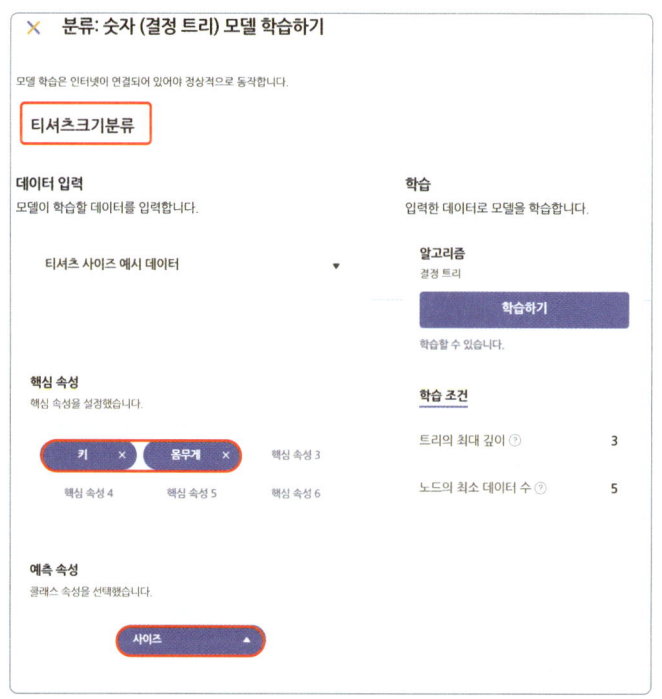

💡 학습 조건에 있는 트리의 최대 깊이는 트리가 가질 수 있는 최대 단계 수를 뜻합니다. 노드의 최소 데이터 수는 트리의 끝부분(단말 노드)에 포함되어야 하는 최소 데이터 개수를 말하며, 이 조건이 충족되지 않으면 노드가 더 이상 나뉘지 않습니다.

07 [학습하기]를 클릭하여 모델을 학습시킵니다. 학습이 완료되면 모델이 만들어집니다.

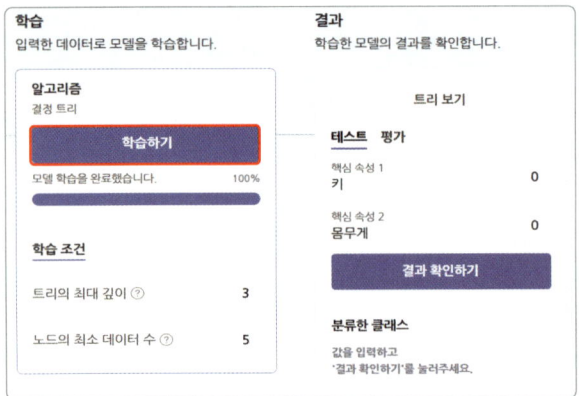

08 [트리 보기]를 클릭하면 이 모델의 결정 트리를 확인할 수 있습니다. 화면 오른쪽 위에 있는 [적용하기]를 클릭해 인공지능 모델을 완성합니다.

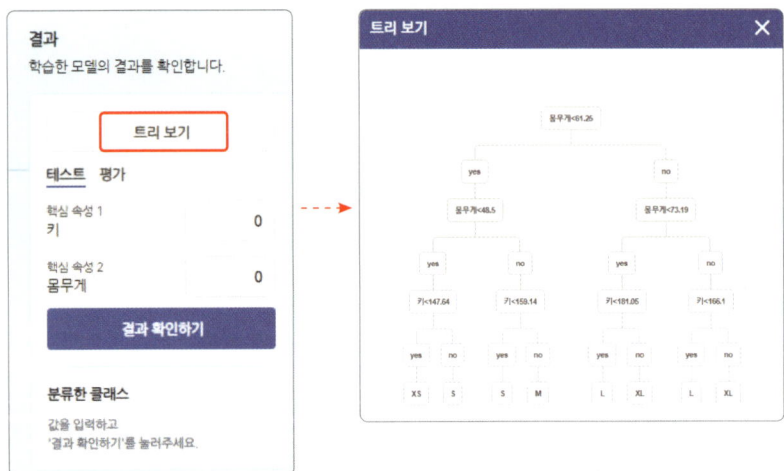

09 다음과 같이 블록 꾸러미에 인공지능 모델과 관련된 블록들이 새롭게 생성됩니다.

결정 트리로 숫자를 분류하는 인공지능 모델과 관련된 명령어 블록이 어떤 기능을 하는지 다음 표를 통해 알아봅시다.

블록	기능
모델 다시 학습하기	모델을 다시 학습합니다.
모델이 학습되었는가?	모델이 학습되었다면 '참'으로, 학습 중이거나 학습되지 않았다면 '거짓'으로 판단합니다.
모델 보이기 ▼	모델의 상태를 실행 화면에 보이게 하거나 숨깁니다.
학습 조건 노드의 최소 데이터 수 ▼ 을 10 으로 바꾸기	노드의 최소 데이터 수 또는 트리의 최대 깊이를 입력한 값으로 설정합니다.
학습한 트리 열기 ▼	모델의 결정 트리 창을 열거나 닫습니다.
키 10 몸무게 10 의 분류 결과가 XS ▼ 인가?	입력한 데이터의 분류 결과가 설정한 클래스인 경우 '참'으로 판단합니다.
키 10 몸무게 10 의 분류 결과	입력한 데이터를 모델에서 분류한 값입니다.
모델의 정확도 ▼	모델의 정확도입니다.

챗GPT에게 질문하기

블록 기반 코딩 플랫폼인 엔트리를 사용하여 당뇨병 발병 여부를 예측하는 프로그램을 만들고 싶습니다. 결정 트리 알고리즘을 이용한 숫자 분류 인공지능 모델을 사용해 사용자가 입력한 혈당 수치, 혈압, 피부 두께, 인슐린 수치, BMI를 이용해서 당뇨병 발병 여부를 예측합니다. 데이터 수집과 인공지능 모델을 생성하고 활용하는 방법을 포함해 단계별로 설명해 주세요:

1. 혈당 수치, 혈압, 피부 두께, 인슐린 수치, BMI 속성값으로 0이 있는 경우가 있으므로 0값을 포함한 행을 삭제하는 등의 전처리가 필요합니다.
2. 예측 결과는 1 또는 0으로 출력됩니다. 1은 '당뇨병'을, 0은 '당뇨병 없음'을 의미합니다.
3. '물음표 버튼' 오브젝트를 클릭하면 '예측하기' 신호를 보내고, '예측하기' 신호를 받은 '의사' 오브젝트가 사용자로부터 입력받은 혈당 수치, 혈압, 피부 두께, 인슐린 수치, BMI를 이용해서 당뇨병 발병 여부를 예측합니다.

챗GPT의 답변 확인하기

엔트리 블록 기반 코딩 플랫폼을 사용하여 당뇨병 발병 여부를 예측하는 프로그램을 만드는 방법을 단계별로 설명해 드리겠습니다. 이 프로그램은 결정 트리 알고리즘을 이용한 숫자 분류 인공지능 모델을 사용하여 사용자가 입력한 혈당 수치, 혈압, 피부 두께, 인슐린 수치, BMI를 이용해 당뇨병 발병 여부를 예측합니다.

1단계: 데이터 수집

1. 어떤 데이터를 수집할 것인지 결정합니다. 여기서는 당뇨병 여부를 결정하는 주요 지표인 혈당 수치, 혈압, 피부 두께, 인슐린 수치, BMI를 수집합니다.
2. 데이터는 피마 인디언 당뇨병 데이터셋(PIMA Indian Diabetes Dataset)을 사용합니다. 이 데이터셋은 당뇨병 발병 여부와 관련된 다양한 지표를 포함하고 있습니다. 데이터셋은 캐글 또는 UCI Machine Learning Repository에서 내려받을 수 있습니다.

2단계: 데이터 전처리

1. 수집한 데이터를 인공지능 모델이 학습할 수 있도록 전처리합니다.

2. 필요한 열(혈당 수치, 혈압, 피부 두께, 인슐린 수치, BMI)을 추출해 데이터를 정리합니다.

3. 인공지능 모델의 성능을 높이기 위해 데이터 정규화를 수행할 수 있습니다.

4. 혈당 수치, 혈압, 피부 두께, 인슐린 수치, BMI 속성값으로 0이 있는 경우가 있으므로 0값을 포함한 행을 삭제합니다.

```
변수 "데이터"를 ("diabetes.csv" 데이터셋)으로 정하기

// 0값을 포함한 행 삭제
변수 "혈당 수치"를 (데이터에서 "Glucose" 열 추출하기)로 정하기
변수 "혈압"을 (데이터에서 "BloodPressure" 열 추출하기)로 정하기
변수 "피부 두께"를 (데이터에서 "SkinThickness" 열 추출하기)로 정하기
변수 "인슐린 수치"를 (데이터에서 "Insulin" 열 추출하기)로 정하기
변수 "BMI"를 (데이터에서 "BMI" 열 추출하기)로 정하기

변수 "필터링된 데이터"를 (빈 리스트)로 정하기

"데이터" 각 "행"에 대해 반복하기
    만약 ("혈당 수치" 값 != 0 그리고 "혈압" 값 != 0 그리고 "피부 두께" 값 != 0 그리고 "인슐린 수치" 값 != 0 그리고 "BMI" 값 != 0)라면
        "필터링된 데이터"에 "행" 추가하기

데이터 ("필터링된 데이터", "processed_diabetes.csv") 저장하기
```

3단계: 인공지능 모델 생성 및 학습

엔트리 블록 코딩으로 인공지능 모델을 생성하고 학습시킵니다.

```
변수 "학습 데이터"를 ( )로 정하기
변수 "라벨"을 ( )로 정하기

// 당뇨병 없음 데이터
학습 데이터 [포도당 수치, 혈압, 피부 두께, 인슐린 수치, BMI] 라벨 "당뇨병 없음" 추가하기
... // 나머지 당뇨병 없음 데이터 추가

// 당뇨병 데이터
학습 데이터 [포도당 수치, 혈압, 피부 두께, 인슐린 수치, BMI] 라벨 "당뇨병" 추가하기
... // 나머지 당뇨병 데이터 추가

모델 "학습 데이터" 라벨 "라벨" 학습하기
```

4단계: 인공지능 모델 활용 및 코드 작성

1. '물음표 버튼' 오브젝트를 클릭하면 '예측하기' 신호를 보냅니다.

```
물음표 버튼 클릭했을 때
    "예측하기" 신호 보내기
```

2. '의사' 오브젝트가 '예측하기' 신호를 받으면 사용자로부터 혈당 수치, 혈압, 피부 두께, 인슐린 수치, BMI를 입력받아 당뇨병 발병 여부를 예측합니다.

```
의사 오브젝트가 "예측하기" 신호 받기
    혈당 수치 입력받기
    혈압 입력받기
    피부 두께 입력받기
    인슐린 수치 입력받기
    BMI 입력받기

    결과 = 모델로 예측하기 ([혈당 수치, 혈압, 피부 두께, 인슐린 수치, BMI])
    신뢰도 = 결과 예측 신뢰도 (결과)

    만약 (결과 == 1) 면
        의사 오브젝트가 ("당뇨병 발병 가능성이 높습니다.")를 말하기
    아니면
        의사 오브젝트가 ("당뇨병 발병 가능성이 낮습니다.")를 말하기
```

작품 만들기

데이터 수집하기

당뇨병 발병 여부를 예측하는 인공지능 모델을 만들기 위해 모델 학습에 필요한 훈련 데이터로 당뇨병 관련 데이터가 필요합니다. 개인 정보에 민감한 의료 데이터는 확보하기가 쉽지 않은 관계로 여기서는 캐글에서 제공하고 있는 피마 인디언$^{Pima\ Indians}$ 당뇨병 데이터를 활용하고자 합니다.

• 캐글 : https://www.kaggle.com/datasets/uciml/pima-indians-diabetes-database

피마 인디언   출처: https://www.britannica.com/topic/Pima-people

이 데이터는 피마 인디언 혈통의 21세 이상 여성 중 768명을 대상으로 수집한 데이터로 임신 횟수, 혈당 수치, 혈압, 피부 두께, 인슐린 수치, BMI, 당뇨병 가족력, 나이, 당뇨병 여부로 이루어져 있습니다. 자료실에서도 이 데이터를 제공하고 있습니다.

다음은 훈련 데이터 중 일부입니다. 당뇨병 여부의 값이 1이면 당뇨병이 있는 것이고 0이면 당뇨병이 없는 것입니다.

임신 횟수 (pregnancies)	혈당 수치 (glucose)	혈압 (blood pressure)	피부 두께 (skin thickness)	...	나이 (age)	당뇨병 여부 (outcome)
6	148	72	35	...	50	1
1	85	66	29	...	31	0
			⋮	...		

피마 인디언 데이터

테이블 만들기

01 블록 꾸러미의 ❶ [테이블 불러오기]를 클릭한 다음, 이어서 ❷ [테이블 추가하기]를 누릅니다.

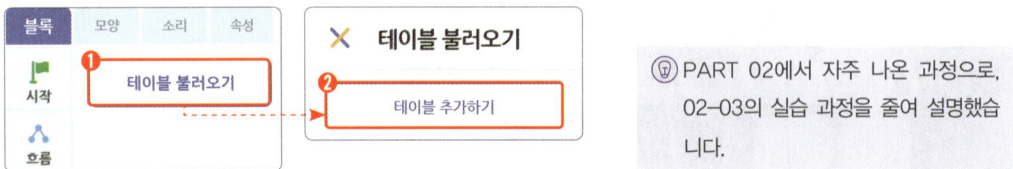

PART 02에서 자주 나온 과정으로, 02-03의 실습 과정을 줄여 설명했습니다.

02 ❶ [파일 올리기]를 클릭한 뒤 ❷ 수집한 데이터를 선택하여 업로드하고 ❸ [추가하기]를 클릭합니다.

03 다음과 같이 테이블이 추가됩니다. 테이블 이름을 '당뇨병'으로 변경하고, 화면 오른쪽 위에 있는 [적용하기]를 클릭합니다.

> 이때 SkinThickness(피부 두께) 속성과 Insulin(인슐린 수치) 속성값은 0이 될 수 없음에도 불구하고 0으로 되어 있는 것을 확인할 수 있습니다. 이런 값은 인공지능 모델의 정확도를 떨어뜨리므로 0을 포함한 행은 뒤에서 삭제하겠습니다.

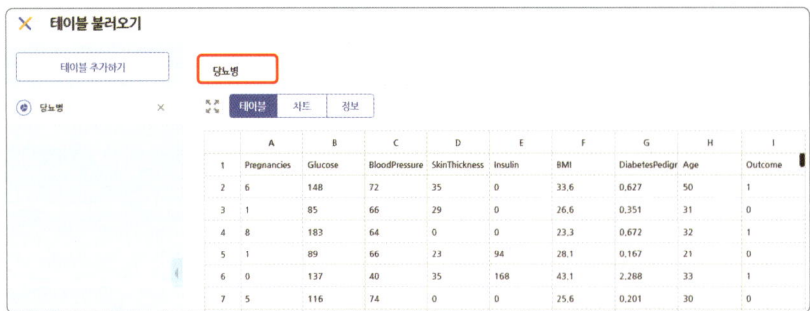

인공지능 모델 만들기

01 당뇨병 발병 여부를 분류하는 인공지능 모델을 생성해 보겠습니다. [AI 인공지능] 블록 꾸러미의 ❶ [인공지능 모델 학습하기]를 클릭한 뒤, '학습할 모델 선택하기' 창이 열리면 모델 중 ❷ [분류: 숫자 (결정 트리)]를 선택하고 ❸ [학습하기]를 클릭합니다.

02 '분류: 숫자 (결정 트리) 모델 학습하기' 창이 열리면 학습 데이터로 '당뇨병'을 선택합니다. 모델 이름을 '당뇨병 분류'로 입력하고 핵심 속성으로 'Glucose', 'BloodPressure', 'SkinThickness', 'Insulin', 'BMI'를, 예측 속성(클래스로 삼을 속성)으로 'Outcome'을 설정합니다. 학습 조건에서 트리의 최대 길이를 5, 노드의 최소 데이터 수를 2로 정합니다.

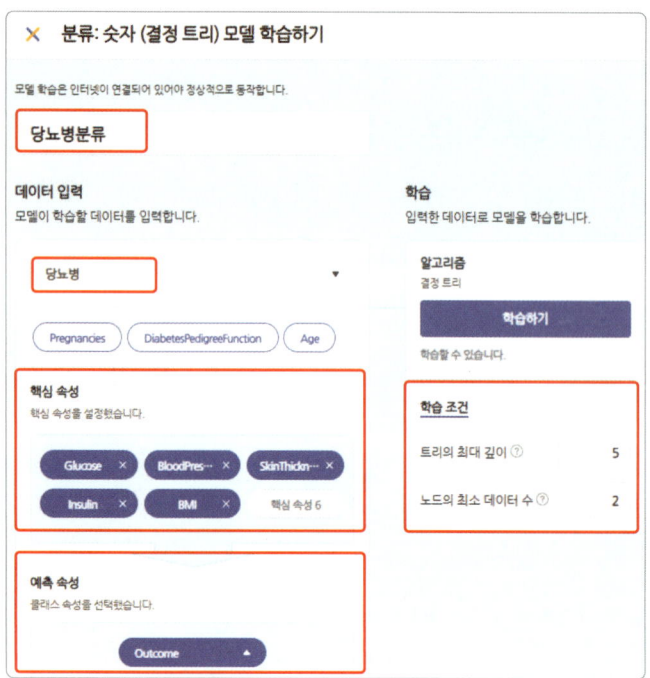

03 [학습하기]를 클릭해 모델을 학습시킵니다. 학습이 완료되면 오른쪽 위에 있는 [적용하기]를 클릭합니다.

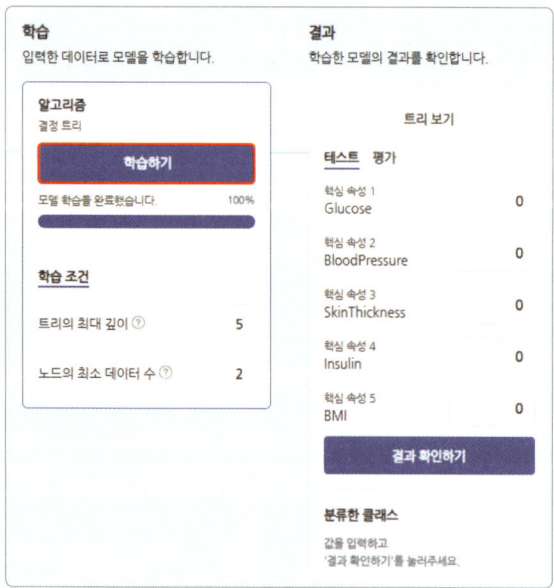

✖ 오브젝트 추가하기

`+ 오브젝트 추가하기` 를 클릭해 [사람] → [의사(1)], [인터페이스] → [물음표 버튼], [배경] → [거실(3)] 오브젝트를 추가합니다.

? 변수 추가하기

[속성] 탭에서 [변수] → [변수 추가하기]를 클릭한 다음, 추가할 변수 이름을 각각 작성하고 [변수 추가]를 클릭합니다. 추가할 변수는 다음과 같습니다.

변수	기능
행번호	테이블의 행 위치를 저장
혈당수치	혈당 수치를 저장
혈압	혈압을 저장
피부두께	피부 두께를 저장
인슐린수치	인슐린 수치를 저장
BMI	BMI를 저장
결과	예측한 당뇨병 발병 여부를 저장

📡 신호 추가하기

[속성] 탭에서 [신호] → [신호 추가하기]를 클릭한 다음, 추가할 신호 이름을 각각 작성하고 [신호 추가]를 클릭합니다. 추가할 신호는 다음과 같습니다.

신호	기능
초기화	변수를 실행 화면에 보이지 않게 하라는 신호
데이터전처리	이상값을 포함한 행을 삭제하라는 신호
예측하기	당뇨병 분류 모델로 당뇨병 발병 여부를 예측하라는 신호

코딩하기

챗GPT가 답변한 제작 순서를 참고하여 인공지능 모델을 이용해서 당뇨병 발병 여부를 분류하는 작품을 만들어 보겠습니다.

숫자 분류(결정 트리) 인공지능 모델 활용하기

01 의사(1) 오브젝트를 클릭합니다. 작품을 실행할 때 '초기화' 신호를 받으면 변수가 실행 화면에 보이지 않도록 [초기화 ▼ 신호를 받았을 때], [변수 행번호 ▼ 숨기기 ?]를 연결합니다.

02 Glucose(혈당 수치), BloodPressure(혈압), SkinThickness(피부 두께), Insulin(인슐린 수치), BMI 속성값에 0이 있으면 인공지능 모델의 정확도를 떨어뜨리므로 0을 포함한 행을 삭제하겠습니다. 그러기 위해 먼저 '데이터전처리' 신호를 받으면 '행번호' 변수에 2를 저장하고, '당뇨병' 테이블에서 '행번호' 변숫값에 해당하는 행의 Glucose, BloodPressure, SkinThickness, Insulin, BMI 속성값 각각을 '혈당수치', '혈압', '피부두께', '인슐린수치', 'BMI' 변수에 저장합니다.

03 '혈당수치', '혈압', '피부두께', '인슐린수치', 'BMI' 변숫값 중 0이 있다면 '당뇨병' 테이블에서 '행번호' 변숫값에 해당하는 행을 삭제하고, 그렇지 않으면 '행번호' 변숫값을 1 증가시킵니다.

> 챗GPT 코드에서는 0을 포함하지 않은 행을 '필터링된 데이터' 변수에 추가하지만, 엔트리에서는 0을 포함한 행을 '당뇨병' 테이블에서 삭제하도록 코딩했습니다.

만약 '혈압' 변숫값이 0이면 첫 번째 선택 구조의 조건이 참이 되어 이 행을 삭제합니다.

만약 'BMI' 변숫값이 0이면 두 번째 선택 구조의 조건이 참이 되어 이 행을 삭제합니다.

'혈당수치', '혈압', '피부두께', '인슐린수치', 'BMI' 변숫값 모두 0이 아니면 '행번호' 변숫값을 1 증가시킵니다.

04 '당뇨병' 테이블의 모든 행을 반복하도록 다음과 같이 블록을 연결해 앞선 과정을 반복합니다.

05 ▶시작하기 를 클릭하면 '초기화' 신호와 '데이터전처리' 신호를 보냅니다. 데이터가 전처리되어 변경됐으므로 인공지능 모델을 다시 학습하고 모델 학습이 완료될 때까지 기다립니다.

06 모델 학습이 완료되면 모델의 정확도를 말한 다음 당뇨병 여부를 예측하려면 물음표 버튼을 클릭하라는 안내를 하도록 다음과 같이 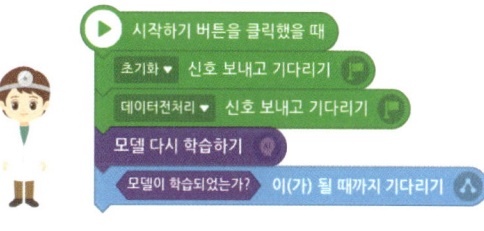 를 활용해 연결합니다.

LESSON 15 당뇨병 발병 여부 예측하기 279

07 **물음표 버튼** 오브젝트로부터 '예측하기' 신호를 받으면 사용자로부터 당뇨병 발병 여부 예측에 필요한 혈당 수치, 혈압, 피부 두께, 인슐린 수치, BMI를 입력받아 각 변수에 저장합니다.

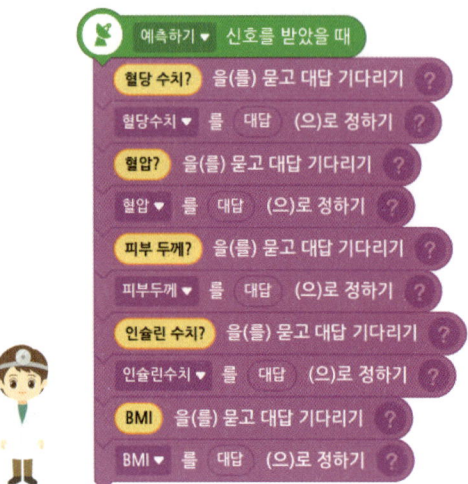

08
를 활용해 각 변수에 저장된 값으로 '당뇨병 분류' 모델의 분류 결과를 '결과' 변수에 저장합니다. 이때 '결과' 변숫값이 1이면 당뇨병으로 예측하고, 그렇지 않으면 당뇨병이 아닌 것으로 예측합니다.

09 끝으로 **물음표 버튼**을 클릭하면 '예측하기' 신호를 보내도록 다음과 같이 코드를 연결합니다.

오브젝트를 클릭했을 때
예측하기 ▾ 신호 보내기

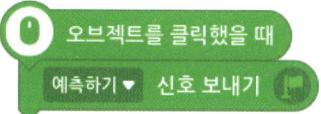

✓ 전체 코드 확인하기

오브젝트	코드 블록
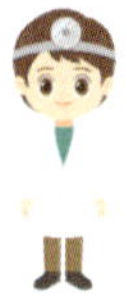 의사(1)	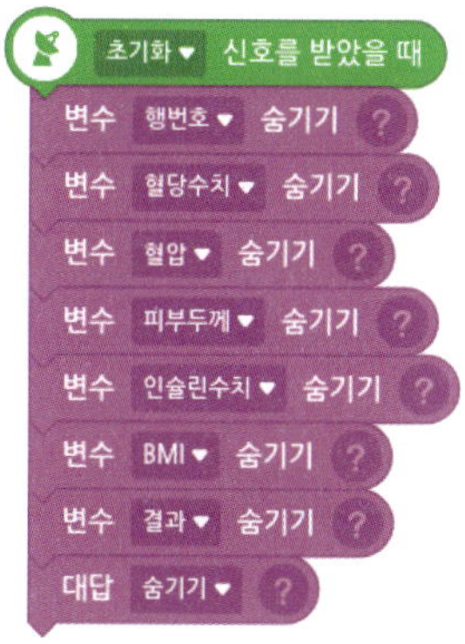 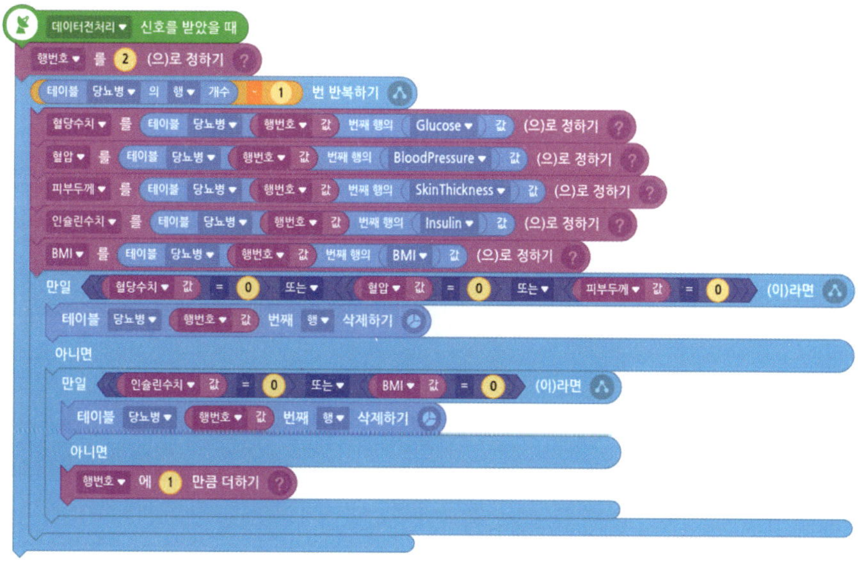

초기화 ▾ 신호를 받았을 때
변수 행번호 ▾ 숨기기
변수 혈당수치 ▾ 숨기기
변수 혈압 ▾ 숨기기
변수 피부두께 ▾ 숨기기
변수 인슐린수치 ▾ 숨기기
변수 BMI ▾ 숨기기
변수 결과 ▾ 숨기기
대답 숨기기 ▾

데이터전처리 ▾ 신호를 받았을 때
행번호 ▾ 를 2 (으)로 정하기
테이블 당뇨병 ▾ 의 행 ▾ 개수 - 1 번 반복하기
혈당수치 ▾ 를 테이블 당뇨병 ▾ 행번호 ▾ 값 번째 행의 Glucose ▾ 값 (으)로 정하기
혈압 ▾ 를 테이블 당뇨병 ▾ 행번호 ▾ 값 번째 행의 BloodPressure ▾ 값 (으)로 정하기
피부두께 ▾ 를 테이블 당뇨병 ▾ 행번호 ▾ 값 번째 행의 SkinThickness ▾ 값 (으)로 정하기
인슐린수치 ▾ 를 테이블 당뇨병 ▾ 행번호 ▾ 값 번째 행의 Insulin ▾ 값 (으)로 정하기
BMI ▾ 를 테이블 당뇨병 ▾ 행번호 ▾ 값 번째 행의 BMI ▾ 값 (으)로 정하기
만일 혈당수치 ▾ 값 = 0 또는 ▾ 혈압 ▾ 값 = 0 또는 ▾ 피부두께 ▾ 값 = 0 (이)라면
테이블 당뇨병 ▾ 행번호 ▾ 값 번째 행 ▾ 삭제하기
아니면
만일 인슐린수치 ▾ 값 = 0 또는 ▾ BMI ▾ 값 = 0 (이)라면
테이블 당뇨병 ▾ 행번호 ▾ 값 번째 행 ▾ 삭제하기
아니면
행번호 ▾ 에 1 만큼 더하기

물음표 버튼

LESSON 16 자동차 연비 예측하기

학습 목표
- 선형 회귀 기법을 이용하여 숫자 예측 인공지능 모델을 만들 수 있습니다.
- 숫자 예측 인공지능 모델을 이용하여 자동차 연비를 예측하는 작품을 만들 수 있습니다.

선형 회귀 기법을 이용해 숫자 예측 인공지능 모델을 만드는 방법을 알아봅시다. 숫자 예측 인공지능 모델을 이용하여 사용자가 입력한 마력, 실린더 수, 배기량, 무게로 연비를 예측하는 작품을 챗GPT에서 제공하는 제작 순서를 참고하여 만들어 보겠습니다.

💡 여기서 연비는 연료 1갤런으로 갈 수 있는 거리(마일)를 의미합니다.

QR을 스캔하면 유튜브 동영상을 볼 수 있어요!

https://youtu.be/fruTRGghMVw?si=hjS1dvJhzEAR6MHF

작품 실행하기

01 다음 주소 또는 QR 코드로 접속하면 '자동차 연비 예측하기' 작품을 확인할 수 있습니다. ▶ 버튼을 클릭하여 작품을 실행해 보세요.

- https://naver.me/FXK8gVgq

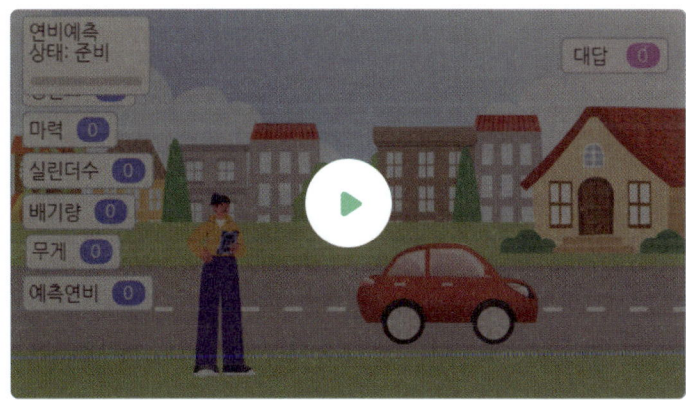

02 자동차 연비를 예측하기 위해 모델을 학습한 뒤, 오브젝트가 모델의 결정 계수를 말하고 자동차를 클릭하라는 안내를 합니다.

💡 결정 계수는 인공지능 모델이 얼마나 잘 예측하는지를 나타내는 지표로, 값이 1에 가까울수록 모델이 데이터를 잘 설명한다는 뜻입니다. 예를 들어, 결정 계수가 0.9라면 모델이 데이터의 변동을 90% 정도 잘 예측한다는 의미입니다.

03 사용자가 실린더 수, 배기량, 마력, 무게를 입력하면 오브젝트가 자동차 연비를 예측해 말합니다.

핵심 개념과 블록 살펴보기

회귀 분석 기법 이해하기

회귀 분석regression analysis은 하나 이상의 독립 변수가 변할 때 종속 변수가 얼마나 변할 것인지, 즉 하나 이상의 독립 변수가 종속 변수에 미치는 영향력을 예측하는 데 사용하는 분석 기법입니다. 회귀 분석은 독립 변수와 종속 변수 사이에 존재하는 관계를 수식으로 표현하는데, 이 식을 회귀식이라 합니다.

> 회귀 분석에서 독립 변수는 결과에 영향을 주는 원인이나 입력값이고, 종속 변수는 독립 변수에 의해 결정되는 결과나 출력값입니다. 예를 들어, 공부 시간(독립 변수)이 늘어나면 시험 점수(종속 변수)가 증가하는 관계를 분석하는 것입니다.

다음 예를 통해 회귀 분석 기법을 이해해 봅시다. 다음은 평균 기온에 따른 아이스크림 판매량 데이터입니다. 평균 기온이 26도일 때 아이스크림 판매량은 어떨지 회귀 분석을 이용해 예측해 봅시다.

평균 기온에 따른 아이스크림 판매량 데이터

평균 기온	아이스크림 판매량	평균 기온	아이스크림 판매량	평균 기온	아이스크림 판매량
15	85	28	117	28	120
17	87	25	104	27	115
22	95	27	120	31	131
25	102	24	103	29	120
19	90	30	122	25	107

평균 기온에 따른 아이스크림 판매량 데이터를 산점도로 표현하면 X축은 평균 기온을, Y축은 아이스크림 판매량을 나타냅니다. 산점도의 점들을 대표할 수 있는 직선을 그리면 다음과 같습니다. 이 직선이 바로 회귀선입니다.

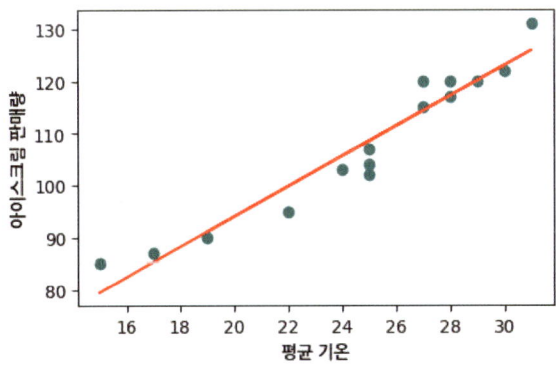

회귀 분석은 **평균 기온과 아이스크림 판매량**과 같은 변수 간의 관계를 선으로 나타낼 수 있는 함수식을 찾는 것이며, 이를 회귀식이라 합니다. 특히 직선 형태의 회귀식을 찾는 것을 선

형 회귀linear regression라 합니다. 앞선 데이터의 회귀식은 다음과 같습니다.

- 아이스크림 판매량 = 35.9 + 2.9 × 평균 기온

이 식의 '평균 기온'에 26을 대입하면 '아이스크림 판매량'으로 111.35를 예측할 수 있습니다. 이때 평균 기온이 독립 변수, 아이스크림 판매량이 종속 변수에 해당합니다.

> 엔트리에서는 독립 변수를 핵심 속성이라 하고, 종속 변수를 예측 속성 또는 클래스 속성이라 합니다.

숫자 예측(선형 회귀) 인공지능 모델 만들기

회귀 분석을 이용해서 평균 기온에 따른 아이스크림 판매량을 예측하는 인공지능 모델을 만들어 보겠습니다.

01 아이스크림 판매량을 예측하는 인공지능 모델을 만들기 위해 앞에서 살펴본 평균 기온에 따른 아이스크림 판매량 데이터를 훈련 데이터로 활용하려고 합니다. [데이터분석] 블록 꾸러미의 [테이블 불러오기]를 클릭한 다음, 다음과 같이 테이블을 만듭니다.

02 훈련 데이터가 준비되었으므로 숫자 데이터를 예측하는 인공지능 모델을 생성해 보겠습니다. [인공지능] 블록 꾸러미의 [인공지능 모델 학습하기]를 클릭합니다.

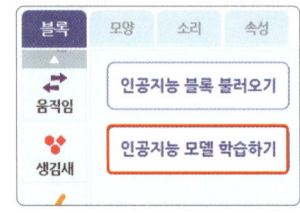

03 선형 회귀 기법으로 숫자 데이터를 예측하는 모델을 만들 것이므로 '학습할 모델 선택하기' 창이 열리면 ❶ [예측: 숫자 (선형 회귀)]를 선택한 뒤 ❷ [학습하기]를 클릭합니다.

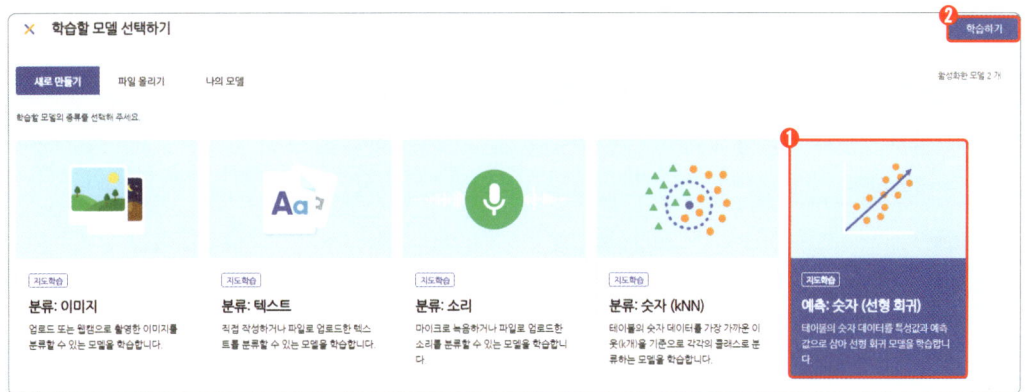

04 '예측: 숫자 (선형 회귀) 모델 학습하기' 창이 열리면 학습 데이터로 '테이블'을 선택합니다.

LESSON 16 자동차 연비 예측하기　287

05 모델 이름을 '아이스크림 판매량 예측'으로 입력합니다. 핵심 속성으로 '평균 기온'을, 예측 속성으로 '아이스크림 판매량'을 설정합니다. 이때 학습 조건의 에포크를 10, 배치 크기를 2, 검증 데이터 비율을 0.2로 설정합니다.

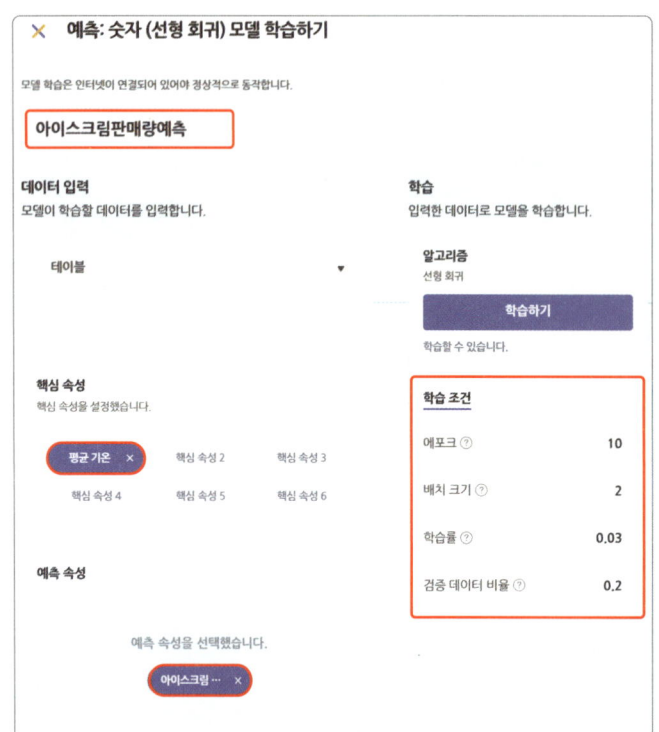

 **코딩 실력 레벨업!**

에포크란 무엇일까?
에포크(epoch)는 전체 데이터를 몇 번 반복해서 학습할지 정하는 정숫값을 의미하고, 배치 크기(batch size)는 모델을 갱신하기 위해 처리되는 데이터의 수를 의미합니다. 검증 데이터 비율(validation data rate)은 입력한 데이터 중 학습한 모델을 검증하는 데 사용할 데이터의 비율을 의미합니다. 이런 값을 어떻게 설정하느냐에 따라 모델의 성능이 달라지므로 다양하게 변경하며 최적의 값을 찾아야 합니다.

06 [학습하기]를 클릭하여 모델을 학습시킵니다. 학습이 완료되면 모델이 만들어집니다. 오른쪽에 있는 결과에서 이 모델의 회귀식과 산점도를 확인할 수 있습니다. 마지막으로 화면 오른쪽 위에 있는 [적용하기]를 클릭해 인공지능 모델을 완성합니다.

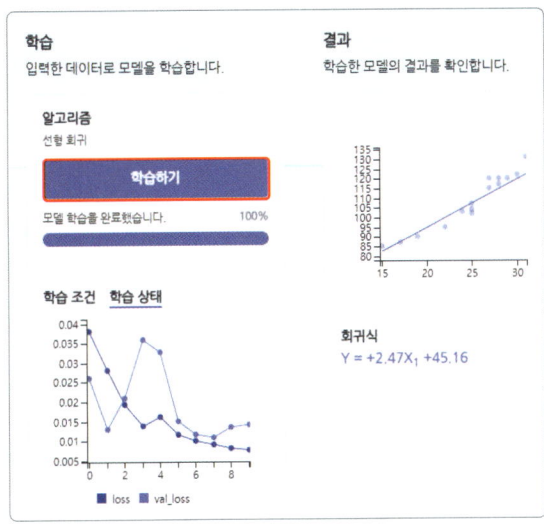

💡 왼쪽에 있는 그래프는 에포크에 따른 loss와 val_loss 값을 나타냅니다. loss와 val_loss 값이 모두 작아지는 그래프가 될 수 있도록 에포크와 배치 크기를 적절히 설정하는 것이 중요합니다.

이때, 회귀식 Y = +2.47X_1 + 45.16의 의미는 다음과 같습니다.

- 아이스크림 판매량 = 2.47 × 평균 기온 + 45.16

07 다음과 같이 인공지능 블록 꾸러미에 만들어진 인공지능 모델과 관련된 블록들이 새롭게 생성됩니다.

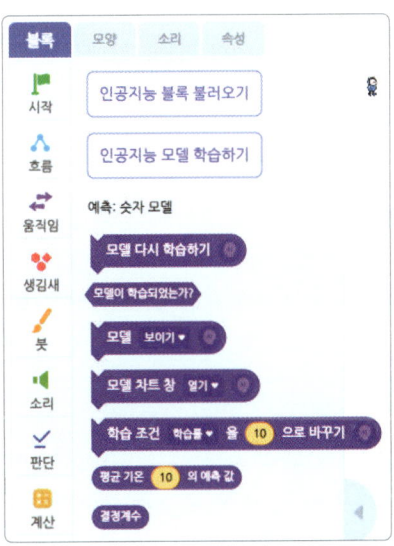

선형 회귀로 숫자를 예측하는 인공지능 모델과 관련된 명령어 블록이 어떤 기능을 하는지 다음 표를 통해 알아봅시다.

블록	기능
모델 다시 학습하기	모델을 다시 학습합니다.
모델이 학습되었는가?	모델이 학습되었다면 '참'으로, 학습 중이거나 학습되지 않았다면 '거짓'으로 판단합니다.
모델 보이기 ▼	모델의 상태를 실행 화면에 보이게 하거나 숨깁니다.
모델 차트 창 열기 ▼	모델의 차트 창을 열거나 닫습니다.
학습 조건 학습률 ▼ 을 10 으로 바꾸기	학습률, 에포크, 검증 데이터 비율 등을 입력한 값으로 설정합니다.
평균 기온 10 의 예측 값	입력한 평균 기온에 대한 모델의 아이스크림 판매량을 예측한 값입니다.
결정계수	모델의 결정 계수를 말합니다.

 챗GPT ⓧ 작품 제작 순서 고민하기

챗GPT에게 질문하기

블록 기반 코딩 플랫폼인 엔트리를 사용하여 자동차 연비를 예측하는 프로그램을 만들고 싶습니다. 선형 회귀 기법을 이용한 숫자 예측 인공지능 모델을 사용해 사용자가 입력한 마력, 실린더 수, 배기량, 무게를 이용해 자동차 연비를 예측합니다. 데이터 수집과 인공지능 모델을 생성하고 활용하는 방법을 포함하여 단계별로 설명해 주세요:

1. '마력' 속성값이 없는 경우가 있으므로 빈 값을 포함한 행을 삭제하는 데이터 전처리가 필요합니다.
2. 데이터 전처리 후 모델을 다시 학습하고 이 모델의 결정 계수를 '연구원' 오브젝트가 말합니다.
3. '자동차' 오브젝트를 클릭하면 '예측하기' 신호를 보내고, '예측하기' 신호를 받은 '연구원' 오브젝트가 사용자로부터 입력받은 마력, 실린더 수, 배기량, 무게를 이용해서 연비를 예측합니다.

챗GPT의 답변 확인하기

엔트리 블록 기반 코딩 플랫폼을 사용하여 자동차 연비를 예측하는 프로그램을 만드는 방법을 단계별로 설명해 드리겠습니다. 이 프로그램은 선형 회귀 기법을 이용한 숫자 예측 인공지능 모델을 사용하여 사용자가 입력한 마력, 실린더 수, 배기량, 무게를 이용해 연비를 예측합니다.

1단계: 데이터 수집

1. 어떤 데이터를 수집할 것인지 결정합니다. 여기서는 자동차 연비를 예측하기 위한 주요 지표인 마력^{horsepower}, 실린더 수$^{number\ of\ cylinders}$, 배기량^{displacement}, 무게^{weight}를 수집합니다.
2. 데이터는 Auto MPG 데이터셋을 사용합니다. 이 데이터셋은 자동차 연비와 관련된 다양한 지표를 포함하고 있습니다. 데이터셋은 UCI Machine Learning Repository에서 내려받을 수 있습니다.

2단계: 데이터 전처리

1. 수집한 데이터를 인공지능 모델이 학습할 수 있도록 전처리합니다.
2. '마력' 속성값이 없는 경우가 있으므로 빈 값을 포함한 행을 삭제합니다.

```
변수 "원본 데이터"를 ( )로 정하기
변수 "전처리 데이터"를 ( )로 정하기

// 원본 데이터 불러오기
원본 데이터 [130, 8, 307, 3504, 18] 추가하기
원본 데이터 [165, 8, 350, 3693, 15] 추가하기
… // 나머지 원본 데이터 추가

// 빈 값이 있는 행 삭제
변수 "i"를 0로 정하기
(원본 데이터 길이)번 반복하기
    만약 (원본 데이터[i][0] == " ") 라면
        원본 데이터에서 (i번째 항목) 삭제하기
    아니면
        전처리 데이터 (원본 데이터[i]) 반복하기
    i 를 (i + 1) 로 정하기
```

3단계: 인공지능 모델 생성 및 학습

엔트리 블록 코딩으로 인공지능 모델을 생성하고 학습시킵니다.

```
변수 "학습 데이터"를 ( )로 정하기
변수 "라벨"을 ( )로 정하기

// 전처리된 데이터 사용
학습 데이터 [130, 8, 307, 3504] 라벨 18 추가하기
학습 데이터 [165, 8, 350, 3693] 라벨 15 추가하기
… // 나머지 전처리 데이터 추가

모델 "학습 데이터" 라벨 "라벨" 학습하기
변수 "결정 계수"를 모델 결정 계수로 정하기

// '연구원' 오브젝트가 결정 계수 말하기
연구원 오브젝트가 ("결정 계수: " + 결정 계수)를 말하기
```

4단계: 인공지능 모델 활용 및 코드 작성

1. '자동차' 오브젝트를 클릭하면 '예측하기' 신호를 보냅니다.

```
자동차 클릭했을 때
    "예측하기" 신호 보내기
```

2. '연구원' 오브젝트가 '예측하기' 신호를 받으면 사용자로부터 마력, 실린더 수, 배기량, 무게를 입력받아 연비를 예측합니다.

```
연구원 오브젝트가 "예측하기" 신호 받기
    마력 입력받기
    실린더 수 입력받기
    배기량 입력받기
    무게 입력받기

예측 연비 = 모델로 예측하기 ([마력, 실린더 수, 배기량, 무게])
    연구원 오브젝트 "예측된 연비: " + 예측 연비 + " MPG" 말하기
```

 **작품 만들기**

데이터 수집하기

자동차 연비를 예측하는 인공지능 모델을 만들기 위해 모델 학습에 필요한 훈련 데이터로 자동차 관련 데이터가 필요합니다. 여기서는 UCI Machine Learning Repository에서 제공하고 있는 Auto MPG$^{miles\ per\ gallon}$ 데이터셋을 활용하고자 합니다.

> MPG는 연비를 의미합니다.

- **UCI Machine Learning Repository** : https://archive.ics.uci.edu/dataset/9/auto+mpg

이 데이터셋은 자동차의 연비, 실린더 수, 배기량, 마력, 무게 등으로 이루어져 있습니다. 자료실에서도 이 데이터를 제공하고 있습니다.

Auto MPG 데이터셋을 자세히 살펴보면 1970년대 후반과 1980년대 초반에 생산된 398개 자동차의 연비, 실린더 수, 배기량, 마력 등이 정리되어 있습니다.

Auto MPG 데이터셋

속성	설명
mpg	연비
cylinders	실린더 수
displacement	배기량
horsepower	마력
weight	무게
acceleration	가속도
model year	출시년도
origin	제조국
name	모델명

테이블 만들기

01 자동차 연비 데이터를 활용해 다른 자동차의 연비를 예측하는 인공지능 모델을 생성해 보겠습니다. 데이터분석 블록 꾸러미의 ❶ [테이블 불러오기]를 클릭한 뒤, 이어서 ❷ [테이블 추가하기]를 누릅니다.

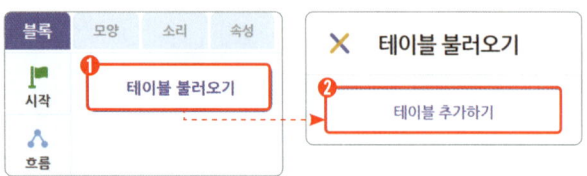

01 ❶ [파일 올리기]를 클릭하고 ❷ 수집한 데이터를 업로드한 뒤, ❸ [추가하기]를 클릭합니다.

03 다음과 같이 테이블이 추가됩니다. 테이블 이름을 'mpg'로 변경하고, 화면 오른쪽 위에 있는 [적용하기]를 클릭합니다.

> 💡 34행의 horsepower 속성값이 없는 상태인 것을 확인할 수 있는데, 이런 빈 값은 인공지능 모델의 정확도를 떨어뜨리므로 빈 값이 있는 행을 뒤에서 삭제하겠습니다.

인공지능 모델 만들기

01 자동차 연비를 예측하는 인공지능 모델을 생성해 보겠습니다. 블록 꾸러미의
❶ [인공지능 모델 학습하기]를 클릭한 뒤, '학습할 모델 선택하기' 창이 열리면 모델 중
❷ [예측: 숫자 (선형 회귀)]를 선택하고 ❸ [학습하기]를 클릭합니다.

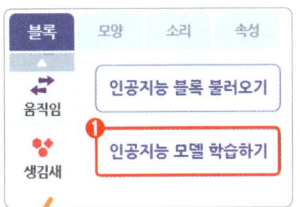

02 '예측: 숫자 (선형 회귀) 모델 학습하기' 창이 열리면 학습 데이터로 'mpg'를 선택하고 모델 이름을 '연비 예측'으로 입력합니다. 핵심 속성으로 'cylinders', 'displacement', 'horsepower', 'weight'를, 예측 속성(클래스로 삼을 속성)으로 'mpg'를 설정합니다. 학습 조건의 에포크는 30, 배치 크기는 5, 검증 데이터 비율은 0.25로 설정하는데, 학습한 뒤 loss와 val_loss 값이 모두 작아지는 그래프가 될 수 있도록 에포크와 배치 크기를 적절히 설정하는 것이 중요합니다.

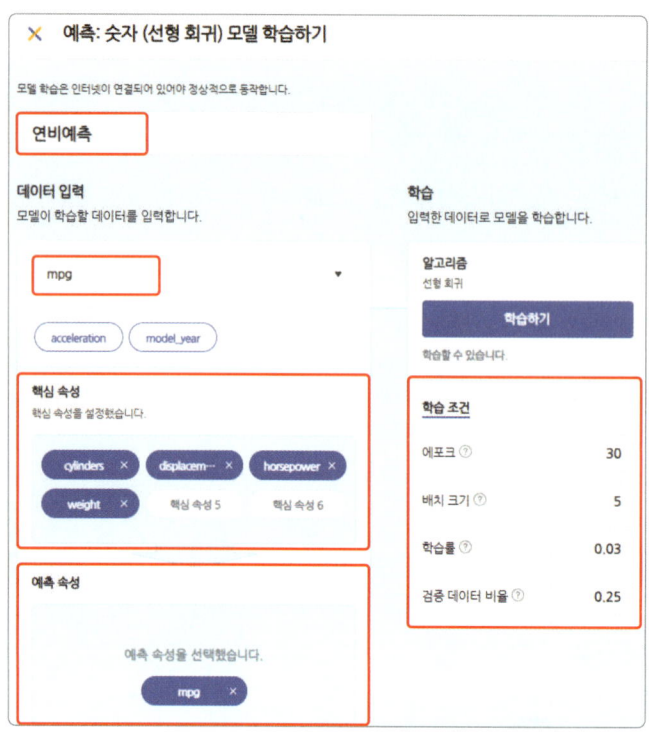

03 [학습하기]를 클릭하여 모델을 학습시킵니다. 학습이 완료되면 모델이 만들어집니다. 오른쪽의 결과에서 이 모델의 회귀식을 확인할 수 있습니다. 핵심 속성이 2개 이상이라 산점도는 나타나지 않습니다. 화면 오른쪽 위에 있는 [적용하기]를 클릭합니다.

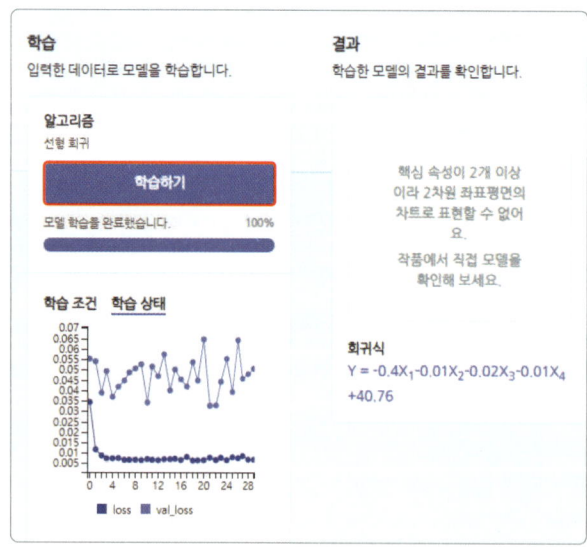

✂ 오브젝트 추가하기

[+ 오브젝트 추가하기]를 클릭해 [사람] → [소놀 AI 연구원(2)], [탈것] → [빨간 자동차], [배경] → [마을] 오브젝트를 추가합니다.

? 변수 추가하기

[속성] 탭에서 [변수] → [변수 추가하기]를 클릭한 다음, 추가할 변수 이름을 각각 작성하고 [변수 추가]를 클릭합니다. 추가할 변수는 다음과 같습니다.

변수	기능
행번호	테이블의 행 위치를 저장
마력	마력을 저장
실린더수	실린더수를 저장
배기량	배기량을 저장
무게	무게를 저장
결과	예측한 연비를 저장

📡 신호 추가하기

[속성] 탭에서 [신호] → [신호 추가하기]를 클릭한 다음, 추가할 신호 이름을 각각 작성하고 [신호 추가]를 클릭합니다. 추가할 신호는 다음과 같습니다.

신호	기능
초기화	변수를 실행 화면에 보이지 않게 하라는 신호
데이터전처리	horsepower 속성값이 없는 행을 삭제하라는 신호
예측하기	연비 예측 모델로 연비를 예측하라는 신호

코딩하기

챗GPT가 답변한 제작 순서를 참고하여 인공지능 모델을 이용해서 자동차의 연비를 예측하는 작품을 만들어 보겠습니다.

숫자 예측(선형 회귀) 인공지능 모델 활용하기

01 **소놀 AI 연구원(2)** 오브젝트를 클릭합니다. 작품을 실행할 때 '초기화' 신호를 받으면 대답과 변수가 실행 화면에 보이지 않도록 [초기화 신호를 받았을 때], [대답 숨기기], [변수 행번호 숨기기]를 연결합니다.

02 인공지능 모델의 정확도를 높이기 위해 horsepower(마력) 속성값이 없는 행을 삭제하겠습니다. 그러기 위해 먼저 '데이터전처리' 신호를 받으면 '행번호' 변수에 2를 저장하고, 'mpg' 테이블의 '행번호' 변숫값에 해당하는 행의 horsepower 속성값을 '마력' 변수에 저장합니다.

> 💡 챗GPT 코드의 'i' 변수는 '원본 데이터'의 행 번호를 의미하며 첫 번째 데이터의 행 번호를 0으로 가정한 것입니다. 반면 엔트리에서 'mpg' 테이블의 첫 번째 데이터는 행 번호가 2이므로 '행 번호' 변수에 2를 저장합니다. 그리고 챗GPT 코드의 원본 데이터[i][0]은 '원본 데이터'의 i번째 행 0번째 열을 의미하는데, 0번 열은 마력 속성을 의미합니다.

03 '마력' 변숫값이 숫자면 '행번호' 변숫값을 1 증가하고, 그렇지 않으면 'mpg' 테이블에서 '행번호' 변숫값에 해당하는 행을 삭제합니다.

> 챗GPT 코드는 원본 데이터 [i][0]이 비어 있지 않으면 '전처리 데이터'에 i번째 행을 추가하는 방법으로 동작합니다.

만약 '마력' 변숫값이 100.0이면 선택 구조의 조건이 참이 되어 '행번호' 변숫값을 1 증가시킵니다.

반면 '마력' 변숫값이 없으면 선택 구조의 조건이 거짓이 되어 이 행을 삭제합니다.

04 이런 동작을 'mpg' 테이블의 모든 행에 대해 반복하도록 다음과 같이  블록으로 연결해 앞선 과정을 반복합니다.

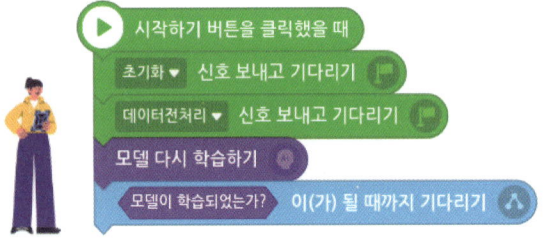

05 ▶시작하기 를 클릭하면 '초기화' 신호와 '데이터전처리' 신호를 보냅니다. 데이터가 전처리되어 변경됐으므로 모델을 다시 학습하고 모델 학습이 완료될 때까지 기다립니다.

06 모델 학습이 완료 모델의 결정 계수를 말하고 자동차 연비를 예측하려면 자동차를 클릭하라는 안내를 하기 위해 〔안녕! 을(를) 4 초 동안 말하기〕를 활용해 연결합니다.

07 '자동차' 오브젝트로부터 '예측하기' 신호를 받으면 사용자로부터 연비 예측에 필요한 실린더 수, 배기량, 마력, 무게를 입력받아 각 변수에 저장합니다.

08  을 활용해 각 변수에 저장된 값으로 '연비 예측' 모델의 예측 결과를 '결과' 변수에 저장하고 '결과' 변숫값을 말합니다.

09 마지막으로 **빨간 자동차** 오브젝트를 클릭하면 '예측하기' 신호를 보내도록 다음과 같이 코드를 연결합니다.

LESSON 16 자동차 연비 예측하기

✓ 전체 코드 확인하기

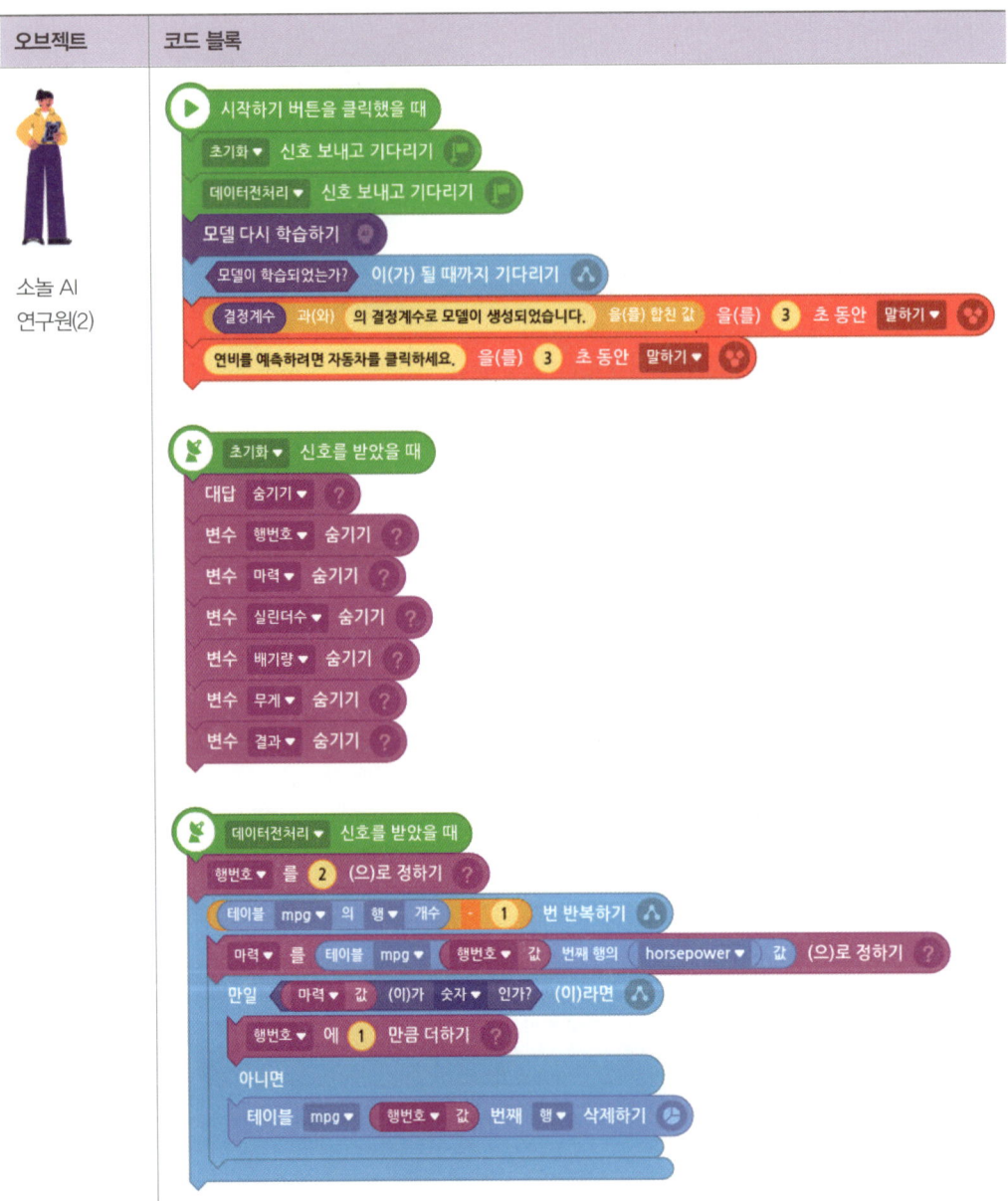

빨간 자동차

LESSON 16 자동차 연비 예측하기

LESSON 17 키로 몸무게 예측하기

학습 목표 • 회귀 기법을 이용한 숫자 예측 인공지능 모델로 몸무게를 예측하는 작품을 만들 수 있습니다.

선형 회귀 기법을 이용해 숫자 예측 인공지능 모델을 만드는 방법을 알아봅시다. 숫자 예측 인공지능 모델을 이용하여 사용자가 입력한 성별, 키로 몸무게를 예측하는 작품을 챗GPT에서 제공하는 제작 순서를 참고하여 만들어 보겠습니다.

QR을 스캔하면 유튜브 동영상을 볼 수 있어요!

https://youtu.be/nPDiieaiO5E?si=r_eG_zZI4jNUbJkc

작품 실행하기

01 다음 주소 또는 QR 코드로 접속하면 '키로 몸무게 예측하기' 작품을 확인할 수 있습니다. ▶ 버튼을 클릭하여 작품을 실행해 보세요.

- https://naver.me/GgPfcSs5

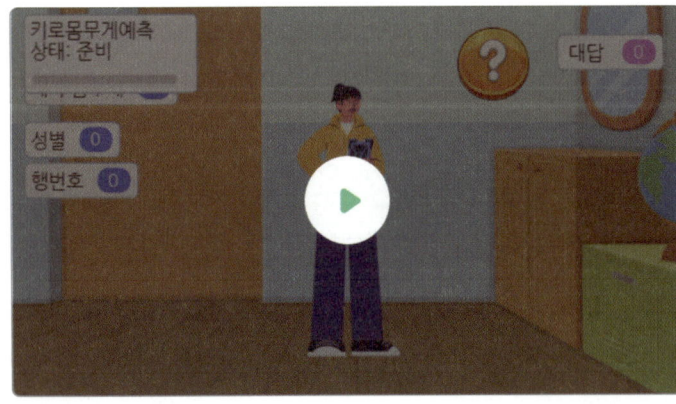

02 몸무게를 예측하기 위해 사용자가 성별을 입력하면 모델 학습을 시작합니다. 학습이 완료되면 오브젝트가 모델의 결정 계수를 말하고 물음표 버튼을 클릭하라는 안내를 합니다.

03 사용자가 키를 입력하면 오브젝트가 몸무게를 예측해 말합니다.

 ## 챗GPT ⓧ 작품 제작 순서 고민하기

챗GPT에게 질문하기

블록 기반 코딩 플랫폼인 엔트리를 사용하여 키로 몸무게를 예측하는 프로그램을 만들고 싶습니다. 선형 회귀 기법을 이용한 숫자 예측 인공지능 모델을 사용해 사용자가 입력한 키로 몸무게를 예측합니다. 데이터 수집과 인공지능 모델을 생성하고 활용하는 방법을

LESSON 17 키로 몸무게 예측하기 **305**

포함하여 단계별로 설명해 주세요:

1. 성별(남성 또는 여성)을 입력받으면 그 성별에 해당하는 데이터만 남기는 전처리가 필요합니다.
2. 데이터 전처리 후, 모델을 다시 학습하고 이 모델의 결정 계수를 '연구원' 오브젝트가 말합니다.
3. '물음표 버튼' 오브젝트를 클릭하면 '예측하기' 신호를 보내고, '예측하기' 신호를 받은 '연구원' 오브젝트가 사용자로부터 입력받은 키 이용해서 몸무게를 예측합니다.

챗GPT의 답변 확인하기

엔트리 블록 기반 코딩 플랫폼을 사용하여 키로 몸무게를 예측하는 프로그램을 만드는 방법을 단계별로 설명해 드리겠습니다. 이 프로그램은 선형 회귀 기법을 이용한 숫자 예측 인공지능 모델을 사용하여 사용자가 입력한 키로 몸무게를 예측합니다.

1단계: 데이터 수집

1. 어떤 데이터를 수집할 것인지 결정합니다. 여기서는 몸무게를 예측하기 위한 주요 지표인 성별^{gender}, 키^{height}, 몸무게^{weight}를 수집합니다.
2. 키와 몸무게 데이터를 수집합니다. 이러한 데이터는 다양한 데이터베이스와 통계 관련 웹 사이트를 통해 수집할 수 있습니다.

2단계: 데이터 전처리

1. 수집한 데이터를 인공지능 모델이 학습할 수 있도록 전처리합니다.
2. 입력받은 성별에 해당하는 데이터만 남겨 데이터를 전처리합니다.

```
변수 "원본 데이터"를 ( )로 정하기
변수 "전처리 데이터"를 ( )로 정하기
변수 "성별" 을 ( )로 정하기

// 원본 데이터 불러오기
원본 데이터 ["남성", 170, 65] 추가하기
원본 데이터 ["여성", 160, 55] 추가하기
... // 나머지 원본 데이터 추가

// 입력받은 성별에 해당하는 데이터만 남기기
```

```
성별 입력받기
변수 "i"를 0으로 정하기
(원본 데이터 길이) 번 반복하기
    만약 (원본 데이터[i][0] == 성별)이라면
        전처리 데이터 (원본 데이터[i]) 추가하기
    i 를 (i + 1) 로 정하기
```

3단계: 인공지능 모델 생성 및 학습

엔트리 블록 코딩으로 인공지능 모델을 생성하고 학습시킵니다.

```
변수 "학습 데이터"를 ( )로 정하기
변수 "라벨"을 ( )로 정하기

// 전처리된 데이터 사용
학습 데이터 [170] 라벨 65 추가하기
학습 데이터 [160] 라벨 55 추가하기
... // 나머지 전처리 데이터 추가

모델 학습하기 "학습 데이터" 라벨 "라벨"
변수 "결정 계수"를 모델 결정 계수로 정하기

// '연구원' 오브젝트가 결정 계수 말하기
연구원 오브젝트 "결정 계수: " + 결정 계수 말하기
```

4단계: 인공지능 모델 활용 및 코드 작성

1. '물음표 버튼' 오브젝트를 클릭하면 '예측하기' 신호를 보냅니다.

```
물음표 버튼 클릭했을 때
    "예측하기" 신호 보내기
```

2. '연구원' 오브젝트가 '예측하기' 신호를 받으면 사용자로부터 키를 입력받아 몸무게를 예측합니다.

```
연구원 오브젝트가 "예측하기" 신호 받기
    키 입력받기
    예측 몸무게 = 모델로 예측하기 (키)
        연구원 오브젝트가 "예측된 몸무게: " + 예측 몸무게 + " kg" 말하기
```

작품 만들기

데이터 수집하기

키로 몸무게를 예측하는 인공지능 모델을 만들기 위해 모델 학습에 필요한 훈련 데이터로 ○○초등학교 5학년 학생들의 신체 측정 데이터를 사용하려고 합니다. 이 데이터는 학생 350명의 성별, 키, 몸무게 속성으로 이루어져 있습니다. 이 데이터는 자료실에서 제공하고 있습니다.

다음은 훈련 데이터 중 일부입니다.

테이블 만들기

01  블록 꾸러미의 ❶ [테이블 불러오기]를 클릭한 뒤, ❷ [테이블 추가하기]를 누릅니다.

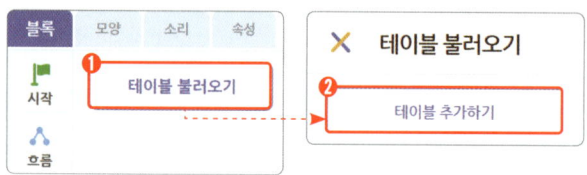

02 ❶ [파일 올리기]를 클릭하고 자료실에서 제공하는 ❷ '키와몸무게.xlsx' 파일을 업로드한 뒤, ❸ [추가하기]를 클릭합니다.

03 다음과 같이 테이블이 추가됩니다. 테이블 이름을 '키와몸무게'로 변경하고, 화면 오른쪽 위에 있는 [적용하기]를 클릭합니다.

인공지능 모델 만들기

01 키로 몸무게를 예측하는 인공지능 모델을 생성해 보겠습니다. ![인공지능] 블록 꾸러미의 ❶ [인공지능 모델 학습하기]를 클릭한 뒤, '학습할 모델 선택하기' 창이 열리면 ❷ [예측: 숫자 (선형 회귀)]를 선택하고 ❸ [학습하기]를 클릭합니다.

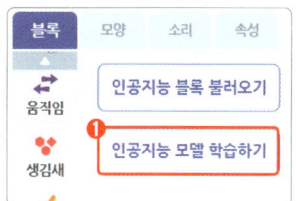

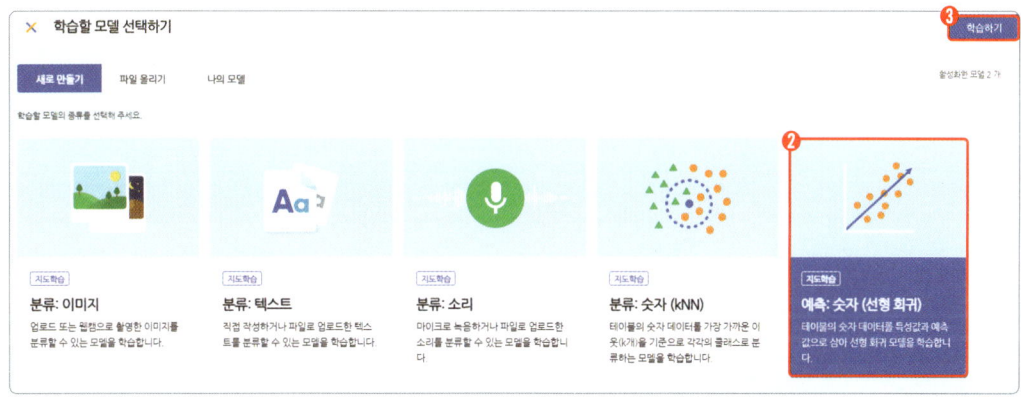

02 '예측: 숫자 (선형 회귀) 모델 학습하기' 창이 열리면 학습 데이터로 '키와몸무게'를 선택한 뒤, 모델 이름을 '키로 몸무게 예측'으로 입력합니다. 핵심 속성으로 '키'를, 예측 속성으로 '몸무게'를 설정합니다. 그리고 학습 조건의 에포크를 10, 배치 크기를 4로 설정합니다.

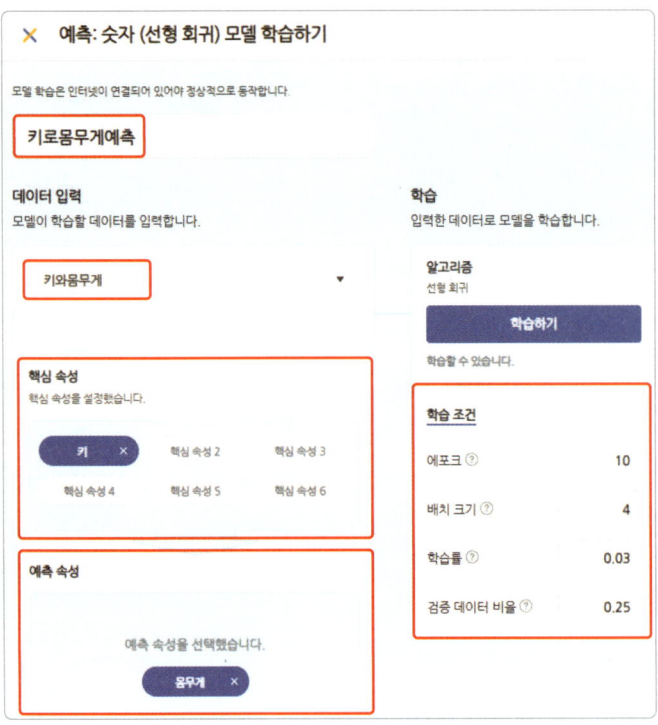

03 [학습하기]를 클릭하여 모델을 학습시킵니다. 학습이 완료되면 모델이 만들어집니다. 오른쪽의 결과에서 이 모델의 회귀식과 산점도를 확인할 수 있습니다. 화면 오른쪽 위에 있는 [적용하기]를 클릭합니다.

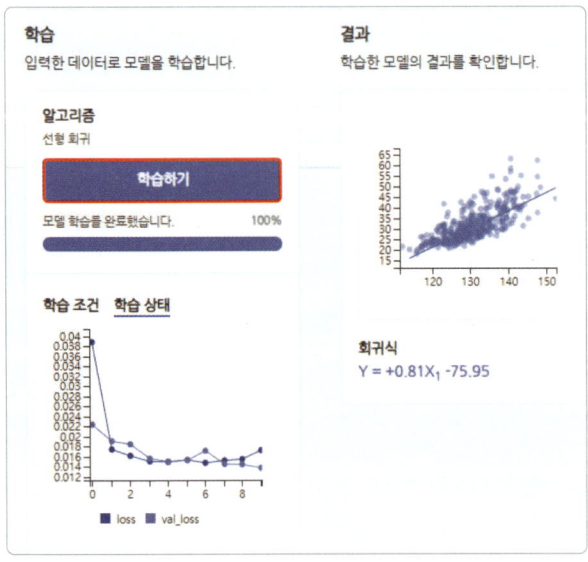

이때, 회귀식 Y = +0.81X₁ − 75.95의 의미는 다음과 같습니다.

- 몸무게 = 0.81×키 − 75.95

✗ 오브젝트 추가하기

`+ 오브젝트 추가하기`를 클릭해 [사람] → [소놀 AI 연구원(2)], [인터페이스] → [물음표 버튼], [배경] → [교실 뒤(2)] 오브젝트를 추가합니다.

? 변수 추가하기

[속성] 탭에서 [변수] → [변수 추가하기]를 클릭한 다음, 추가할 변수 이름을 각각 작성하고 [변수 추가]를 클릭합니다. 추가할 변수는 다음과 같습니다.

변수	기능
성별	성별을 저장
행번호	테이블의 행 위치를 저장
예측 몸무게	예측한 몸무게를 저장

📡 신호 추가하기

[속성] 탭에서 [신호] → [신호 추가하기]를 클릭한 다음, 추가할 신호 이름을 각각 작성하고 [신호 추가]를 클릭합니다. 추가할 신호는 다음과 같습니다.

신호	기능
초기화	변수를 실행 화면에 보이지 않게 하라는 신호
데이터전처리	'성별' 변숫값에 해당하는 데이터만 남기고 나머지는 삭제하라는 신호
예측하기	몸무게 예측 모델로 몸무게를 예측하라는 신호

🧩 코딩하기

챗GPT가 답변한 제작 순서를 참고하여 인공지능 모델을 이용해서 키로 몸무게를 예측하는 작품을 만들어 보겠습니다.

숫자 예측(선형 회귀) 인공지능 모델 만들기

01 소놀 AI 연구원(2) 오브젝트를 클릭합니다. 작품을 실행할 때 '초기화' 신호를 받으면 변수가 실행 화면에 보이지 않도록 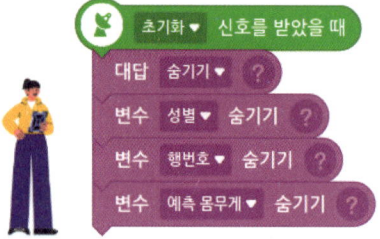 를 연결합니다.

02 사용자로부터 입력받은 성별에 해당하는 데이터로 모델을 생성하기 위해 '키와몸무게' 테이블에서 '성별' 변수의 값과 일치하는 데이터만 남기고 나머지 데이터는 삭제합니다. '데이터전처리' 신호를 받으면 '행번호' 변수에 2를 저장합니다.

> 💡 챗GPT 코드의 'i' 변수는 '원본 데이터'의 행 번호를 의미하며 첫 번째 데이터의 행 번호를 0으로 가정한 것입니다. 반면 엔트리에서 '키와 몸무게' 테이블의 첫 번째 데이터는 행 번호가 2이므로 '행번호' 변수에 2를 저장합니다.

03 '키와몸무게' 테이블에서 '행번호' 변숫값에 해당하는 행의 '성별' 속성값이 '성별' 변숫값과 같으면 '행번호' 변숫값을 1 증가하고, 그렇지 않으면 '키와몸무게' 테이블에서 '행번호' 변숫값에 해당하는 행을 삭제합니다.

💡 챗GPT 코드는 원본 데이터[i][0]이 '성별' 변숫값과 같으면 '전처리 데이터'에 '원본 데이터'의 i번째 행을 추가하는 방법으로 동작합니다. 원본 데이터[i][0]은 '원본 데이터'의 i번째 행 0번째 열을 의미하는데, 0번 열은 성별 속성을 의미합니다.

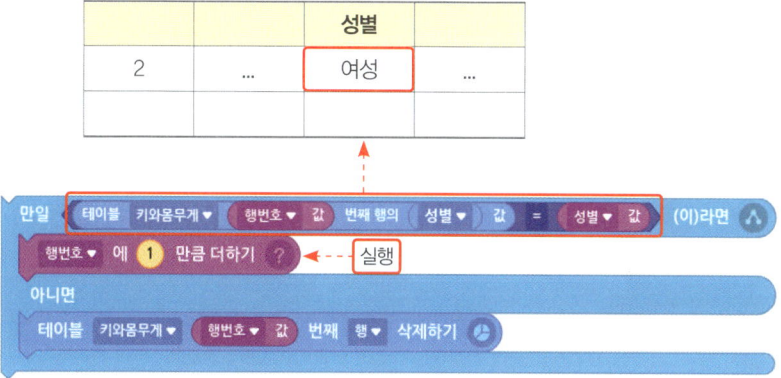

만약 '성별' 변숫값이 여성이고 '키와몸무게' 테이블의 2번째 행에 '성별' 속성값이 여성이라면 '행번호' 변숫값을 1 증가시킵니다.

		성별	
2	...	여성	...

반면 '성별' 변숫값이 여성인데 '키와몸무게' 테이블의 2번째 행에 '성별' 속성값이 남성이라면 이 행을 삭제합니다.

		성별	
2	...	남성	...

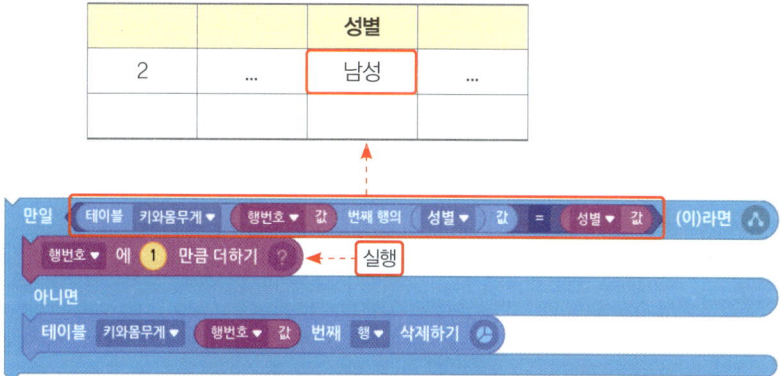

04 이런 동작을 '키와몸무게' 테이블의 모든 행에 대해 반복하도록 [10 번 반복하기] 블록으로 연결하면 '키와몸무게' 테이블에서 '성별' 변숫값에 해당하는 데이터만 남기고 나머지 데이터는 삭제됩니다.

05 [▶시작하기]를 클릭하면 '초기화'와 '데이터전처리' 신호를 보냅니다. 데이터가 전처리되어 변경되었으므로 모델을 다시 학습하고 모델 학습이 완료될 때까지 기다립니다.

06 모델 학습이 완료되면 모델의 결정 계수를 말하고 몸무게를 예측하려면 물음표 버튼을 클릭하라는 안내를 하기 위해 다음과 같이 [안녕! 을(를) 4 초 동안 말하기]를 연결합니다.

07 **물음표 버튼** 오브젝트로부터 '예측하기' 신호를 받으면 사용자로부터 몸무게 예측에 필요한 키를 입력받아 '대답'에 저장하고, 예측한 몸무게는 '예측 몸무게' 변수에 저장합니다.

08 마지막으로 **물음표 버튼**을 클릭하면 '예측하기' 신호를 보내도록 다음과 같이 코드를 연결합니다.

✔ 전체 코드 확인하기

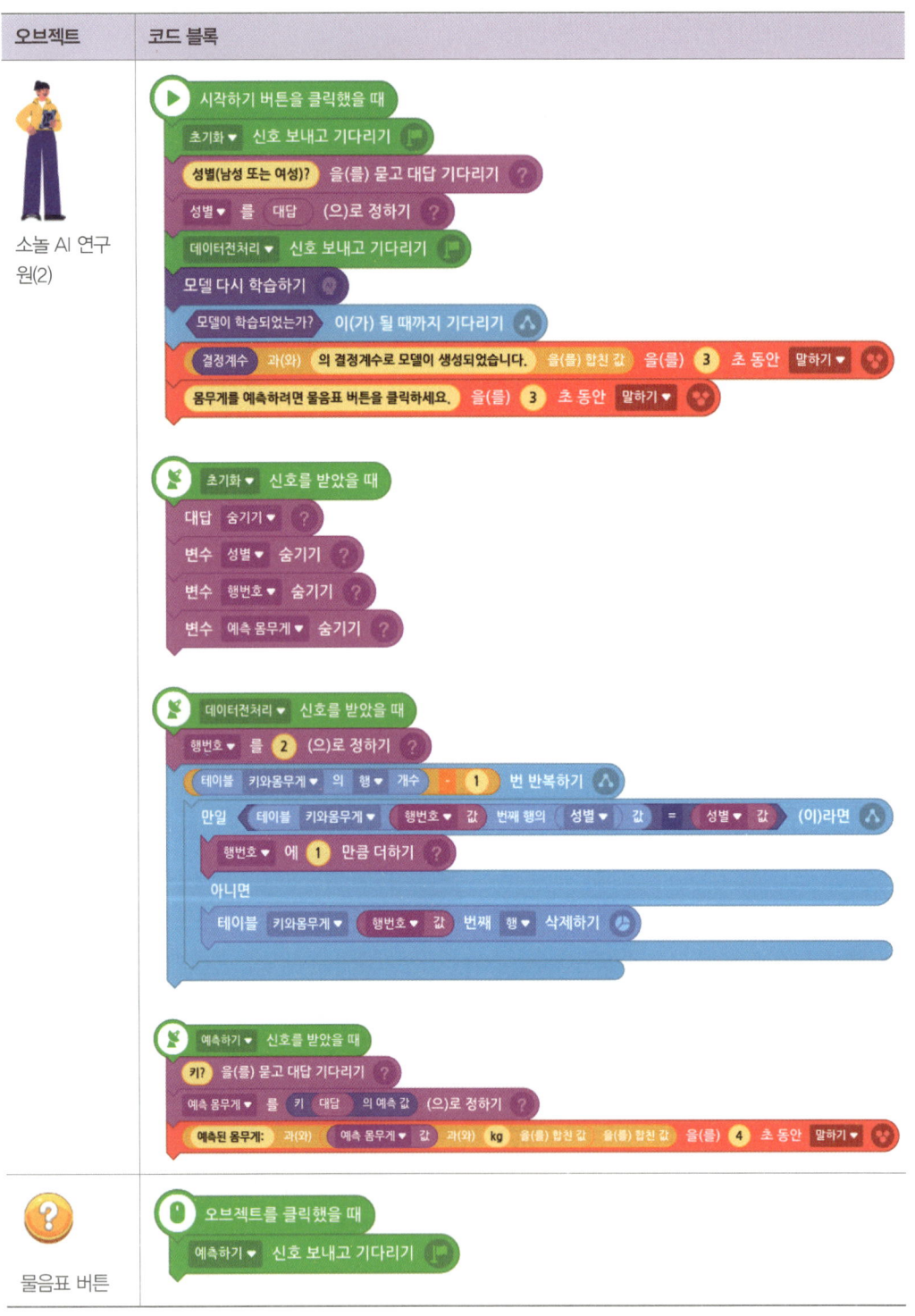

 NOTE

NOTE

챗GPT와 함께 배우는 인공지능 엔트리 마스터하기
챗GPT 활용부터 AI 문해력, 사고력을 쑥쑥 길러주는 학습서!

1판 1쇄 발행 2025년 3월 25일

지은이 김종훈, 김현경, 김동건
펴낸이 최현우 · **기획** 최혜민 · **편집** 박현규, 김성경, 최혜민
마케팅 버즈 · 피플 최순주
디자인 Nu:n · **조판** SEMO

펴낸곳 골든래빗(주)
등록 2020년 7월 7일 제 2020-000183호
주소 서울 마포구 양화로 186 LC타워 5층 514호
전화 0505-398-0505 · **팩스** 0505-537-0505
이메일 ask@goldenrabbit.co.kr
홈페이지 www.goldenrabbit.co.kr
SNS facebook.com/goldenrabbit2020

ISBN 979-11-94383-18-5   93000

* 파본은 구입한 서점에서 바꿔드립니다.

우리는 가치가 성장하는 시간을 만듭니다.

골든래빗은 가치가 성장하는 도서를 함께 만드실 저자님을 찾고 있습니다.
내가 할 수 있을까 망설이는 대신, 용기 내어 골든래빗의 문을 두드려보세요.
apply@goldenrabbit.co.kr

이 책은 대한민국 저작권법의 보호를 받습니다.
일부를 인용 또는 재사용하려면 반드시 저자와 골든래빗(주)의 동의를 구해야 합니다.